Rainer Kampling, Ilse Müllner · Gottesrede

D1667883

Stuttgarter Biblische Aufsatzbände 65 Altes Testament

Herausgegeben von
Thomas Hieke und Thomas Schmeller

Rainer Kampling,
Ilse Müllner (Hg.)
in Zusammenarbeit mit
Natalia Kowalski und Johannes Schneider

Gottesrede
Gesammelte Aufsätze
von Erich Zenger zum
jüdisch-christlichen Dialog

 bibelwerk

© Verlag Katholisches Bibelwerk GmbH, Stuttgart 2018
Alle Rechte vorbehalten
www.bibelwerk.de
Satz: Johannes Schneider, Berlin
Druck: Sowa Sp. z.o.o., Warschau
Printed in Poland
ISBN 978-3-460-06651-9

Inhalt

Rede von Gott / Rede mit Gott

Vorwort

Der vorliegende Sammelband entstand im Rahmen des von der DFG geförderten Projekts „Eine biblische Theologie der jüdisch-christlichen Konvivenz. Der Beitrag Erich-Zengers zu einer Neubestimmung interreligiöser Relationen im Kontext der Erinnerung der Shoa", das seit 2015 am Seminar für Katholische Theologie der Freien Universität Berlin unter Leitung von Prof. Dr. Rainer Kampling in Kooperation mit Prof. Dr. Ilse Müllner, Institut für Katholische Theologie der Universität Kassel durchgeführt wird.

Die Beiträge entstammen einem Zeitraum von 20 Jahren, in dem Erich Zenger (1939-2010) zu einem der bedeutendsten katholischen Alttestamentler wurde. Gewiss ist die Auswahl der Beiträge in engem Zusammenhang mit der Ausrichtung des Projekts zu sehen, aber sie bezeugt gleichwohl die zentralen theologischen Anliegen Zengers in ihrer Kontinuität und Neuakzentuierung.

Immer, ob nun explizit oder implizit, geht es um das „Erste Testament" als Buch der Kirche. Für Zenger lag die von ihm wahrgenommene geringe Präsenz und Dignität im Leben der Kirche nicht an einem Defizit der Schriften, wohl aber führte sie nach ihm zu einem Mangel in kirchlicher Praxis. Bibelhermeneutik bedeutete für Zenger mithin zunächst, die Bibel in ihrer Gesamtheit in Geltung zu setzen.

Für eine Theologie, die im Gespräch zwischen Juden und Christen mitreden und so wirklich eine Theologie auch des jüdisch-christlichen Dialogs sein kann, forderte Zenger ein Hören auf die Schrift und Israel, dessen Heilige Schrift das Erste/Alte Testament der Christen ist. Daher ist ihm das Gespräch zwischen Juden und Christen unverzichtbar, und zwar gerade als Lernort, um die Ergebnisse jüdischer Auslegungen als Interpretationen des Wortes Gottes wahrzunehmen. Das ökumenische Gespräch war ihm wichtig, um eingefahrene konfessionelle Bahnen zu verlassen.

Diese Anliegen werden in den Beiträgen von Zenger problematisiert, argumentativ vertreten, reflektiert, weitergedacht und als unverzichtbar für eine biblische Theologie erwiesen. Die Beiträge belegen aber auch eindrücklich, dass die von Zenger gestellten Fragen keineswegs als erledigt gelten können. Sie bleiben der Theologie aufgegeben.

Am Ende soll der Dank stehen. Zunächst gilt Dank Ira Kroker-Schneiders, ohne deren Zustimmung ein Großteil der Aufsätze nicht in diesem Sammelband hätte erscheinen können. Weiterhin danken wir den erstveröffentlichenden Verlagen für die erteilten Abdruckgenehmigungen. Herrn Prof. Dr. Thomas Hieke wissen wir Dank für die Aufnahme dieses Sammelbandes in die Reihe Stuttgarter Biblische Aufsatzbände zu sagen. Der Verein zur Förderung des Seminars für Katholische Theologie der Freien Universität Berlin unterstütze das Projekt großzügig. Mona Herter und Damaris Schneider waren unverzichtbar für das Gelingen. Frau Andrea Fischer, Frau Luyiza Klok und Herr Raphael Schlehahn haben das Manuskript Korrektur gelesen. Nicht zuletzt gilt den Wissenschaftlichen Mitarbeitern Natalia Kowalski und Johannes Schneider Dank für ihre Mitarbeit im Projekt und an diesem Editionsband.

Rainer Kampling
Ilse Müllner

Bund

Israel und Kirche im einen Gottesbund? Auf der Suche nach einer für beide akzeptablen Verhältnisbestimmung

1. Steht die Kirche vor einem Paradigmenwechsel in ihren Aussagen über das Judentum?

[99] Die (relativ) zahlreichen kirchlichen Stellungnahmen der letzten 30 Jahre über das Verhältnis der Kirche(n) zum Judentum haben einerseits eindeutig alle unbiblischen und zutiefst unchristlichen (Lehr-)Meinungen zurückgewiesen, die das biblische Judentum zur bloßen Vorstufe der Kirche degradiert und das nachbiblische Judentum theologisch ignoriert oder diskriminiert (bzw. kriminalisiert) haben. Andererseits haben gerade diese Stellungnahmen sowie die in ihrem Kontext stehenden Veröffentlichungen die Probleme und Aporien sichtbar werden lassen, die sich angesichts der theologischen „Wiederentdeckung" des nachbiblischen Judentums auf dem Boden der traditionellen Theologie hinsichtlich der Frage nach dem Selbstverständnis der Kirche(n) ergeben.[1]

Wenn das „neue" Denken, das ein für allemal alle Varianten (auch die subtilen und „frommen"!) der kirchlichen Lehre von der Verwerfung Israels positiv überwinden will, zugegebenermaßen etwas pathetisch als „Wende", „Umdenken" und „Umkehr" bezeichnet wird, kommt in der Tat zum Ausdruck, daß sich heute diesbezüglich ein Bruch in der Christentumsgeschichte vollzieht – eben ein Paradigmenwechsel. Wer sich hier a priori und aus welchen Gründen auch immer dem Gedanken eines „Bruchs" widersetzt, sollte sich bewußtmachen: Die Lebendigkeit des Christentums hat sich nicht zuletzt in ihren kleinen und großen Unterbrechungen, Brüchen und Abbrüchen erwiesen und vollzogen. Derartige Brüche sind durch große Einzelgestalten der Kirchengeschichte, aber auch durch epochale Ereignisse ausgelöst. Einer der ganz tiefen und großen [100] „Brüche" war die Reformation mit ihrer Abkehr von einer sich verabsolutierenden Institution „Kirche" und ihrer Rückkehr zum ursprünglichen Gotteswort der Bibel. Ob die Schoa und das Erschrecken über ihre christlichen (Mit-)Wurzeln nun zu einem epochalen Bruch in der Christentumsgeschichte führen, der eine definitive Abkehr vom christlichen Absolutheitsanspruch und eine breit vollzogene Rückkehr zur biblischen Wahrheit von der unaufgebbaren Bindung der Kirche an das jeweils zeitgenössische Judentum bringt, wird erst im nächsten Jahrtausend beurteilen lassen.[2] In der Sache selbst dürfte kein Zweifel mehr aufkommen: Die „Wiederentdeckung" der bleibenden theologischen Würde Israels fordert gegenüber der traditionellen Lehre von der Kirche (Ekklesiologie) einen gewaltigen Perspektivenwechsel, den R. Rendtorff treffend so charakterisiert hat:

---

[1] Instruktive und problemreflektierende Überblicke bieten R. RENDTORFF, Hat denn Gott sein Volk verstoßen? Die evangelische Kirche und das Judentum seit 1945. Ein Kommentar, 1989 sowie (für die katholische Kirche) J. KIRCHBERG, Theologie in der Anrede als Weg zur Verständigung zwischen Juden und Christen (Innsbrucker Theologische Studien 31), 1991, 13-81.

[2] Daß bereits die Vielfalt der biblischen Theologien mit deren Ansatz als einer kontextuellen Theologie zusammenhängt und daß die christliche Theologiegeschichte wesentliche hermeneutische Vorgaben in den Herausforderungen der jeweiligen Epochen hat, sollten all jene, die einer Theologie „nach Auschwitz" den Vorwurf der „Pseudotheologie" (so z.B. E. GRÄßER, Zwei Heilswege? Zum theologischen Verhältnis von Israel und Kirche, in: FS F. Mußner, 1981, 416) machen, bedenken. Hier geht es nicht um eine naive „Theologisierung" der Geschichte, gar um eine theologische „Vereinnahmung" der Schoa, sondern um „Auschwitz" als Anfrage an unsere traditionelle Theologie, insbesondere hinsichtlich unserer Rede von Gott (Theodizee-Problem), von Jesus Christus als dem Erlöser der Welt (!) und hinsichtlich unseres Selbstverständnisses als Kirche angesichts unseres kirchlichen Versagens gegenüber den Juden. Daß Gräßer a.a.O. dabei den jüdischen „Nicht-Theologen" R. J. Z. Werblowsky als „Kronzeugen" zitiert, ohne dessen Differenzierungen „mitzuliefern", ist pure Polemik!

Bund

„Es gilt ... zunächst, die Identität Israels unverkürzt festzuhalten. Das theologische Problem kehrt sich damit um: Es geht nicht mehr darum, von der christlichen Theologie aus Israel zu definieren und damit einen Platz für Israel im christlichen Denkgebäude zu finden,
sondern vielmehr darum, angesichts des Weiterbestehens des biblischen Israel die Kirche
zu definieren, ohne dabei mit den biblisch begründeten, unverändert gültigen Aussagen
über Israel in Konflikt zu kommen.“[3]

Es geht nicht mehr (nur) um eine „christliche Theologie des Judentums“, die ja immer
dem Verdacht und der Versuchung ausgesetzt ist, das Judentum mit christlichen Kategorien zu
„bewerten“[4], und weder der geschichtlichen noch der theologischen Wahrheit entspricht, wonach dem Judentum das Erstgeburtsrecht zukommt. Gefordert sind vielmehr eine Reflexion und
eine Begrifflichkeit, in denen einerseits Juden sich *als* Juden wiederfinden *und* in denen andererseits die Kirche sowohl das sie vom Judentum Unterscheidende wie das sie mit diesem Verbindende (also ihr sog. Proprium Christianum) festhält.[5] Das scheint die Quadratur des Kreises
zu sein. Und sie ist es doch nicht, wenn wir uns auf den geforderten *und* möglichen Perspektivenwechsel einlassen, der bereits dort – sowohl in kirchenamtlichen wie in theologischen Stellungnahmen – begonnen hat, wo Verhältnisbestimmungen mit Hilfe von Begriffen und Metaphern versucht wurden, die der Juden und Christen *gemeinsamen* biblischen Tradition, dem
Tanach bzw. dem Ersten Testament, entstammen. Dieser Ansatz hat immerhin den Vorzug, daß
er die Juden und Christen *unterschiedlich* gemeinsame biblische Wurzel[6] zum Ausgangspunkt
nimmt und diese Wurzel im Horizont der im Judentum und im Christentum jeweils vielgestaltigen Wachstums- und Wirkungsgeschichte gelten lassen muß. Beide, Judentum und Kirche,
sind ja schon *in sich selbst* derart komplexe Lebenswirklichkeiten, daß zu enge und zu sehr
festlegende Begriffe der angestrebten Intention zuwiderlaufen. Daß und wie schwierig die Aufgabe ist, die uns – um der biblischen Gottes-Wahrheit willen – aufgetragen ist, soll zunächst
durch eine kurze Problemskizze verdeutlicht werden.

2. Ein ungeeignetes Modell: die Rede von den zwei Heilswegen

[101] In den letzten Jahren begegnet in der Diskussion über eine christlich-jüdische Verhältnisbestimmung wiederholt die Metapher von Judentum und Kirche als zwei unterschiedlichen Heilswegen. Auf den ersten Blick scheint dies eine gut biblische und rabbinische Metapher zu sein, in der die beiden unterschiedlichen Brennpunkte jüdischer Existenz („die
Tora als Weg zum Heil“) und christlicher Existenz („Jesus Christus als Weg zum Heil“) treffend
benennen lassen. Zugleich konnotiert diese Metapher die Geschichtsdimension von Judentum
und Kirche, insbesondere ihr Unterwegssein im Dienste des Gottesreichs. Und überdies könnte
die Metapher festhalten, daß es so etwas wie einen je spezifischen jüdischen und christlichen
„way of life“ gibt. In diesem Sinn verwendet z.B. das 1979 veröffentlichte Arbeitspapier „Theologische Schwerpunkte des jüdisch-christlichen Gesprächs“ des Gesprächskreises „Juden und
Christen“ beim Zentralkomitee der deutschen Katholiken die Wegmetaphorik:

„Im gegenseitigen Sich-Befragen [von Juden und Christen] kann sich ... durchaus ein
Stück Anerkennung der Heilsbedeutung des anderen Weges aussprechen. Juden können

---

[3] RENDTORFF, Hat denn Gott, 114.
[4] Vgl. hierzu den kritischen „Trendbericht“ bei Kirchberg, Theologie, 64-72 (mit zahlreichen Literaturhinwei-
sen!).
[5] Vgl. dazu auch E. BROCKE, Von den „Schriften“ zum „Alten Testament“ - und zurück?, in: FS R. Rendtorff,
1990, 594: „Womöglich ist . . . ein Weg begehbar, der . . . die Unterschiede markiert, sie nicht unbedingt (oder
jedenfalls nicht ausschließlich) trennend wahrnimmt und nach konstruktiven Wegen sucht, die Grenzen und
Abgrenzungen mit positivem Sinn zu füllen, mit einem Ja zueinander trotz der Unterschiede - eingedenk der
Tatsache, daß vor etwa zwei Jahrtausenden ein gemeinsamer Ausgangspunkt vorhanden war.“
[6] Vgl. dazu nun E. ZENGER, Das Erste Testament. Die jüdische Bibel und die Christen, 1991.

anerkennen, daß Jesus für die Christen zum Weg geworden ist, um Israels Gott zu finden. Sie werden aber ihre Wertschätzung des christlichen Weges davon abhängig machen, daß der Glaube der Christen, das Heil werde ihnen durch den aus den Juden kommenden Messias Gottes geschenkt, ihre Verpflichtung zum Handeln im Dienst von Gerechtigkeit und Frieden nicht mindert, sondern einlöst. Christen verstehen Jesus als Erfüllung von Gesetz und Verheißung nur dann, wenn sie ihm ‚um des Himmelreiches willen' nachfolgen und dabei auf sein Wort hören: ‚Nicht jeder, der zu mir sagt: Herr! Herr!, wird in das Himmelreich kommen, sondern nur, wer den Willen meines Vaters im Himmel erfüllt' (Mt 7,21)“.[7]

Die so verstandene Wegmetapher kann gut das Juden und Christen verbindende Lebenskonzept als „Gehen in den Geboten“ der Gottes- und der Nächstenliebe[8] in Erinnerung rufen und insbesondere die Christen vor der unbiblischen Versuchung bewahren, ihren Gottesglauben zu spiritualisieren. Aber das Zitat läßt bereits erkennen, daß die *so* gebrauchte Metapher wenig hilfreich ist, das jeweils Spezifische in Judentum und Christentum auszudrücken.

Gerade dies versucht eine Redeweise, die dezidiert von zwei unterschiedlichen, getrennten „Heilswegen“ spricht. Vereinfacht gesagt, liegt diesem Denkmodell die Vorstellung zugrunde, daß sich seit Jesus der eine Weg des Heils, auf dem Gott bis dahin Israel inmitten der Völkerwelt führte, in zwei Wege gabelte, auf denen nun nach Gottes Willen Juden und Christen getrennt bis zum Ende der Geschichte gehen und zum Heil gelangen sollen.

Wer an die aggressive Gefährlichkeit des christlichen Absolutheitsanspruchs in der zweitausendjährigen christlich-jüdischen Geschichte [102] denkt, mag dieses Zwei-Wege-Modell als einen echten produktiven Neuanfang werten. Und nicht nur Juden, die in theologisches Gespräch zwischen Juden und Christen prinzipiell ablehnen, werden sich in einer solchen separativen Zwei-Wege-Lehre am ehesten wiederfinden können. Zumindest als eine Standortbestimmung, die in der *derzeitigen* geschichtlichen Situation angemessen ist, kann ich sie mir auch bei engagierten Teilnehmern am jüdisch-christlichen Gespräch vorstellen.[9] Dennoch halte ich die in der Zwei-Heilswege-Metapher sich aussprechende Verhältnisbestimmung aus zwei Gründen für ungeeignet und unbiblisch:

1. Der Tanach / das Erste Testament entwirft eine vielgestaltige Vision, nach der Israel zum Segen für die Völker werden soll und die Völker umgekehrt für Israel zu Segensbringern werden sollen. Der Gott Israels, der der Gott der ganzen Schöpfung ist, will sein universales Reich der Gerechtigkeit und des Friedens gerade in einem von Ihm inspirierten Zusammenleben und -wirken von Israel und „den Völkern“ kommen lassen. Dies ist zumindest *ein* unübersehbarer Strang in der biblischen Überlieferung selbst, der es nicht erlaubt, Israel und die Völker in nicht aufeinanderbezogener Koexistenz durch die Geschichte laufen zu lassen.[10]

---

[7]   Vgl. R. RENDTORFF/H. H. HENRIX (Hg.), Die Kirchen und das Judentum. Dokumente von 1945-1985, 2 1989, 257.

[8]   „Gehen in den Geboten / auf den Wegen JHWHs“ ist vor allem ein Topos der dt/dtr Theologie; vgl. besonders Dtn 26,17-19; Jer 7,23 sowie Ps 81,14. Er ist breit aufgenommen in der jüdischen Halacha-Konzeption; auch das neutestamentliche Nachfolge-Konzept gehört in seine Wirkungsgeschichte - an beiden ist freilich die Differenz nicht zu übersehen!

[9]   Wenn man heutiges Judentum und heutiges Christentum religionsphänomenologisch nebeneinanderstellt, wird man in der Tat eher zu der These gezwungen sein, es handle sich um zwei voneinander unabhängige Religionen; die Auffassung, es handle sich um zwei unterschiedliche Ausprägungen ein und derselben Religion, scheint nur durch sehr wenige Gemeinsamkeiten gedeckt zu sein. Mit der Akzeptanz der These von den zwei „Heilswegen“ würde die christliche theologische Würde des Judentums anerkennen und zugleich der „Judenmission“ als ihrem kirchlichen Auftrag jeden Boden entziehen.

[10] Einen guten Überblick über die Aussagen des Tanach / des Ersten Testaments zum Thema „JHWH und die Völkerwelt“ gibt W. GROß, YHWH und die Religionen der Nicht-Israeliten, ThQ 169 (1989) 34-44. Er unterscheidet ebd. drei Aussagestränge: (1) Eine Textreihe überträgt grundlegende, charakteristische israelitische Theologumena auf (die) Fremdvölker wie Exodus (Am 9,7), Bezeichnung als JHWH-Volk (Jes 19,24.25; vgl. auch Ps 47,10), Bundesformel (Sach 2,15), JHWH-Priester (Jes 66,21), Rest (Jes 66,19). (2) Nach einer zweiten Textreihe handelt JHWH heilvoll an (den) Völkern, wie er an Israel handelt: Er sendet ihnen einen Retter (Jes 19,20); er hilft den Völkern, spricht ihnen Recht, schenkt ihnen Heil und führt sie (Jes 2,1-4; 49,6; 51,4f; Ps 67,4-6);

Um das beziehungslose Nebeneinander der Wege zu vermeiden, hat N. Lohfink vorge-schlagen, statt von zwei Wegen von einem „doppelten Heilsweg" zu sprechen *und* diese For-mulierung dann „dramatisch" zu verstehen.[11] Unter „Heilsweg" versteht er dabei nicht den Weg der individuellen Rettung (die Frage „wer nach seinem Tod in den Himmel kommt und wer nicht"), sondern den Weg, auf dem und durch den Gott die durch Schuld und Gewalt gestörte Welt „heilen" möchte. Bei der Rede vom „Heilsweg" geht es um die Frage nach der Heils„ge-schichte", die der Gott Israels in *dieser* Welt wirken will.

> „Wenn so vom ‚Heil‘ gesprochen wird, befinden sich Juden und Christen einerseits, die Welt der vielen Religionen andererseits durchaus nicht in der gleichen Position. Gott wirkt die von ihm in Gang gesetzte ‚Heils‘geschichte, indem er sich ein ‚Volk‘ schafft. Hier gibt es ‚Erwählung‘. Es mag uns Juden und Christen als eine Last erscheinen, ‚erwählt‘ zu sein. Aber wir dürfen dem nicht entfliehen, indem wir einen rein jenseitsorientierten Heilsbegriff einführen und uns mit ihm zufriedengeben. Bei dieser allein hier in Frage kommenden Be-stimmung der Heilsfrage kann man auch nicht gleichgültig bleiben, wenn die Träger und Protagonisten des einen Heils Gottes entzweit sind. Sie sind es aber faktisch, und deshalb gibt es jetzt einen ‚doppelten Heilsweg‘. Wenn es so ist, dann muß man auch deshalb vom ‚doppelten Heilsweg‘ sprechen, damit keiner dem anderen abspricht, von Gott als Werk-zeug gebraucht zu sein."[12]

Das ist die „dramatische" Situation, in der Juden und Christen seit zwei Jahrtausenden neben-, gegen- und miteinander als „Heilswerkzeuge" Gottes leben. „Nachdem alles so gelau-fen ist, wie es lief, will Gott diese Situation auch. Sie ist die Form, in der jetzt sein ‚Heil‘ in dieser Welt anwesend ist. Aber er will diese Situation ‚dramatisch‘: auf Fortgang der Ge-[103]schichte, auf Veränderung hin"[13] – bis aus dem „doppelten" Weg ein einfacher Weg wird.[14]

Gewiß, bei dieser Konkretion der Metapher werden Israel und die Kirche in einer drama-tischen Beziehung zueinander gesehen, im Dienst einer vorläufigen heilsgeschichtlichen Ar-beitsteilung. Aber gerade die Präzisierung *„doppelter"* Heilsweg, die als solche semantisch weder biblisch noch nachbiblisch bezeugt ist, macht die Problematik des Begriffs offenkundig: Er ist offensichtlich so mißverständlich, daß er mehr Probleme aufwirft als löst[15] – außer man

---

er schenkt ihnen heilsame JHWH-Erkenntnis und Erkenntnis seines Namens (1 Kön 8,43; Jes 19,21; 45,6); er erhört ihre Gebete (1 Kön 8,41-43; Jes 19,22). (3) Die dritte Textreihe schreibt den Völkern religiöse Verhal-tensweisen gegenüber JHWH zu, wie sie Israel üben soll: Ehrfurcht vor JHWH (1 Kön 8,43; Jona 1,16; Mal 1,14; Tob 14,6; Ps 33,8; 102,16); Umkehr zu JHWH (Jes 19,22; Tob 14,6; Ps 22,28); Akte der JHWH-Vereh-rung (Jes 45,22.23; 66,23; Zef 2,11; 3,9.10; Sach 8,20-22; 14,16; Tob 14,6; Ps 22,28; 72,11.17; 86,9.10; 102,23; 145,10.21); Altar- und Opferkult (Jes 19,19ff; Mal 1,11; Jona 1,16). - Was das Thema „Israel und die Völker" anlangt, müßte vor allem die Wirkungsgeschichte von Gen 12,1-3 (Israel als Segen für alle Sippen des Erdbo-dens), Jes 42,6 (Israel als Licht für die Völker) und Jes 55,4 (Israel als Zeuge für die Völker) erörtert werden. Zur „Ko-Formation" von Israel und Völkerwelt nach Aussagen des Psalmenbuchs vgl. E. Zenger, Israel und Kirche im gemeinsamen Gottesbund. Beobachtungen zum theologischen Programm des 4. Psalmenbuchs (Ps 90-106), in: FS E. L. Ehrlich, 1991, 236-254. [in diesem Band: 23-36]
[11] N. LOHFINK, Der niemals gekündigte Bund. Exegetische Gedanken zum christlich-jüdischen Dialog, 1989, 104-116.
[12] Ebd., 115f.
[13] Ebd., 108.
[14] Diese „dramatische" Interpretation des spannungsreichen Verhältnisses von Judentum und Christentum scheint auch im Hintergrund jener Konzeptionen zu sein, die deren Zweiheit – unter Anspielung auf Röm 11,25 – im „Geheimnis" des Geschichtsplanes Gottes selbst begründet sehen. Vgl. u.a. die Rede von Papst Johannes Paul II. an Delegierte nationaler Bischofskonferenzen für die Beziehungen mit dem Judentum am 6. März 1982: „... daß die Bande zwischen der Kirche und dem jüdischen Volk sich auf den Plan des Bundesgottes gründen" (vgl. RENDTORFF/HENRIX [Hg.], s.o. Anm. 7,78).
[15] Vgl. schon RENDTORFF, Hat denn Gott, 89f, Anm. 86. – Auch die Begriffe „Sonderweg Israels" oder „Sonder-existenz Israels" sind immer noch von der Kirche her gedacht; da sie nicht biblisch gedeckt sind und außerdem ebenfalls mehr Probleme schaffen als lösen, sollten sie ebenfalls aufgegeben werden.

greift zu der noch unbestimmteren, weil das jeweilige Proprium nicht ausdrückenden Rede von der jüdisch-christlichen „Weggemeinschaft", in der Juden und Christen „Schulter an Schulter" (Zef 3,9) unterwegs sind – „miteinander auf dem Weg – hörend und bezeugend", wie die Generalsynode der Reformierten Kirchen in den Niederlanden 1983 formulierte: „Langsam aber sicher beginnen wir zu unserer Verwunderung zu entdecken, daß wir doch das gleiche Ziel vor Augen haben! Auf dem Weg zum Königreich Gottes."[16]

2. Die Zwei-Wege-Metapher ist vor allem deshalb ungeeignet, weil sie in jüngster Zeit de facto von Theologen polemisch verwendet wird, um mit Berufung auf neutestamentliche Aussagen die kirchliche Singularität als „Heilsweg" so herauszustellen, daß Israel daneben theologisch abgewertet bzw. von der Kirche als einzigem „Heilsweg" abhängig gemacht wird. Diese Tendenz wird im Abschnitt I.7 der 1985 von der Vatikanischen Kommission für die religiösen Beziehungen zum Judentum veröffentlichten „Hinweise für eine richtige Darstellung von Juden und Judentum in der Predigt und in der Katechese der katholischen Kirche" sichtbar, der offenkundig (und dem Vernehmen nach) die Handschrift der römischen „Glaubenskongregation" trägt und dem Gesamtduktus der „Hinweise" diametral entgegenläuft.[17] Der Abschnitt, in dem die Anhäufung der Zitate aus dem Johannesevangelium auffällt, arbeitet mit dem Reizwort „parallele Heilswege", um mit seiner Zurückweisung die Kirche als das universale Heilssakrament festzuhalten. Immerhin ist wichtig, daß Joh 14,6 als positives Bekenntnis der Christen und nicht als exklusive Aussage gegen die Juden zitiert wird. Der Abschnitt lautet:

> „,Kraft ihrer göttlichen Sendung (muß) die Kirche', die das ,allgemeine Hilfsmittel des Heils' ist und in der allein sich ,die ganze Fülle der Heilsmittel' findet, ,ihrem Wesen nach Jesus Christus der Welt verkünden'. In der Tat glauben wir, daß wir gerade durch Ihn zum Vater gelangen (vgl. Joh 14,6) und daß ,das ewige Leben darin besteht, daß sie dich kennen, dich, den einzigen wahren Gott, und seinen Gesandten, Jesus Christus' (Joh 17,3). Jesus bekräftigt (Joh 10,16), daß ,es nur eine Herde und einen Hirten geben wird'. Kirche und Judentum können also nicht als zwei parallele Heilswege dargestellt werden".[18]

Um Israels ureigene und „ewig" bleibende Heilsidentität[19], die ihr längst *vor* der Kirche von Gott zugesprochen war und die ihr, seit es die [104] Kirche gibt, auch weiterhin unabhängig von dieser zukommt, abzulehnen, griff 1981 auch E. Gräßer die Zwei-Heilswege-Metapher auf. In der Festschrift für F. Mussner setzte er sich in einem Beitrag mit dem Titel „Zwei Heilswege?" mit ebendem in dieser Festschrift Geehrten kritisch auseinander, indem er ihm die „Zwei-Heilswege-Lehre" unterstellte (die von F. Mussner gar nicht vertreten wird; nicht einmal der Begriff kommt, soweit ich sehe, bei ihm vor!), um dann zu konstatieren, „daß von einer ,gottgewollten und durch die Zeiten dauernden Sonderexistenz Israels neben der Kirche' als einem zweiten Heilsweg neutestamentlich nicht die Rede sein kann."[20]

Weil der Begriff „Heilsweg" derart polemisch und antijüdisch besetzt ist, sollte er aus der Begrifflichkeit der christlich-jüdischen Verhältnisbestimmung ausscheiden; überdies scheint er bei manchen Autoren nur eine neue Variante des alten Gegensatzes Judentum = Weg des Gesetzes (= vermeintlicher Heilsweg) und Kirche = Weg des Evangeliums (= wirklicher Heilsweg) zu sein.

---

[16] Vgl. RENDTORFF/HENRIX (Hg.), s.o. Anm 7, 517.

[17] Vgl. vor allem die diesbezüglichen Bemerkungen von H. H. HENRIX („Der Text als relative Einheit") in der von der Deutschen Bischofskonferenz herausgegebenen „Arbeitshilfe" zu den „Hinweisen" (Arbeitshilfe 44, 1985, 15f).

[18] Vgl. RENDTORFF/HENRIX (Hg.), s.o. Anm. 7, 95.

[19] Hier wären all jene Texte des Tanach / des Ersten Testaments näher zu diskutieren, in denen JHWH Israel das Land, den Bund, seine Güte und Treue u.ä. „auf ewig" zusagt; einige wichtige Stellen: Gen 13,15; 17,7f.13.19; Ex 31,16; Jes 54,8; 61,8; Jer 32,40; Ez 37,26; Ps 136.

[20] GRÄßER, Zwei Heilswege, s.o. Anm. 2, 422.

3. Die Problematik des Gottesvolk-Konzepts

Aber auch das Volk-Gottes-Konzept, das vielfach zur christlich-jüdischen Verhältnisbestimmung herangezogen wird, ist in vielerlei Hinsicht wenig hilfreich. Einerseits ist der Begriff „Volk JHWHs" die im Tanach wichtigste Selbstbezeichnung Israels, und andererseits wird die Kirche im Neuen Testament mehrfach „Volk Gottes" genannt, teilweise in ausdrücklicher Übertragung „alttestamentlicher" Aussagen auf die Kirche (vgl. besonders 1 Petr 2,9f mit Zitation von Ex 19,5f und Hos 1,6.9; 2,3.25) oder durch Aktualisierung von „alttestamentlicher" Gottesvolksymbolik in der Jesusbewegung (z.b. Zwölferkreis als Beginn der eschatologischen Sammlung des Zwölfstämmevolks).[21] In jenen Denkmodellen, die die „Gottesvolkprädikation" nicht im Sinne der Substitutions- oder Enterbungstheologie nur dem biblischen Israel, sondern auch, wie dies ja in Röm 9-11 unmißverständlich im Horizont der Israel im Tanach zugesagten „ewigen" Gottesvolkwürde festgehalten ist, dem nachbiblischen Judentum zusprechen, lassen sich vor allem drei Ansätze erkennen, wie mit dem biblisch bezeugten „Gottesvolk-Konzept" das Verhältnis Israel - Kirche weitergedacht wird:

1. Israel und die Kirche sind auf unterschiedliche Weise „Gottesvolk"; in letzter Konsequenz bedeutet dies die These von zwei „Gottesvölkern", deren Proprium unterschiedlich bestimmt wird. Diese Position scheint beispielsweise der vielzitierten Rede von Papst Johannes Paul II. in Mainz am 17. November 1980 vor Repräsentanten der deutschen Juden zugrunde zu liegen, wenn er in seiner Skizze über die drei Dimensionen des heute geforderten und stattfindenden Dialogs zwischen Judentum und Kirche u.a. ausführt:

> [105] „Die erste Dimension dieses Dialogs, nämlich die Begegnung zwischen dem Gottesvolk des von Gott nie gekündigten (vgl. Röm 11,29) Alten Bundes und dem des Neuen Bundes, ist zugleich ein Dialog innerhalb unserer Kirche, gleichsam zwischen dem ersten und zweiten Teil ihrer Bibel."[22]

2. Israel und Kirche bilden *zusammen* das eine Volk Gottes, das durch die Entstehung der Kirche „gespalten", „auseinandergebrochen", „zerrissen" ist und unter dem „ökumenischen Auftrag" steht, die von Gott gewollte Einheit zu suchen und zu erflehen. Klassisch kommt die Schisma-Theorie, die beide komplementäre Teile des „Gottesvolks" als fundamental defizitär denkt, im bekannten „Bristol-Report" von 1967 des Ökumenischen Rates der Kirchen zum Ausdruck, wenn die „judenfreundliche" Gruppe ihren Diskussionsstand so beschreibt:

> „Andere aus unserer Gruppe sind der Meinung, daß es nicht genügt, nur irgendeine Kontinuität zwischen den heutigen Juden – ob religiös oder nicht – und dem alten Israel geltend zu machen, sondern daß sie jetzt noch Israel, d.h. noch Gottes erwähltes Volk seien. Die Vertreter dieser Ansicht möchten unterstreichen, daß nach Christus das eine Volk Gottes auseinandergebrochen ist; der eine Teil sei die Kirche, die Christus annimmt, der andere Teil Israel außerhalb der Kirche, das ihn verwirft, das aber selbst in dieser Verwerfung in einem besonderen Sinn von Gott geliebt bleibt." Von diesem Ansatz her „ist es möglich, die Sache so zu sehen, daß Kirche und Judentum...zur Zeit noch voneinander getrennt, aber unter der Verheißung stehen, daß sie am Ende eins werden."[23]

Innerhalb dieses Schisma-Konzepts kommt es dann auch zu Positionen, die das dialogisch-ökumenische Gespräch zwischen Juden und Christen als für *beide* unverzichtbar proklamieren, damit *beide* in der gegenseitigen Begegnung und Herausforderung zu ihrem eigentlichen Kern durchstoßen.[24] Andererseits ist von diesem Ansatz her klar, daß hier Israel für die

---

[21] Vgl. N. LOHFINK, Art. Gottesvolk, in: M. Görg/B. Lang (Hg.), Neues Bibellexikon I, 1991, 940-942.
[22] Vgl. RENDTORFF/HENRIX (Hg.), s.o. Anm. 7, 75.
[23] Vgl. ebd., 357.
[24] Vgl. die kritische Darstellung dieses Schisma-Konzepts bei KIRCHBERG, Theologie, 58- 64.

Kirche „kein ‚Missionsvolk' ist und keines sein kann"[25], weil beide als Teile des *einen* Gottes-volks konstitutiv aufeinander bezogen *sind*.

3. Die Gottesvolkprädikation kommt Israel und der Kirche in einem eschatologischen Sinn zu. Die historischen Größen Israel und Kirche sind nicht „das" Gottesvolk, sondern in beiden realisiert sich ansatzhaft, fragmentarisch und auf recht unterschiedliche Weise das, was „Gottesvolk" meint und was bei der eschatologischen Vollendung seine Vollgestalt finden wird – wenn das Gottesreich „da" ist. Bis dahin ist die Gottesvolkprädikation eine Würde *und* ein Auftrag, zu deren Realisierung Gott selbst beide mit heiliger Eifersucht aufeinander anstachelt (vgl. Röm 11,14).[26]

Der Vorzug des Israel und Kirche verbindenden Gottesvolk-Konzepts liegt auf der Hand: Es versucht in Aufnahme biblischer Sprache beide mit gleicher Würde und mit gleichem Auf-trag von ihrer gemeinsamen „Gottesverwandtschaft" („Volk" meint im Tanach ursprünglich „Familie"!) her zusammenzubinden. Es ist auch insofern gut biblisch fundiert, als es bereits im Tanach Versuche gibt, das gottgewollte Verhältnis Israels zu [106] den Völkern mit dem Be-griff „Volk JHWHs" zu denken. Aber gerade *diese* innerbiblischen Versuche hatten keine große Wirkungsgeschichte, offensichtlich wegen der Defizite, die sie haben. Und gerade *diese* Defi-zite haften auch den derzeitigen Versuchen an, mit Hilfe des Gottesvolk-Konzepts das Verhält-nis Israel - Kirche zu denken.

Ich will dies an drei Textbeispielen aus dem Jesajabuch erläutern.[27]

1. Jes 56,1-8 löst, in prophetisch-kritischer Opposition zu Regelungen der JHWH-Volk-Verfassung („Gemeindegesetz") Dtn 23,2-9, das genealogische und ethnische Gottesvolk-Kon-zept auf zugunsten eines Bekenntniskonzepts: Bedingung der Zugehörigkeit zum Gottesvolk ist „das Halten des Sabbat" und „das Festhalten an JHWHs *berît*" (Dekalog und seine Auslegung im Tanach); unter dieser Bedingung können auch „die Ausländer" und „die Verschnittenen", ja sogar „alle Völker" in das „Volk JHWHs" aufgenommen werden. – So faszinierend dieses pro-phetische Konzept ist, so ist doch offensichtlich: Es eignet sich nur als Modell für die Integra-tion von Individuen, aber nicht von Ethnien in das „Gottesvolk"; es läßt sich weder mit der konkreten politischen Geschichte der Völker noch mit dem kanonischen Selbstverständnis Is-raels vermitteln. Überdies läuft dieses Konzept Gefahr, den Begriff „Gottesvolk" so weit zu spiritualisieren, daß für seine theologisch-politische Bedeutung von Israel als „Kontrastgesell-schaft" inmitten der Völkerwelt verliert.

2. Ähnlich schaut auch die in Jes 66,19-23 entworfene Vision von der Zeit nach dem apokalyptischen Gericht JHWHs über die Frevler sowohl in Israel wie in den Völkern eine neue Größe, in der die aus Israel und den Völkern Geretteten gemeinsam und gleich JHWH dienen:

> „Ja, wie der neue Himmel und die neue Erde, die ich machen werde, vor mir bestehen wer-den, Spruch JHWHs, so wird euer Same und euer Name vor mir bestehen. Und es wird sein: Neumond um Neumond und Sabbat um Sabbat wird *alles Fleisch* kommen, um sich anbetend vor mir niederzuwerfen, hat JHWH gesagt" (Jes 66,22f).

Während die Texte in Jes 60-66, die das apokalyptische Gericht ankündigen, noch mit den Größen „Israel" und „Völker" arbeiten, verläßt der Schluß des Jesajabuchs dieses Konzept,

---

[25] P. DÉMANN, Kirche und Israel in ökumenischer Sicht, in: W.D. Marsch/K. Thieme (Hg.), Christen und Juden, 1961, 278.

[26] Zumindest bei katholischen Autoren steht im Hintergrund das vom Zweiten Vatikanum im „Ökumenismusdek-ret" angestoßene Denkmodell, daß die Kirche Jesu Christi sich geschichtlich „realisiert" in den unterschiedli-chen christlichen Kirchen, doch so, daß diese in der „einen" Kirche vollendet werden sollen. Analog wird dann die „Gottesvolk-Prädikation" als im Judentum und in der (den) Kirche(n) – freilich noch unvollkommen – realisierte Wirklichkeit verstanden, die erst noch auf ihre Vollendung in Einheit hinzielt.

[27] Ich folge dabei weitgehend W. GROß, Wer soll YHWH verehren? Der Streit um die Aufgabe und die Identität Israels in der Spannung zwischen Abgrenzung und Öffnung, in: FS W. Kasper, 1990, 11-32; die Zitate der Texte stammen aus diesem Beitrag.

wenn es darum geht, diese neue Größe begrifflich zu fassen. Hier versagen offensichtlich „beide Oppositionstermini ‚Volk JHWHs‘ und ‚die Völker‘. Das Neue ist noch kaum gedacht, eine passende Bezeichnung fehlt noch; ‚alles Fleisch‘ muß vorerst diese Lücke ausfüllen. Israel verliert zwar nicht völlig seine Identität; eine Sonderstellung bleibt ihm (66,22), aber es geht zusammen in einem neuen umfassenden Ganzen auf, für das ein geeigneter Name noch nicht gefunden wurde."[28] Die Formulierung „alles Fleisch" ist die aus der priesterschriftlichen Urgeschichte stammende Bezeichnung der Menschheit, ehe diese in Gen 10 in Ethnien differenziert wird. – Auch hier also zeigt sich, daß der „Gottesvolk-Begriff" nicht geeignet ist, die besondere „Qualität" [107] der Israeliten und Nicht-Israeliten umfassenden neuen „Weltgesellschaft" („Ökumene" aus Israel und Nicht-Israel) zu formulieren.

3. Den diametral entgegengesetzten, aber im Endeffekt in gleicher Weise problematischen Weg der Auflösung des überkommenen Gottesvolk-Konzepts geht der (möglicherweise gegenüber Jes 66 noch spätere) Text Jes 19,19-25. Er setzt additiv „Assur" und „Ägypten" (als Kontrast zu massiven Gerichtsworten im Jesajabuch?) als mehrere JHWH-Völker nebeneinander, ohne daß ihr gegenseitiges Verhältnis geklärt wird. Der Universalismus geht hier so weit, daß das Proprium Israeliticum begrifflich preisgegeben wird:

> „An jenem Tag wird eine Straße sein von Ägypten nach Assur, und Assur wird nach Ägypten kommen und Ägypten nach Assur, und die Ägypter werden zusammen mit Assur [JHWH kultisch] dienen. An jenem Tag wird Israel Dritter sein für Ägypten und für Assur als Segen inmitten der Erde, den JHWH der Heere gesegnet haben wird folgendermaßen: Gesegnet mein Volk Ägypten und meiner Hände Werk Assur und mein Erbbesitz Israel!" (Jes 19,23-25)

Alle drei Texte zeigen: Das Gottesvolk-Konzept ist nicht geeignet, die von JHWH intendierte Ökumene aus Israel und den Völkern begrifflich so zu fassen, daß Israels geschichtliche und theologische Identität, wie sie in der kanonischen Ursprungsgeschichte mit JHWH selbst „auf ewig" festgelegt ist, gewahrt bleibt. Der Begriff „Gottesvolk" ist so israel-spezifisch, daß er auch bei einer theologischen Verhältnisbestimmung Israel - Kirche nicht als Oberbegriff taugt, sondern strenggenommen für Israel reserviert bleiben sollte.

Das mag vielleicht für manche Katholiken enttäuschend sein, die von der Kirchenkonstitution des Zweiten Vatikanums her den hierarchie- und institutionskritischen „Volk-Gottes-Begriff" in der Ekklesiologie (zumal angesichts des derzeit wieder massiv um sich greifenden römischen Zentralismus!) für unverzichtbar halten.[29] Auch in den Entwürfen der Befreiungstheologie und der Politischen Theologie ist der Begriff vom Volk Gottes als Subjekt seiner eigenen „Gottesgeschichte" ein zentraler Topos, auf den man schwerlich wird verzichten wollen.[30] Dennoch: Er ist, sogar unabhängig von der christlich-jüdischen Problematik, in einer Ekklesiologie nicht als Grundkonzept geeignet. Auch von daher kann auf ihn verzichtet werden, wenn es darum geht, einen biblisch begründeten Oberbegriff zu finden, von dem aus das Verhältnis Israel - Kirche so bestimmt werden kann, daß *beider* Identität *und* Verbundenheit zum Ausdruck kommt. Als solcher Begriff bietet sich am ehesten das Konzept vom „Bund Gottes mit seinem Volk und seiner Ausweitung auf die Völker" an.[31]

---

[28] Ebd., 31.

[29] Zur Bedeutung des „Gottesvolk-Konzepts" in den ekklesiologischen Entwürfen des Zweiten Vatikanums vgl. W. BREUNING, Wie „definiert" sich Kirche heute?, in: J. Schreiner (Hg.), Unterwegs zur Kirche. Alttestamentliche Konzeptionen (QD 110), 1987, 11-32.

[30] Dazu immer noch grundlegend: J.B. METZ, Glaube in Geschichte und Gesellschaft, 1977, 120-135.

[31] Vgl. schon RENDTORFF, Hat denn Gott, 116: „Der Begriff des ‚Bundes Gottes mit seinem Volk' kann hier m.E. tatsächlich weiterführen. Er enthält auch in seinem alttestamentlichen Gebrauch durchaus die Möglichkeit, an das ‚Ausweitung' des Bundes über Israel hinaus zu den Völkern hin zu denken, ohne dabei die Unterscheidung zwischen beiden in Frage zu stellen."

4. Das biblische Bundes-Konzept als Ansatz für die Bestimmung des Verhältnisses Israel - Kirche

[108] In mehreren kirchlichen „Dokumenten" wurde in den letzten Jahren auf den biblisch-theologischen Bundesbegriff zurückgegriffen, weil er offensichtlich in besonderer Weise geeignet erscheint, die zwischen Israel und der Kirche bestehenden geschichtlichen und theologischen Asymmetrien nicht zu verdecken sowie beide gerade in diesen Asymmetrien und in ihrer je eigenen Identität zusammenzubinden. Natürlich soll damit keine Rückkehr zu der in den 50er und 60er Jahren insbesondere im Bereich der christlichen Exegese des „Alten Testaments" herrschenden „Bundesromantik" propagiert werden.[32] Andererseits kann auch das „bundestheologische" Schweigen, das die Alttestamentler in den vergangenen zwanzig Jahren weitgehend bestimmt hat[33], nicht das letzte Wort zum Thema „Bund" sein, wie die nun wieder anlaufende exegetische Diskussion zeigt. Wenn hier das biblische „Bundes-Konzept" als Ansatzpunkt für eine präzisere, biblisch gedachte und für Juden und Christen gleichermaßen akzeptable Verhältnisbestimmung vorgeschlagen wird, soll dies keineswegs bedeuten, das hebräische Wort *bᵉrīt* oder das griechische Wort *diathéke* sei das Zentralwort des Tanach / des Ersten Testaments, der rabbinischen Überlieferung oder des Neuen Testaments. Das ist weder durch den statistischen Befund gedeckt noch wäre dies von vornherein eine Empfehlung für das von uns gesuchte Projekt. Mir scheint vielmehr der Befund, daß *bᵉrīt* zwar im Tanach / im Ersten Testament (zusammen mit *tōrāh*) eine strukturelle und thematische Leitkategorie ist[34], dann im rabbinischen Judentum und im neutestamentlichen Christentum zurücktritt sowie dabei jeweils unterschiedliche Akzentuierungen erhält, eine gute Voraussetzung dafür zu sein, einmal die fundamentale Verwurzelung von Judentum und Christentum in der im Tanach bezeugten „Bundesgeschichte" und zum anderen die jeweils unterschiedliche Fortführung dieser „Bundesgeschichte" in Israel bzw. in der Kirche zu beschreiben - und zwar so, daß dabei Israels „Erstgeburtsrecht" *und* die für die Kirche konstitutive Spannung von Kontinuität und Diskontinuität gegenüber dieser gründenden „Bundesgeschichte" ausgedrückt werden kann.

Allerdings setzt dieses Bemühen voraus, was freilich nicht unbestritten ist, daß die „alttestamentliche" Bundeskategorie im Neuen Testament positiv so rezipiert ist, daß damit eine fundamentale Kontinuität zu Israel und eine theologische Zeitgenossenschaft der sich aus dem Judentum lösenden jungen Kirche mit eben diesem Judentum (und danach) festgeschrieben ist.[35]

---

[32] Zwischen 1930 und 1970 war in zahlreichen historischen, religionsgeschichtlichen und theologischen Arbeiten der Begriff „Bund" mehr und mehr zur pauschal, ja geradezu inflationär gebrauchten Kategorie geworden, die häufig zur bloßen Vorsilbe von Begriffen und Institutionen verkam. Auf drei „Feldern" war dies besonders exzessiv: (1) im Entwurf der „Theologie des Alten Testaments" von W. Eichrodt; (2) in den Hypothesen zum Bundeskult; (3) in der (Beinahe-)Allgegenwart des „Bundesformulars".

[33] Das theologische Thema „Bund" verschwand weitgehend aus der Diskussion aufgrund der einschlägigen Arbeiten von E. Kutsch und L. Perlitt, die ihre Sicht auch in die theologischen Lexika (TRE bzw. EKL) einbrachten; vgl. besonders L. PERLITT, Die Bundestheologie im Alten Testament (WMANT 36), 1969; E. KUTSCH, Verheißung und Gesetz. Untersuchungen zum sogenannten „Bund" im Alten Testament (BZAW 131), 1973.

[34] Vgl. dazu N. LOHFINK, Der Begriff „Bund" in der biblischen Theologie, ThPh 66 (1991) 171-175; zu den ebd. gegebenen Ausführungen zu 2Chr 36 als dem programmatischen Schlußtext des Tanach ließe sich noch ergänzend zeigen, daß in 2Chr 36,23 eine Anspielung auf die sog. Bundesformel vorliegt! Zum Zurücktreten des Begriffs *bᵉrīt* in der nachexilischen Theologie – mit Auswirkung auf die rabbinische „Theologie"! – vgl. die wichtigen Überlegungen von S.D. SPERLING, Rethinking Covenant in Late Biblical Books, Bibl 70 (1989) 50-73.

[35] Vgl. dazu in diesem Heft [Anm. d. Hg.: KuI 6 (1991)] den Beitrag von H. LICHTENBERGER und E. STEGEMANN. – Daß der Begriff „Bund" bei Jesus gezielt vermieden worden sei, weil er mit seiner „Gottesreich- Predigt" nicht zusammenpaßte, und daß der im Neuen Testament insgesamt periphere Begriff des „neuen Bundes" nur ein Kampfbegriff der Urkirche gewesen sei, mit dem die Jesusbewegung und die entstehende Kirche sich polemisch von den „nicht-christusgläubigen" Juden bzw. vom Judentum distanzieren und abgrenzen wollte, wie

Gegenüber allen Versuchen, die Bedeutung *und* die Verwendung von $b^e rit$ so engzuführen, daß damit im Tanach kein (wechselseitiges) Verhältnis zwischen Gott und Israel gemeint sei, ist festzuhalten, daß $b^e rit$ fundamental ein Verhältnisbegriff ist[36], wobei freilich das durch Gottes Initiative gesetzte, aktualisierte oder revitalisierte („erneuerte") „Verhältnis" im [109] einzelnen sehr unterschiedlich dargestellt wird: JHWH bindet sich selbst gegenüber Israel durch eine eidlich/rechtlich garantierte Übereignung des Landes und erwartet seinerseits von Israel die exklusive „Lehenstreue" (vgl. Gen 15,18; Ex 34,27; Jos 24,25f). JHWH und Israel binden sich gegenseitig zu einer Lebensgemeinschaft zusammen, wobei Israel sehr detaillierte „$b^e rit$-Verpflichtungen" übernimmt (dt/dtr „Bundeskonzept"); JHWH erklärt seine Bereitschaft, die in der Idee der $b^e rit$ grundsätzlich angelegte „Langzeitperspektive" des *Gottes*bundes dadurch zu verwirklichen, daß er grundsätzlich an *seiner* $b^e rit$-Zusage bzw. $b^e rit$-Verheißung festhält und gerade angesichts der „Bundesübertretungen" Israels immer wieder bereit ist, durch „Vergebung" die $b^e rit$ zu erneuern.

Wenn man die in Ex 19-34 narrativ entfaltete $b^e rit$-Theologie von ihrer in Ex 34,9f verdichteten „Zusammenfassung" her liest, sind drei Aspekte unübersehbar:

l. Insofern die $b^e rit$ JHWHs zugunsten des Volkes *seiner* Gnaden-lnitiative entspringt (vgl. Ex 34,6) und insofern sie bleibender Ausdruck *seines* Kommens zu Israel ist (vgl. Ex 19-24), „bewährt" sie ihre Verwurzelung in seiner Güte und Treue gerade angesichts der Sünde (Ex 32), wie die in Ex 34,9f gegebene Abfolge „Bitte des Mose und Sündenvergebung" und „$b^e rit$-Verheißung JHWHs" unterstreicht.

2. Die in Ex 34,10 gebündelte $b^e rit$-Verheißung JHWHs, die mit ihrer „Weltperspektive" Israels Geschichte in den Horizont der „Völkergeschichte" stellt, soll Israel dazu bewegen, ja in den Stand setzen, seinerseits $b^e rit$-gemäß zu leben (Ex 34,11-26).

3. „Ex 19,3-6, das erste Gotteswort der ganzen Sinaiperikope, deutet den ‚Bund', der Israel aus den Völkern heraushebt, als Priestertum gegenüber allen diesen Völkern."[37] Wie immer das gegenseitige Abhängigkeitsverhältnis von Ex 19,6 und Jes 61,6 zu bestimmen ist, so ist immerhin auffällig, daß ebenso in Jes 61,1-11 der „priesterliche" Dienst Israels, der in irgendeiner Weise auch den Völkern zugute kommen soll, im Horizont des in JHWHs Treue erneuerten „ewigen Bundes" (Jes 61,8) gründet.

Schon dieser knappe Blick auf die Sinaibundestheologie von Ex 19-34, die zu ergänzen wäre durch das priesterschriftliche Bundeskonzept, das noch stärker die Gnadenhaftigkeit, die Unwiderrufbarkeit und die Israel mit der Völkerwelt verbindende Verzahnung von Noachbund und Abrahambund betont, läßt erkennen, daß die in Jer 31,31-34 Juda und Israel gegebene Zusage des „Neuen Bundes" nicht derart isoliert werden kann, daß sich damit gar eine Antithese Israel - Kirche begründen ließe. Die in Jer 31,31-34 (wie in den verwandten prophetischen Texten Jer 24,5-7; 32,36-41; Ez 11,17-20; 16,59-63; 36,24-28; 37,21-28, aber auch Jes 54,1-10) zum Ausdruck kommende Spannung von Diskontinuität und Kontinuität kann nicht einfach in ein lineares Zeitschema aufgelöst werden, sondern markiert jene Spannung, in der Israel als „Bundesvolk" JHWHs von seinem Ursprung her steht, nämlich daß es als solches immer schon

---

bei christlichen Neutestamentlern (u.a. E. Gräßer, U. Luz) zu lesen ist, ist – unabhängig von der neutestamentlichen Fragwürdigkeit der These – schon allein von der Vielschichtigkeit der „alttestamentlichen" Bundestheologie her wenig wahrscheinlich; vgl. dazu E. ZENGER (Hg.), Der Neue Bund im Alten, 1992.

[36] Dies haben in Auseinandersetzung mit Kutsch verschiedene Beiträge herausgestellt, u.a.: J. BARR, Some Semantic Notes on the Covenant, in: FS W. Zimmerli, 1977, 23-38; J. SCHARBERT, „Berît" im Pentateuch, in: FS H. Cazelles, 1981, 163-170; S. HERRMANN, „Bund" eine Fehlübersetzung von „$b^e rit$"? Zur Auseinandersetzung mit Ernst Kutsch, in: ders., Gesammelte Studien zur Geschichte und Theologie des Alten Testaments (ThB 75), 1986, 210-220.

[37] Wie zentral der „Bund zur Vergebung der Sünden" für das Selbstverständnis des nachexilischen Israel ist, ließe sich zum einen durch eine Interpretation von Ps 103 als „Meditation" über den Sinaibund (vgl. dazu: E. ZENGER, Ich will die Morgenröte wecken. Psalmenauslegungen, 1991, 195-203) und zum anderen durch die Herausarbeitung von Lev 16 als kompositioneller Mitte der Tora (Gen-Dtn) zeigen.

aus der Zuwendung jenes Gottes lebt, der „gütig und barmherzig" ist und gerade als [110] der bundeswillige Gott die Gnade der Sündenvergebung gewährt (vgl. Jer 31,34 und Ex 34,9f).[38]

Gerade die Korrelation von Jer 31,31-34 mit Ex 19-34 unterstreicht, daß JHWH in der b^erīt die „Rahmenbedingungen" setzt, innerhalb derer die Tora als „Grundgesetz" des Gottesreichs und als Lebensvollzug des Gottesvolks ermöglicht und realisiert wird. In der Perspektive der Königsherrschaft JHWHs gehören deshalb b^erīt und tōrāh untrennbar zusammen – auch in neutestamentlicher Sicht, vor allem wenn man die jesuanische Konzentration der Sinnrichtung der Tora auf die Hauptgebote der Gottesliebe und der Nächstenliebe sowie deren „biographische" Halacha im Leben und Sterben Jesu in den Blick nimmt, wie sie insbesondere auch in der Überlieferung vom Abschiedsmahl Jesu im Brot- und Becherwort (vgl. Mk 14,22-25) verdichtet ist. Wenn die urchristliche Eucharistie möglicherweise schon recht früh als „Aktualisierung" der im Tanach so vielschichtig bezeugten Bundestreue des Gottes Israels, der Israels und der Völker König sein will, begriffen wurde, verwundert es nicht, daß gerade in der Abendmahlsüberlieferung die Hoffnung auf die eschatologische Gottesherrschaft (Mk 14,25) mit der Sinaibundestheologie (Mk 14,24) zusammengeführt wurde. Dabei geht es nicht um die Stiftung eines anderen, zweiten Bundes, der gar im Gegensatz zum Gottesbund mit Israel steht, sondern die neutestamentliche Theologie „bindet" ihre „neue" Bundeserfahrung an die große, bisherige „Bundesgeschichte" an, nicht im Widerspruch dazu, wie immer wieder unterstellt wird, sondern aus jener bereits die „alttestamentliche" b^erīt-Theologie auszeichnenden Überzeugung heraus, daß der Bund Gottes mit Israel „Gnade" ist, zum „Gehen in seinen Geboten" bewegen will und darauf zielt, daß nicht nur Israel, sondern alle Menschen dem Gott Israels als ihrem „König" dienen.

Dieses biblische Bundeskonzept bietet nun in der Tat einen Ansatz, Israel und die Kirche so miteinander in Beziehung zu bringen, daß beide ihre je unterschiedliche Identität behalten können, ja müssen. Die verschiedentlich vorgenommene Aufteilung in Israel als Gottesvolk des Alten Bundes und Kirche als Gottesvolk des Neuen Bundes, womit zwei „Bünde" postuliert sind, erübrigt sich bei diesem Konzept, das – getreu der biblischen Überlieferung – vom einen, einzigen, dynamischen „Gottesbund" ausgeht.[39]

In diese Richtung tendieren besonders drei kirchliche Stellungnahmen aus den letzten Jahren.

Da ist zunächst die 1980 von der Synode der Evangelischen Kirche im Rheinland verabschiedete Erklärung zu nennen, in der es heißt:

> „Wir glauben die bleibende Erwählung des jüdischen Volkes als Gottes Volk und erkennen, daß die Kirche durch Jesus Christus in den Bund Gottes mit seinem Volk hineingenommen ist."[40]

Unter ausdrücklicher Bezugnahme auf diese Rheinische Synode legte [111] 1987 die Vollversammlung der Presbyterian Church der USA u.a. folgende zwei Thesen („theological affirmations") vor:

> „We affirm that the church, elected in Jesus Christ, has been engrafted into the people of God established by the covenant with Abraham, Isaac and Jacob. Therefore, Christians have not replaced Jews ...

---

[38] Gegen die Theorie von zwei oder gar mehreren „Bünden" spricht schon allein die Semantik der hebräischen Bibel: Sie verwendet *nur* den Singular von b^erīt! Wenn die griechische Bibel (z.B. in Jesus Sirach) den Plural *diathekai* verwendet, ist dies noch kein Hinweis auf ein „Mehr-Bund-Konzept"; die verschiedenen „Bundesschlüsse" sind Setzungen und Aktualisierungen des einen und einzigen Gottesbundes.

[39] LOHFINK, Begriff „Bund", s.o. Anm. 34, 173.

[40] Vgl. RENDTORFF/HENRIX (Hg.), s.o. Anm. 7, 594.

We affirm that the reign of God is attested both by the continuing existence of the Jewish people and by the church's proclamation of the Gospel of Jesus Christ. Hence, when speaking with Jews about matters of faith, we must acknowledge that Jews are already in a covenantal relationship with God.[41]

Auch die 1990 von der Hauptversammlung des Reformierten Bundes verabschiedeten Leitsätze „Wir und die Juden - Israel und die Kirche" wählt dieses Denkmodell, wenn sie im Leitsatz II formuliert:

„Gott hat seinen Bund mit Israel nicht gekündigt. Wir beginnen zu erkennen: In Christus sind wir, Menschen aus der Völkerwelt – unserer Herkunft nach fern vom Gott Israels und seinem Volk–, gewürdigt und berufen zur Teilhabe an der Israel zuerst zugesprochenen Erwählung und zur Gemeinschaft im Gottesbund.

‚Es sollen wohl Berge weichen und Hügel hinfallen, aber meine Gnade soll nicht von dir weichen und der Bund meines Friedens soll nicht hinfallen, spricht der Herr, dein Erbarmer' (Jes. 54,10).

‚Denn Gottes Gaben und Berufung können ihn nicht gereuen' (Röm. 11,29).

Damit widersprechen wir der verbreiteten Auffassung, die christliche Kirche sei von Gott an die Stelle eines enterbten und verworfenen Israel gesetzt worden. Wir suchen vielmehr den wurzelhaften und bleibenden Zusammenhang, in dem Israel und die Kirche in dem einen ungekündigten Gottesbund miteinander verbunden sind."[42]

Alle drei Erklärungen gehen von der Priorität Israels im Gottesbund aus und sehen diesen ausgeweitet auf die Kirche, insofern die Christen durch Jesus Christus in diesen Bund „hineingenommen", „eingepflanzt" oder „zur Gemeinschaft" im Bund mit Israel „gewürdigt und berufen sind" - ohne den Juden irgend etwas wegnehmen zu können. Die im Sinaibund gestiftete Beziehung zwischen Am Jisra'el und Elohej Jisra'el verändert sich nicht dadurch, daß der Elohej Jisra'el den Christen durch Jesus kundtut, daß er seine im Gottesbund mit Israel zugesagte Güte und Treue nun auch ihnen zuteilwerden läßt. Freilich bedeutet dies für beide, Israel *und* Kirche, eine Herausforderung zum „Teilen" – in vielfacher Hinsicht. Daß wir Christen die Teilhabe am Bund des Gottes Israels nicht „zum Nulltarif" haben können, müßten wir längst aus dem Kommentar zur Tora wissen, den Jesus in der Bergpredigt und durch seine Biographie gegeben hat.

---

[41] Vgl. A. BROCKWAY u.a., The Theology of the Churches and the Jewish People. Statements by the World Council of Churches and its member churches, 1988, 110.113.

[42] Wir und die Juden – Israel und die Kirche. Leitsätze in der Begegnung von Juden und Christen. Text und Dokumentation, herausgegeben vom Moderamen des Reformierten Bundes, o.J. (1990), 19.

Israel und Kirche im gemeinsamen Gottesbund. Beobachtungen zum theologischen Programm des 4. Psalmenbuchs (Ps 90-106)

[236] Solange Christen der Meinung sind, die Kirche sei als „das wahre und neue Israel" oder als „das neue Gottesvolk" an die Stelle oder in die alleinige Erbfolge des biblischen Israel getreten,[1] aber auch solange Juden der Meinung sind, das Christentum stünde ihnen nicht näher als irgendeine andere Religion,[2] ist das Verhältnis Judentum - Kirche(n) kein *besonderes* theologisches Problem. Wer hingegen der Meinung ist, die katastrophischen Erfahrungen in der bisherigen Geschichte von Judentum und Christentum hingen *auch* damit zusammen, daß *beide* die ihr eigenes Selbstverständnis zutiefst betreffende Frage, was die Tatsache bedeutet, daß das Christentum *innerhalb* des Judentums entstanden ist und diesem seinem jüdischen Ursprung verbunden bleiben muß, nicht hinreichend beantwortet haben, wird das Nachdenken über das Verhältnis Israel - Kirche für theologisch wie politisch höchst dringlich halten. Wenn ich auf den Punkt bringen möchte, was ich in den vielen Gesprächen und Begegnungen mit *Ernst Ludwig Ehrlich* gelernt habe, dann ist es genau dies: Israel und Kirche stehen von Gott her in einem spannungsreichen Verhältnis, das beide wahr- und annehmen müssen, damit sie – in messianischer Weggemeinschaft – ihrer gemeinsamen Aufgabe gerecht werden können, nämlich „„Gottes Reich bei uns einzulassen', oder wenigstens ihm den Weg zu bahnen"[3] – beide in ihrer *spezifischen* Sendung! Auf der Suche nach Bildern und Kategorien, die das Selbstverständnis von Judentum und Kirche in ihrem unaufgebbaren Gegenüber und Miteinander *zugleich* angemessen umschreiben könnten, werden wir die Juden und Christen gemeinsame Bibel, [237] das Erste Testament,[4] nicht außer acht lassen dürfen.[5] Daß vom Ersten Testament her diesbezüglich vor allem die Texte zum Thema „Israel und die Völker" zu betrachten sind, haben auch die neutestamentlichen Autoren gemeint, als sie den zu ihrer Zeit kontrovers diskutierten Prozeß der zunehmenden Loslösung des Christentums aus dem Judentum und die Etablierung einer eigenen, vom jüdischen Volk sich abgrenzenden Kirche als „Erfüllung" jener alttestamentlichen Verheißungen bzw. Utopien darstellten, nach denen „die Völker" in der Endzeit den Gott Israels als den einzigen Gott anerkennen und anbeten werden.[6] Das Erste Testament bietet freilich kein einheitliches und eindeutiges Modell dafür an, wie das spannungsreiche Verhältnis

---

[1]   Vgl. die Skizze über theologisch ungeeignete, ja falsche Verhältnisbestimmungen Kirche - Israel bei: B. KLAPPERT, Der Verlust und die Wiedergewinnung der israelitischen Kontur der Leidensgeschichte, in: H. H. Henrix/M. Stöhr (Hg.), Exodus und Kreuz im ökumenischen Dialog zwischen Juden und Christen, Aachen 1978, 107-110.

[2]   Vgl. R. J. Z. WERBLOWSKY, Trennendes und Gemeinsames, in: Zur Erneuerung des Verhältnisses von Christen und Juden (Handreichung Nr 39, 1980, der Evangelischen Kirche im Rheinland) 40: „Man kann authentischer Jude sein, in völliger Integrität des jüdischen Seins, ohne auch nur einen Moment an Jesus Christus oder an das Neue Testament denken zu müssen, genau so wie man Christ sein kann, ohne an die Bhagavat Gita oder an den Koran denken zu müssen."

[3]   So der Jubilar [Anm. d. Hg.: d.i. Ernst Ludwig Ehrlich] auf einem Forum beim 88. Deutschen Katholikentag 1984 in München, an dem wir beide ein eröffnendes Kurzreferat hielten; vgl. die offizielle Dokumentation: Dem Leben trauen, weil Gott es mit uns lebt, Paderborn 1984, 479.

[4]   Die keineswegs belanglose Frage, ob und wie die bei Christen meist übliche Bezeichnung „Altes Testament" durch andere Bezeichnungen ersetzt werden soll, kann hier nicht weiter erörtert werden; die vielfach vorgeschlagene Bezeichnung „Hebräische Bibel" deckt nicht den „katholischen Kanon" ab.

[5]   Hier finden sich vor allem Metaphern, die dieses Verhältnis als einen dynamischen und offenen Prozeß darstellen können; z.B. die Metapher vom festlichen Krönungsmahl auf dem Zion, zu dem JHWH die Völker einlädt (Jes 25,6-8), oder von der vielgestaltigen Pflanzung JHWHs (Ez 17,22-24).

[6]   Vgl. hierzu besonders K. LÖNING, Das Verhältnis zum Judentum als Identitätsproblem der Kirche nach der Apostelgeschichte, in: FS A. Th. Khoury, Würzburg/Altenberge 1990, 304-319.

Israel - Völker theologisch zu denken ist. Immerhin zeigt es aber, *daß* und *wie* sich dieses Problem in der Geschichte des biblischen Israel zunehmend stellte.[7] Zugleich aber stellt es uns Heutige, im Wissen um die katastrophischen Gefahren des nicht geklärten Problems, vor die Notwendigkeit, aus den a priori denkbaren Verhältnisbestimmungen im Gespräch mit der biblischen und rabbinischen Tradition *jene* auszuwählen, die unserem gemeinsamen Dienst am Kommen des Gottesreichs am ehesten entsprechen. Das folgende „Gespräch" mit dem vierten Psalmenbuch will dazu ein kleiner Beitrag sein.

1. Kompositionsstrukturen im 4. Psalmenbuch

Daß die durch die vier Doxologien Ps 41,14; 72,18f; 89,53; 106,48 angezeigte Einteilung des Psalmenbuchs in fünf „Bücher", die deshalb schon in 1Q 30 ספרים חמשים („gefünftelte Bücher") heißen,[8] nicht nur mit der komplexen Entstehungsgeschichte des Psalmenbuchs zu tun hat, sondern zugleich auf eine theologische Programmatik der jeweiligen Bücher aufmerksam machen [238] will, ist neuerdings, nicht zuletzt angestoßen durch den sogen. canonical approach, schon verschiedentlich angedeutet und ansatzhaft konkretisiert worden.[9] Auch das 4. Psalmenbuch, dessen Schlußpsalm trotz der Einwände H. Geses[10] nicht Ps 107, sondern Ps 106 ist,[11] stellt eine Sammlung von Psalmen dar, die motivlich und theologisch vielfältig miteinander verwoben sind und auf der Ebene des Endtextes als programmatische Komposition gelesen werden wollen. Was vom Psalmenbuch als Ganzem gilt, nämlich, daß es als geistliches Lese- und Erbauungsbuch konzipiert ist,[12] gilt auch von der Komposition Ps 90-106. Was immer die ursprüngliche Entstehungs- und Verwendungssituation dieser Psalmen als Einzeltexte oder als „Kleingruppen" war, so ist doch unübersehbar: Hier sind Psalmen nebeneinandergestellt worden, die von ähnlichen theologischen Ideen geprägt sind, und sie sind so in eine Reihenfolge gebracht worden, daß ein faszinierendes Programm entstanden ist.

[7] Einen guten Überblick über die verschiedenen Modelle bietet W. GROß, YHWH und die Religionen der Nicht-Israeliten: TThQ 169 (1989) 34-44.
[8] Vgl. J. BECKER, Wege der Psalmenexegese SBS 78 (1975) 112 mit Verweis auf H. Schneider, Die Psalmen im Gottesdienst des Alten Bundes. Ein Diskussionsbeitrag zum gleichnamigen Buch von A. Arens, ThRev 58 (1962) 229-233; zurückhaltend: N. FÜGLISTER, Die Verwendung und das Verständnis der Psalmen und des Psalters um die Zeitenwende, in: J. Schreiner (Hg.), Beiträge zur Psalmenforschung. Psalm 2 und 22 (fzb 60), Würzburg 1988, 341. Zur Diskussion über die Funktion der Doxologien vgl. besonders G. H. WILSON, The Editing of the Hebrew Psalter (SBL Diss Ser 76), Chico 1985, 140 Anm. 2 sowie 182-190.
[9] Vgl. G. H. WILSON, The Editing (Anm. 8) 199-228; J. SCHREINER, Zur Stellung von Psalm 22 im Psalter. Folgen für die Auslegung, in: ders: Beiträge (Anm. 8) 255-272; N. LOHFINK, Lobgesänge der Armen. Studien zum Magnifikat, den Hodajot von Qumran und einigen späten Psalmen (SES 143), Stuttgart 1990, 101-125; E. ZENGER, Was wird anders bei kanonischer Psalmenauslegung?, in: F.V. Reiterer (Hg.), Ein Gott, eine Offenbarung. Beiträge zur biblischen Exegese, Theologie und Spiritualität. FS N. Füglister, Würzburg 1991, 397-413.
[10] H. GESE, Die Entstehung der Büchereinteilung des Psalters, in: Wort, Lied und Gottesspruch. FS J. Ziegler (fzb 2), Würzburg 1972, 57-64. Die zwei Haupteinwände sind: 1. Ps 105-107 bilden eine zusammengehörige „Kleingruppe". 2. „Die Doxologie in Ps 106 ist sicherlich nicht zum Abschluß einer Psalmensammlung hinzugesetzt ..., sondern ist mit der liturgischen Bitte Ps 106,47 verbunden; sie hat keine redaktionelle Funktion wie Ps 41,14; 72,18; 89,53" (62).
[11] Gegen H. Gese wäre im einzelnen nachzuweisen: 1. Das von Gese angedeutete Argument, die Psalmen 105-107 seien durch wortgleichen hymnischen Einleitungsformeln als Einheit ausgewiesen, ist schon auf der Textebene selbst nicht ganz richtig; auch ihre Funktion im jeweiligen Psalm ist unterschiedlich. 2. Die Komposition 1 Chr 16,8-36 schließt eben doch mit dem Zitat des Schlusses von Ps 106.
[12] So neuerdings mit Nachdruck N. FÜGLISTER, Die Verwendung (Anm. 12) 380-384. Vgl. J. MAIER, Zwischen den Testamenten. Geschichte und Religion in der Zeit des zweiten Tempels (NEB AT-Ergänzungsband 3), Würzburg 1990, 18: „... daß der uns bekannte Psalter eine ,publizierte' Auswahl darstellt, die für außerliturgischen Gebrauch bestimmt war, vor allem in der privaten Andacht."

24

Ehe dieses Programm skizziert wird, sollen die wichtigsten Beobachtungen genannt werden, an denen deutlich wird, daß hier eine planende Hand am Werk war.

a) Ps 90-92 ist eine Komposition

Die drei Psalmen wurden nebeneinandergestellt, weil man ihre Stichwortbeziehungen erkannte; teilweise wurden die entsprechenden Querverbindungen aber auch erst durch die Redaktion geschaffen.[13] Auf die Bitte von Ps 90,14 „Sättige uns ... daß wir uns freuen ... an allen unseren Tagen" antwortet die Gotteszusage in Ps 91,16: „Ich sättige ihn mit der Länge von Tagen" (= mit [239] langem Leben). Ps 91,14 begründet die Rettungszusage so: „denn er kennt meinen Namen". Der darauf folgende Ps 92 wird entsprechend eröffnet: „Wie schön ist es, deinem Namen, du Höchster, zu singen" (Ps 92,2). Die Schlußbitten Ps 90,13-17 klingen im Dankpsalm 92 teilweise wörtlich an, teilweise werden sie kontrastierend aufgenommen: Auf die Bitte Ps 90,14 „Sättige uns am Morgen mit deiner Güte, daß wir jubeln und uns freuen" blickt Ps 92,3.5 zurück: „Zu verkünden am Morgen deine Güte ... Du hast mich erfreut und ich kann jubeln." Die Bitte Ps 90,16 „Es erscheine an deinen Knechten dein Wirken" ist erfüllt in Ps 92,5: „Du hast mich erfreut durch dein Wirken". Die Schlußbitte Ps 90,17b „Und dem Werk unserer Hände gib du Bestand!" wird in Ps 92,5-6 kontrastierend in die Wirklichkeit eingegliedert, auf die es ankommt, wenn die Menschenwerke Bestand haben sollen: „Über die Werke deiner Hände will ich jubeln. Wie groß sind deine Werke, JHWH!" Insgesamt kann man Ps 91 und Ps 92 so lesen, daß hier konkretisiert wird, wer mit den in Ps 90,13-17 angesprochenen „Knechten JHWHs" gemeint ist. Es sind die, die voll auf JHWH vertrauen (Ps 91) und die ihren konkreten Alltag als „Gerechte" leben (Ps 92). Wer so lebt, für den verliert die in Ps 90 beklagte Vergänglichkeit ihren Schrecken. Der Metapher Ps 90,5-6 vom vertrocknenden Grashalm setzt Ps 92,13-16 die Metapher von der fruchttragenden Palme und der festverwurzelten, hochragenden Libanonzeder entgegen: Wer „gerecht" lebt, d.h. wer sich gemeinschaftsgemäß verhält und wer die Wurzeln seiner Existenz in der Gottesgegenwart hat, der widersteht den Stürmen wie die Libanonzeder und der ist fruchtbar wie die Dattelpalme in der Wüstenoase. Wer so lebt, der ist „voll Saft und Frische" und trägt Frucht sogar noch, wenn das Leben sich im Alter zu Ende neigt. Diese motivliche Verflochtenheit der drei Psalmen weist offenkundig daraufhin, daß die Psalmen als thematische Einheit beabsichtigt sind. Sie bilden einen fortschreitenden Geschehensbogen. Ps 90 beginnt als Klage über die menschliche Todesverfallenheit und zielt auf die Bitte, JHWH möge die lähmende Last dieses Todeswissens durch seine gnädige Zuwendung wegnehmen. Auf diese Bitte antwortet Ps 91 mit einer doppelten Zusage bzw. Verheißung. Im Stil weisheitlicher Belehrung spricht ein fiktiver Sprecher (ein Weisheitslehrer oder der Beter zu sich selbst) einem Du die Gewißheit zu, daß JHWH den, der sich ihm vertrauend überläßt, vor aller lebenszerstörerischen Macht bewahrt. Ja, Ps 91 kulminiert mit der in direkter Gottesrede gestalteten Zusage langen und satten Lebens (Ps 91,14-16). Daß diese Zusage kein leeres Wort ist, sondern sich an dem erfüllt, der sich dieser Zusage ausliefert, wird in Ps 92 sichtbar, der als Danklied eines Einzelnen auf die Erfüllung der in Ps 91 anklingenden Verheißung zurückschaut. Die drei Psalmen konstituieren einen Prozeß, den Ps 91,15 bündig zusammenfaßt: „Ruft er mich, so antworte ich ihm ... und sättige ihn mit langem Leben."

b) Ps 93-100 ist eine Komposition

[240] Daß die sogen. JHWH-Königs-Psalmen 93-99 wegen ihrer semantischen und theologischen Verwandtschaft nebeneinandergestellt wurden, ist keine neue Einsicht. Bedeutsamer scheint mir aber die jüngst auch von N. Lohfink vorgetragene These, daß Ps 100 als komposi-

---

[13] Vgl. dazu auch J. REINDL, Weisheitliche Bearbeitung von Psalmen, VTS XXXII (1981) 350-354.

tioneller und programmatischer Abschluß der vorangehenden JHWH-Königs-Psalmen entstanden ist.[14] Schon die Siebenergruppe Ps 93-99 bildet eine planvolle Abfolge. Der erste (Ps 93), fünfte (Ps 97) und siebte (Ps 99) Psalm beginnt mit der Proklamationsformel יהוה מלך („JHWH ist König geworden"), wobei der Psalm selbst dann als sog. Themapsalm[15] einen jeweils unterschiedlichen Aspekt dieses Königtums entfaltet (Ps 93: König über alle Mächte und Gewalten der Welt „von Urzeit her";[16] Ps 97: Offenbarung des Königtums vor allen Völkern; Ps 99: Offenbarung des Königtums in der Geschichte Israels[17]). Die beiden imperativischen Hymnen Ps 96 und Ps 98, die sich an „die Völker" wenden und diese zur Huldigung vor dem König JHWH auffordern, sind, wie ihre Stichwortverbindungen und Motiventsprechungen anzeigen, um Ps 97 als ihre Mitte gruppiert.[18] Insbesondere sind ihre Anfänge und Schlüsse fast wortgleich. Beide Psalmen beginnen mit der Aufforderung „Singt JHWH ein neues Lied" (96,1; 98,1), und beide Psalmen kulminieren in den breit gestalteten Aufforderungen zum kosmischen Jubel „vor dem Angesicht JHWHs, der kommt bzw. gekommen ist, um zu richten die Erde: Er richtet den Erdkreis בצדק (in Gerechtigkeit) und die Völker באמונתו (in Treue zu der von ihm gesetzten Heilsordnung) bzw.במישרים (in Wiederherstellung der Rechtsordnung)" (Ps 96,11-13 = Ps 98,7-9).[19] Der zwischen beiden Psalmen stehende Ps 97 proklamiert nun genau die machtvolle Theophanie des Königs JHWH, dessen Thron צדק ומשפט), („Gerechtigkeit und Recht") ist (97,2), dessen צדק („Gerechtigkeit") die Himmel vor allen Völkern verkünden (97,6), über dessen משפטים („Rechtssetzungen") die Töchter Judas jubeln (97,8) und der die Freude der [241] צדיקים („der Gerechten") und der ישרי־לב („der Rechtschaffenen") ist (97,11f). Auch die beiden um diese Mitte gelegten Psalmen 95 und 99 sind aufeinander bezogen. Ps 95 ist ein imperativischer Hymnus, der Israel einlädt, dem „großen" (95,3) Weltkönig JHWH als seinem König zu huldigen und als sein Bundesvolk (95,7) „seine Wege" der Tora zu erkennen und zu gehen (95,10). Daß und wie sich der Weltkönig JHWH als König seines Bundesvolks in dessen Geschichte geoffenbart hat, erläutert Ps 99, der wie Ps 95 abermals Israel auffordert, sich vor JHWH „niederzuwerfen" (95,6; 99,5), dem „großen" Gott (95,3; 99,2), von dem Israel sagen darf: Er ist „unser Gott" (95,7; 99,5.8.9). Dabei ist die dritte „Strophe" von Ps 99[20] als dialektische Kontrastaussage zu Ps 95,10f zu lesen: Das „letzte Wort" des Bundesgottes ist nicht sein vernichtender Zorn, sondern die in der langen Geschichte immer wieder erfahrene Gnade seiner Vergebung. Ein erratischer Block innerhalb der Komposition Ps 93-99 scheint auf den ersten Blick Ps 94 zu sein. Immerhin ist er der einzige Psalm in der Gruppe, in der der Begriff „König" fehlt.[21] Daß er dennoch gezielt in den Kontext gestellt wurde, ist zum einen an der redaktionell geschaffenen „Überleitung" vom Schluß des 94. Psalms zum Anfang des 95. Psalms[22] und an

---

[14] Vgl. N. LOHFINK, Die Universalisierung der „Bundesformel" in Ps 100,3: ThPh 65 (1990) 174.

[15] Zur Unterscheidung der sog. Thronbesteigungspsalmen in die zwei Gruppen „Themapsalmen" und „imperativische Hymnen" vgl. grundlegend (und erstmals?): D. MICHEL, Tempora und Satzstellung in den Psalmen (AET 1), Bonn 1960, 215-221.

[16] Zum „urzeitlichen" Verständnis von Ps 93 besonders B. JANOWSKI, Das Königtum Gottes in den Psalmen: ZThK 86 (1989) 398-418, in Auseinandersetzung mit J. JEREMIAS, Das Königtum Gottes in den Psalmen. Israels Begegnung mit dem kanaanäischen Mythos in den Jahwe-König- Psalmen (FRlANT 141), Göttingen 1987, 15-45; vgl. dazu auch E. OTTO, Mythos und Geschichte im Alten Testament. Zur Diskussion einer neuen Arbeit von Jörg Jeremias: BN 42 (1988) 93-102.

[17] Vgl. R. SCORALICK, Trishagion und Gottesherrschaft. Psalm 99 als Neuinterpretation von Tora und Propheten (SBS 138), Stuttgart 1989.

[18] Das ist nicht als Aussage über die ursprüngliche Entstehungssituation dieser drei Psalmen gemeint. Ps 97 dürfte der jüngste dieser drei Psalmen sein, wie J. JEREMIAS, Das Königtum Gottes (Anm. 16) 137-143 zeigt.

[19] Vgl. auch Ps 96,10b mit Ps 98,9b.

[20] Zur Gliederung von Ps 99 in die drei „Strophen" V. 1-3.4-5.6-9 vgl. besonders R. SCORALICK, Trishagion (Anm. 17) 54-58.

[21] Als Nomen oder Verbum steht מלך sonst in jedem Psalm je einmal: 93,1; 95,3; 96,10; 97,1; 98,6; im siebten Psalm steht er betont zweimal: 99,1.4.

[22] Vgl. Ps 94,22: JHWH als „Fels meiner Zuflucht"; Ps 95,1: JHWH als „Fels unserer Rettung".

den Stichwortverbindungen im Corpus beider Psalmen[23] ablesbar, zum anderen aber ist Ps 94 die gleich nach dem eröffnenden „Themapsalm" ergehende drängende Bitte, JHWH möge doch angesichts der Bosheit der Frevler und der Vernichtung der Witwen, Waisen und Fremden das Kommen seines Gottesreichs beschleunigen; hier wird zwar nicht der Begriff, wohl aber die altorientalisch und alttestamentlich gut bezeugte Topik der Königsherrschaft angesprochen.[24] Die sieben Psalmen 93-99 bilden demnach eine zusammenhängende Komposition über das Königtum JHWHs, die freilich ihrerseits ganz auf Ps 100 als ihren programmatischen Höhepunkt hin drängt, wie die zahlreichen sprachlichen Bezüge zu den vorangehenden Psalmen nahelegen; diese Bezüge werden wir unten bei der thematischen Interpretation von Ps 100 erläutern. Daß Psalm 100 innerhalb der Komposition 93-100 nach dem Schema 7 + 1 als Klimax konzipiert ist, ergibt sich auch aus der Verwendung dieses Kompositionsprinzips in anderen alttestamentlichen Textbereichen.[25] Auch der Psalm selbst ist mit auffälliger [242] Zahlensymbolik gestaltet.[26] Er besteht aus vier Dreizeilern, die also insgesamt zwölf Zeilen ergeben, und er verwendet sieben Imperative,[27] deren mittlerer (vierter) zur Erkenntnis auffordert, daß JHWH allein Gott ist. Wir werden weiter unten erläutern, daß es nach der Komposition von Ps 93-100, ja nach der Komposition des 4. Psalmenbuchs überhaupt die Sendung Israels ist, den Völkern diese „Erkenntnis" zu vermitteln, und zwar in der Bezeugung des Geheimnisses seines „Namens", d.h. seines Wesens, das „Güte" (חסד) und „Treue" (אמונה) ist (vgl. den vierten Dreizeiler von Ps 100!).

c) Ps 101-104 ist eine Komposition

Schon der Midrasch Tehillim betrachtet Ps 103 und Ps 104 als übergreifende Komposition, wenn er die in beiden Psalmen zusammen fünfmal vorkommende Aufforderung „Lobe, meine Seele, JHWH" (103,1.2.22; 104,1.35) ausdrücklich mit den fünf Büchern der Tora vergleicht.[28] In der Tat sind die Aufforderungen in Ps 103,22 und in Ps 104,1.35 redaktionelle Hinzufügungen, durch die die beiden Psalmen zu einer kompositionellen Einheit verklammert werden sollen.[29] Beide Psalmen sind ohnedies an ihren „Nahtstellen" motivlich miteinander verzahnt. Psalm 103 schließt in 103,19-22 mit dem Bild von JHWH, der im Himmel seinen Königsthron errichtet hat und dort umgeben ist von „seinen Boten" und von „seinen Dienern" (משרתיו). Mit eben diesem Bild setzt dann Ps 104,2-4 erneut ein, wobei es kein Zufall sein dürfte, daß „die Diener" JHWHs nur in diesen beiden Psalmen im Psalmenbuch überhaupt vorkommen. Auch das sekundäre[30] Kolon Ps 104,29b („und zu ihrem Staub kehren sie zurück")

---

23 „Volk JHWHs": 94,5.14; 95,7; „unser Gott": 94,23; 95,7.

24 Zum König/König JHWH als Rechtsbringer von Witwen, Waisen und Fremden: vgl. u.a. Ps 10,16-18; 68,6f; 146,9f sowie 2 Sam 14,5-11; 2 Kön 8,5f; Ps 72,4.12-14; ferner: Epilog des Codex Hammurapi; Karitu-Epos.

25 Vgl. die Kompositionsstruktur des „Völkerspruchzyklus" Am 1,2-2,16 sowie Ex 22,29; Lev 9,1-4; 23,26; 1 Sam 16,10f; 17,12; dazu: SH. M. PAUL, A Literary Reinvestigation of the Authenticity of the Oracles against the Nations, in: FS H. Cazelles, Paris 1981, 196f.

26 Kompositionstechnik mit Zahlensymbolik ist ein Kennzeichen spätalttestamentlicher Literatur; im Psalmenbuch findet sie sich gehäuft im letzten Drittel des Buchs.

27 Auch der siebte Psalm der Komposition, Psalm 99, arbeitet (neben dem Dreimal-Heilig!) mit Siebenersymbolik: Siebenmal setzt er das Tetragramm und siebenmal verweist er auf JHWH durch ein selbständiges Pronomen („er" oder „du"). Die beiden Strophen V. 1-3.4-5 bestehen jeweils aus 7 Zeilen, die dritte (!) Strophe V. 6-9 hat 14 (2x7) Zeilen.

28 Vgl. A. WÜNSCHE, Midrasch Tehillim II, Hildesheim 1967, 105f.

29 Die Aufforderung ist in 103,1f „substantiell" mit dem „Auf-gesang" V. 1-5 verbunden; „hier entfaltet sich aus ihr heraus der ganze Psalm", wie F. CRÜSEMANN, Studien zur Formgeschichte von Hymnus und Danklied an Israel (WMANT 32), Neukirchen 1969, 302 richtig feststellt. In 103,22; 104,1.35 ist sie nachträgliche Rahmung bzw. redaktionelle Verklammerung.

30 104,29b ist drittes Kolon. Es weicht stilistisch so offenkundig von den V. 28-30 jeweils in gleicher Weise prägenden Konditionalgefüge Protasis PK 2 Sg sowie asyndetisch angeschlossene Apodosis PK 3 Pl ab, daß der Zusatzcharakter höchst wahrscheinlich ist.

27

schlägt den Bogen nach Ps 103,14b („er ist eingedenk, daß wir Staub sind"). Wichtige Stichwortverbindungen zwischen beiden Psalmen, die möglicherweise auch erst redaktionell geschaffen wurden,[31] sind [243] die Motive von der „Sättigung mit Gutem" (Ps 103,5; 104,28) und von der „Erneuerung" des Lebens durch JHWH (Ps 103,5; 104,30). Schließlich sind beide Psalmen durch die Bezeichnung „Werke JHWHs" (מעשׂים) für die Schöpfung miteinander verbunden (Ps 103,22; 104,24). Beide Psalmen besingen JHWHs Königswirken: Ps 103 fordert, wie unsere thematische Interpretation unten erläutern wird, zum Lobpreis seiner Güte und seines Erbarmens auf, die er seinem Volk im Sinaibund als einem „Bund zur Vergebung der Sünden" zugesagt hat; Ps 104 fordert zum Lobpreis seiner Güte auf, mit der er die ganze Schöpfung durchwaltet und belebt. Von rückwärts gelesen verengt sich also gewissermaßen der Horizont des königlichen Wirkens JHWHs: Ps 104 ist es die ganze Schöpfung, Ps 103 ist es die Geschichte des Volkes Israel. Diese Bewegung setzt sich nun, liest man weiter „rückwärts", nach Ps 102 und Ps 101 fort, die ihrerseits untereinander sowie Ps 102 mit Ps 103 motivliche und thematische Anklänge haben. Im Ps 102 erwächst aus der Klage die Vision von der Erneuerung bzw. Wiederherstellung Zions – als Königserweis des im Himmel thronenden JHWH (Ps 102,20; vgl. Ps 103,19; 104,2f), insbesondere als Erweis seines am Sinai geoffenbarten „Namens" (vgl. Ps 102,16.22 mit Ps 103,1), wonach er „barmherzig und gnädig" ist (vgl. die Stichwortbezüge zwischen Ps 102,14f und Ps 103,8.13). Schließlich fügt sich auch Ps 101 als „Königspsalm" in diese Komposition. Einerseits blickt Ps 101 mit seinem Anfangslobpreis „der Güte und des Rechts" JHWHs auf die unmittelbar vorangehenden JHWH-Königs-Psalmen 93-100 zurück, in denen diese beiden Begriffe Programmwörter des Königtums JHWHs sind,[32] so daß die in 101,2 geäußerte Bitte „Wann kommst du zu mir?" als Bitte um den Rechtsbeistand JHWHs bei der Ausführung des königlichen Amtes nach Maßgabe des in Ps 93-100 entworfenen Königskonzeptes JHWHs zu verstehen ist. Andererseits blickt der Schluß des 101. Psalms mit dem königlichen Versprechen, auszurotten alle Übeltäter „aus der Stadt JHWHs" (Ps 101,8), auf den anschließenden 102. Psalm mit seiner Vision von Zion, der dort unbestreitbar als „Stadt" vorgestellt ist (vgl. besonders Ps 102,15-17). Die vier Psalmen 101-104 sind demnach als Komposition zu lesen, die JHWHs königliches Wirken im immer weiter werdendem Horizont feiert: am (messianischen) König, an der (wiederhergestellten) Stadt Zion, am Gottesvolk Israel und an der gesamten Schöpfung. Dabei ist auffallend, daß – sieht man einmal von dem „Mosepsalm" 90 ab[33] – innerhalb des 4. Psalmenbuchs Ps 101 und 103 die beiden einzigen Psalmen sind, die eine Überschrift mit Verfasserangabe haben. Beide Überschriften weisen die Psalmen dem David zu. Die Redaktion, auf die diese [244] Überschriften zurückgehen, hat die vier Psalmen als „davidische" Psalmen in „messianischer" Perspektive betrachtet. Ps 101 ist die Bitte „des Königs", JHWH möge ihm beistehen, die messianische Gerechtigkeit durchzusetzen. Ps 102, dessen Überschrift auf den „Davidpsalm" Ps 142,3 anspielt und so ebenfalls „davidisch" gemeint ist,[34] ist die Klage „des Königs" über die zerstörte Stadt Zion; der Psalm kulminiert aber im Vertrauen darauf, daß JHWH seinem Namen entsprechend sich erbarmen und Zion wiederaufbauen wird, damit die Bewohner des erneuerten Zion den dorthin strömenden Völkern und Königreichen „den Namen" JHWH verkünden und erläutern können – wie dies dann Ps 103 mit Verweis auf die Bundesgeschichte Israels und Ps 104 mit Verweis auf die

---

[31] Die Stichwörter sitzen fest im Kontext von Ps 104; in Ps 103 könnten sie insofern V. 4 bereits eine Klimax ist (Tod - Leben), eine die Komposition betonende „Fortschreibung" sein zumal das Motiv „Sättigung mit Gutem" auch in Ps 91,16; 105,40 wichtig ist.

[32] Vgl. חסד: Ps 94,18; 98,3; 100,5; משׁפט bzw. שׁפט: 94,2.15; 96,13 (2x); 97,2.8; 98,9; 99,4 (2x).

[33] Sie spielt auf Dtn 9,26; 33,1; zu den semantischen Bezügen zwischen dem Psalm und Ex 32,12; Dtn 3,24; 32-33 vgl. E. SLOMOVIC, Toward an Understanding of the Formation of Historical Titles in the Book of Psalms: ZAW 91 (1979) 376.

[34] Vgl. so auch schon der Midrasch Tehillim: A. WÜNSCHE (Anm. 28) 103.

Lebensfülle des ganzen Kosmos tun, beide Psalmen in der fiktiven Form eines (messianischen) Davidpsalms.[35]

d) Ps 105-106 ist eine Komposition

Hier hat schon W. Zimmerli im Jahr 1972 darauf aufmerksam gemacht, daß diese beiden Psalmen, die er „Zwillingspsalmen" nennt, „nicht einfach zufällig oder auch nur in einer äußerlichen Stichwortassoziation nebeneinander stehen, sondern daß der Redaktor, der sie nebeneinanderordnete, eine Doppelaussage, die in ihrer Verbundenheit gehört werden will, beabsichtigte"[36]. Beide Psalmen, die insbesondere an ihren „Nahtstellen" auch semantische Querverbindungen haben,[37] sind „Geschichtspsalmen", die die kanonische Ursprungsgeschichte Israels erzählen. Auch wenn sich der erzählte Geschichtsbogen teilweise überschneidet, ist die Reihenfolge der beiden Psalmen in der Abfolge 105-106 zunächst „stimmig", als Ps 106 nur knapp den in Ps 105 erzählten Geschichtsbogen anfangs rekapituliert, um dann die Zeit des Exodus, der Wüstenwanderung und insbesondere der Landnahme als eine Zeit der Sünde und der Treulosigkeit darzustellen. Beide Psalmen stellen die Geschichte Israels als „Bundesgeschichte" dar, wobei sich die Wirklichkeit des Bundes einmal darin erweist, daß JHWH seines heiligen Bundeswortes an Abraham gedenkt und Israel aus der Sklaverei Ägyptens heraus- und in „die Länder der Völker" hineinführt (vgl. Ps 105,8-10.42-44). Zum anderen erweist sich die Wirklichkeit des Bundes darin, daß der Bundesgott inmitten seines (berechtigten) Zorns ob des Sünden seines Volks „seines Bundes gedenkt" und sich seines Volks „gemäß der Fülle seiner Güte er-[245]barmt und es Erbarmen erfahren läßt" (vgl. Ps 106,45f).[38] Beide Geschichtserzählungen sind von ihrer jeweiligen Eröffnung (Aufforderung zum Lobpreis: Ps 105,1-6; Ps 106,1-5), aber auch von dem Abschlußsatz der Komposition (Ps 106,47b) her letztendlich ein Lobpreis der Bundestreue JHWHs im Angesicht von Bedrückung durch Feinde (Ps 105) und unter der Last der eigenen Sünde (Ps 106). Der Redaktor, der die beiden Psalmen nebeneinander und an den Schluß des 4. Psalmenbuchs gestellt hat, will hier „zum Ausdruck bringen, daß im Lobpreis Gottes die beiden Aussagen zutiefst zusammengehören: Das Rühmen der unerschütterlichen Bundestreue Jahwes und das offene Bekenntnis der Sündigkeit der Geschichte des Gottesvolks, in welcher sich auch dessen einzelnes Glied mitbefaßt weiß. Diese Sündigkeit führt in eine Tiefe, über welche nur das Wunder der Treue Gottes gegenüber seinem Bundesversprechen Rettung schaffen kann. Das eine will nicht ohne das andere gehört sein … Über beidem aber geschieht das Rühmen Gottes, zu dem Israel sich gerufen weiß"[39].

e) Ps 90-106 ist eine Komposition

Die im 4. Psalmenbuch zusammengestellten 17 Psalmen haben zunächst einmal gegenüber den anderen „Psalmenbüchern" ein durchaus eigenständiges Profil. Mit Ausnahme von Ps 91 und 101 begegnet in ihnen allen – mal breiter entfaltet, mal nur kurz angerissen – das Thema Weltschöpfung[40]; die Sammlung ist auch stark geprägt vom Wissen um die Hinfälligkeit und Vergänglichkeit der Schöpfung, insbesondere der Menschen, wobei teilweise gleiche Motive und Bilder verwendet werden.[41] Die Sammlung hat einen „mosaischen Charakter", der zunächst

---

[35] Zur „Davidisierung" und „Messianisierung" des Psalters vgl. N. FÜGLISTER, Die Verwendung (Anm. 8) 368-377.

[36] W. ZIMMERLI, Zwillingspsalmen, in: Fs J. Ziegler (fzb 2), Würzburg 1972, 109.

[37] זחר: 105,42; 106,4; עם יהוה: 105,43; 106,4; בתירי יהוה: 105,43; 106,5; שמר: 105,45; 106,3; הללויה: 105,45; 106,1.

[38] Kontrastierend dazu sieht Ps 106,6f die Sünde Israels gerade darin, daß sie „nicht der Fülle seiner Güte gedacht hatten"

[39] W. ZIMMERLI, Zwillingspsalmen (Anm. 36) 111.

[40] Vgl. Ps 90,2; 92,5f; 93,1-5; 94,2.9; 95,3-6; 96,4f; 97,1-6; 98,1; 99,4; 100,3; 102,26-28; 103,11f; 104 ganz; 105,7; 106,1 (vgl. Ps 136,4ff).

[41] Vgl. Ps 90,3-6.7-10; 102,4-5.12.25.27; 103,14-16; 104,29.

mit der Überschrift des 90. Psalms angezeigt wird. Der Midrasch Tehillim hat diesen Hinweis auf die 11 Psalmen 90-100 ausgedehnt, da die Psalmen 91-100 ja keine eigene Überschrift haben.[42] Immerhin hat die Sammlung in zweifacher Hinsicht eine besondere Mose-Dimension, [246] die sie von den anderen Psalmenbüchern abhebt: Ps 90 als erster Psalm der Sammlung beginnt mit der Welt- und Menschenschöpfung und Ps 106 als letzter Psalm der Sammlung rekapituliert die Landnahme und das Leben im Lande, wobei letzteres unter der Perspektive von Dtn 7,1-5.16; 29,26; 31,17; 32,17 beurteilt wird; insofern ist die Komposition Ps 90-106 „pentateuch-orientiert", d.h. „moseorientiert". Darüberhinaus wird Mose in dieser Sammlung sieben (!) mal genannt (90,1; 99,6; 103,7; 105,26; 106,16.23.32), während er sonst im ganzen Psalmenbuch nur noch ein einziges Mal (Ps 77,21) erwähnt wird. Daß die Abfolge der einzelnen „Kleingruppen" 90-92.93-100.101-104.105-106 von der Redaktion als zusammenhängende Aussage konzipiert ist, wurde oben schon teilweise sichtbar. Zumindest für die beiden mittleren Gruppen wurde bereits erkennbar, daß es in ihnen um Israels Sendung geht, den Völkern die Botschaft von JHWHs Weltkönigtum so weiterzugeben, daß dessen Tiefendimension als Treue, Güte und Erbarmen des Bundesgottes Israels erfaßbar wird, der sich als solcher allen Völkern und der ganzen Schöpfung offenbaren will. Aber auch die beiden äußeren Gruppen Ps 90-92 und Ps 105-106 sind programmatisch aufeinander hingeordnet und markieren in den beiden „Eckpsalmen" 90 und 106 die dialektische Spannung, in der die Sammlung insgesamt gebetet und meditiert werden will. Beide Psalmen sehen einerseits die Geschichte Israels, ja „der Menschenkinder" überhaupt (Ps 90,3), unter dem Gotteszorn wegen der vielfältigen Sünde, aber andererseits stellen sie diese Geschichte unter JHWHs „Mitleid" (90,13: שׁוּבָה יְהוָה עַד־מָתַי וְהִנָּחֵם עַל עֲבָדֶיךָ ;106,45: וַיִּזְכֹּר לָהֶם בְּרִיתוֹ וַיִּנָּחֵם) und „Güte" (90,14: חַסְדֶּךָ בַּבֹּקֶר שַׂבְּעֵנוּ ;106,45: וַיִּנָּחֵם כְּרֹב חֲסָדָיו). In der Spannung zwischen Gotteszorn und Gottesgüte, die das letzte Wort hat, vollzieht sich die Geschichte Israels vor dem Forum „der Völker". Daß und wie JHWH sich als der Bundesgott Israels durch eben dieses Israel den Völkern offenbaren will, entfaltet das theologische Programm des 4. Psalmenbuchs, insbesondere in den beiden „Bundespsalmen" 100 und 103.

2. Die Bundestheologie der Psalmen 100 und 103

Der gewiß nachexilische Psalm 100[43] besteht, wie bereits oben angemerkt, aus vier Dreizeilern, die sich zu zwei Strophen mit analoger hymnischer Struktur zusammenfügen: Imperativische Aufforderungen zur Huldigung vor JHWH (V. 1b-2 bzw. V. 4: spiegelbildliche Entsprechungen!) und, mit כי („ja") ein-[247]geleitet, hymnische Ausführungen, die als den Völkern in den Mund gelegte Zitate gestaltet sind (V. 3 bzw. V. 5):

1a Ein Psalm zum Dank(opfer?).

1b Jauchzet JHWH zu, du ganze Erde!
2a   Dienet JHWH mit Freude!
2b   Geht hinein vor sein Angesicht mit Jubel!

---

[42] Wohl wegen der Bezugnahme der Psalmenüberschrift auf Dtn 33,1 (Mose „Mann Gottes") brachte der Midrasch die elf Psalmen mit dem Segen des Mose über die elf Stämme in Dtn 33 (die Erwähnung von Efraim und Manasse in Dtn 33,17 ist ein Interpretament der beide Stämme meinenden Bezeichnung Josef in Dtn 33, 13) zusammen. Der Midrasch findet Beziehungen zwischen Ps 90 und Ruben, Ps 91 und Levi, Ps 92 und Juda, Ps 93 und Benjamin, Ps 94 und Gad, Ps 95 und Issachar. Dann heißt es: „R. Josua ben Levi hat gesagt: Bis hierher habe ich gehört, von da ab und weiter denke selbst darüber nach (rechne du für dich selbst)" (A. Wünsche, Midrasch Tehillim II, 58).

[43] Vgl. N. LOHFINK, Die Universalisierung (Anm. 14) 174: Da der Psalm „bei aller hohen Artistik zugleich fast nur aus stereotypem, im Psalter vielfach begegnendem Wortmaterial zusammengesetzt ist, dürfte kaum ein Zweifel bestehen, daß er eine späte Dichtung darstellt." Die nachfolgende Deutung von Ps 100 verdankt sich wesentlich dieser Studie Lohfinks.

3a Erkennet: „Ja, JHWH, (nur) er ist Gott;
3b   er hat uns gemacht, ihm gehören wir:
3c   sein Volk und Herde seiner Weide!"

4a Geht hinein in seine Tore mit Dank,
4b   in seine Höfe mit Lobpreis!
4c   Danket ihm, lobt seinen Namen:
5a „Ja, gut ist JHWH,
5b   auf ewig währt seine Güte
5c   und von Geschlecht zu Geschlecht seine Treue!"

Die ersten drei Imperative sind eine Aufforderung, JHWH als König huldigend zuzujubeln,[44] ihm als dem König den exklusiven Dienst anzubieten[45] und vor ihm sich einzufinden, um seine Anweisungen entgegenzunehmen.[46] Adressaten dieser Aufforderungen sind nicht, wie die meisten neueren Kommentare meinen, die Israeliten, die aus aller Welt zur Wallfahrt nach Jerusalem gekommen sind und nun sich gegenseitig zum JHWH-Dienst aufrufen.[47] Beachtet man die Bezüge von Ps 100 nach Ps 93-99 und insbesondere die Tatsache, daß Ps 100,1 wörtlich Ps 98,4a aufnimmt, wo sich der Imperativ vom ganzen Psalm 98 her unbestreitbar an alle auf der ganzen Erde lebenden Völker wendet, legt sich auch für Ps 100,1 nahe: Hier wird durch Israel als Sprecher des Psalms die gesamte Völkerwelt dazu aufgerufen, bei einer großen „Völkerwallfahrt" zum Zion JHWH als ihren König anzunehmen. Von daher schließt Ps 100 gut an Ps 99 an, der ja mit dem Inthronisationsruf einsetzte: „JHWH ist König geworden: die Völker sollen erzittern und die Erde soll erbeben!" Was damit eigentlich gemeint ist, entfalten die Aufforderungen von Ps 100. [248] Daß diese Aufforderungen als Reaktion auf ein vorgängiges Handeln JHWHs erklingen, unterstreicht der vierte Imperativ, der mit der Erkenntnisformel gestaltet ist. Diese vor allem in der prophetischen (besonders Ezechiel) und priesterlichen (priesterschriftliche Exoduserzählung) Theologie belegte Formel, für die die unumkehrbare Reihenfolge 1. Tat JHWHs, 2. Erkenntnis von Menschen konstitutiv ist, faßt letztlich den Vorgang zusammen, durch den JHWH sich selbst und das Geheimnis seines Namens in der konkreten Geschichte offenbart: „daran werdet/sollt ihr erkennen, daß ich JHWH euer Gott bin …"[48] Um die (An-)Erkenntnis dieser Selbstoffenbarung JHWHs in der Geschichte der Völker und der in dieser Selbstoffenbarung mitgesetzten Heilstaten es diesem vierten Imperativ. Er bietet eine der spektakulärsten theologischen Aussagen der hebräischen Bibel, insofern er die Bundesformel, die traditionell die Sonderstellung Israels ausdrückte,[49] nun den Völkern als Bekenntnis über ihr eigenes Gottesverhältnis in den Mund legt. Was in Ps 95,6f noch die besondere Würde Israels als Bundesvolk JHWHs beschreibt, wird hier mit entsprechender Abänderung auf alle Völker übertragen: Aus JHWH, dem Gott Israels (95,7: „unser Gott") wird nun JHWH der Gott schlechthin, der eine Gott aller Völker, die er geschaffen hat wie Israel (vgl. 95,6) und die deshalb ihm zu eigen sind wie Israel (vgl. Jes 43,1) – und dies mit der gleichen

---

[44] Zum „Königsjubel" als Reaktion auf die Inthronisation vgl. 1 Sam 10,24; 2 Kön 11,12; auf JHWH übertragen: Ps 47,2f; 98,6.

[45] Zu dieser Bedeutung von עבד את יהוה vgl. Ex 7,26; 8,16; 9,1.13; 10,3; Jos 24,14f.18; Jes 19,23; Mal 3,14.

[46] Zu dieser Bedeutung von בוא לפני vgl. 1 Kön 1,28.32.

[47] Noch enger zieht H. GUNKEL, Die Psalmen (HK II 2), Göttingen ⁴1926, 432 den Kreis: die Aufforderung gehe „an alles Land (d.h. prosaisch an alle Bürger des Landes Jahwes, die sich zum Dankfest am Heiligtum zusammengefunden haben)."

[48] Vgl. dazu immer noch grundlegend die beiden Studien von W. ZIMMERLI „Erkenntnis Gottes nach dem Buch Ezechiel" und „Das Wort des göttlichen Selbsterweises (Erweiswort), eine prophetische Gattung": ThB 19, München 1963, 41-119 und 120-132.

[49] Vgl. den Überblick bei R. SMEND, Die Bundesformel (ThSt 68), Zürich 1963 (= DERS., Die Mitte des Alten Testaments. Gesammelte Studien Band 1, München 1986, 11-39).

Würde, die bislang Israel reserviert war: Weil JHWH König aller Völker ist, sind auch die Völker „Volk JHWHs" und „Herde seiner Weide"[50].

Die theologische Brisanz der in Ps 100,3 formulierten Erkenntnis, zu der Israel „die Völker" führen soll, geht erst richtig auf, wenn gesehen wird, daß Ps 100,3 gezielt auf die thematisch zusammengehörende Psalmengrupe 46-48[51] anspielt. In Psalm 46[52] bekennt Israel seine Überzeugung, daß JHWH sich als Quelle des Lebens nicht im Krieg, sondern gerade durch die Ausschaltung des Kriegs als Mittel der Politik erweist, und fordert die Völker der Welt auf: „Geht, schaut die Werke JHWHs: Er ist es, der den Kriegen ein Ende macht bis an den Rand der Erde" (46,9f). Und der Psalm gipfelt in der als Gottesrede gestalteten Einladung an die Völker: „Laßt ab (von eurer Macht- und Kriegspolitik) und erkennt: Gott bin (nur) ich!" (46, 11). Diese Gottesrede [249] wird in Ps 100,3 zitiert und den Völkern in den Mund gelegt: „Ja, JHWH, (nur) er ist Gott!" Psalm 47[53] zeichnet dann die Vision, daß die Repräsentanten der Völker diese Einladung hören und zur Königshuldigung kommen: „Die Fürsten der Völker sind versammelt als Volk des Gottes Abrahams. Ja, (diesem) Gott gehören die Schilde (d.h. die Regierenden) der Erde" (47,10). Wie nach der Tradition einst Abraham sich von den falschen Göttern seiner Väter trennte, so sagen die Völker sich von ihren bisherigen Göttern los, um „Volk des Königsgottes JHWH" zu werden, denn „ihm gehören sie". Auf diese Vision von Ps 47 spielt in Ps 100,3 das Bekenntnis an: „ihm gehören wir, sein Volk sind wir". Psalm 48[54] schließlich feiert JHWH als den auf dem Zion thronenden Königsgott, dessen „Gerechtigkeit" in seiner „Güte" besteht (Ps 48,10-12) und den sich die Könige und Völker als ihren königlichen Hirten erwählen: „Auch unser Gott soll er auf ewig und immer sein. Er ist es, der uns als Hirte leiten soll" (48,15). Diese Perspektive klingt in Psalm 100 sowohl in dem Redeelement „und Herde seiner Weide sind wir" (100,3) wie auch in dem Lobspruch 100,5: „auf ewig währt seine Güte!" an. Die Anspielungen von Psalm 100 auf die drei Psalmen 46-48, die JHWH als „Friedenskönig"[55] feiern, ahmen sogar die Reihenfolge dieser Psalmen nach, so daß es keine Frage ist: Mit Ps 100 wird die Vision entworfen, nach der das Reich Gottes als universales Reich des Friedens und der Gerechtigkeit dadurch Wirklichkeit wird, daß „die Erde erfüllt ist von der Anerkenntnis JHWHs, so wie das Meer mit Wasser angefüllt ist" (Jes 11,9).

Angesichts dieser Vision einer friedlichen Völkerhuldigung vor JHWH steigert die zweite Strophe von Ps 100 sogar noch. Mit den drei Imperativen von V. 4 werden die Völker eingeladen, wie die Israeliten, ja wie die Priester Israels die Tore der Mauern um den Tempelbezirk zu durchschreiten und in den Höfen des Tempelbezirks die traditionellen Lobgesänge auf JHWH[56] und die Dank- und Preisgebete („die Segnungen") auf seinen Namen (vgl. Ps 99,3.6-8) mitzusingen (vgl. Ps 117). V. 5 faßt diese Loblieder in einem hymnischen Bekenntnis zusammen, das offensichtlich aus damals oft verwendetem liturgischen Formelgut[57] besteht. Daß JHWH „gut" ist (vgl. auch das Jesuswort Mk 10,18), ist die zentrale Aussage, mit der die Rettungser-

[50] Vgl. zu dieser Wortverbindung: Ps 74,1; 77,21; 78,52.71f; 79,13; 80,2; 95,7.

[51] Zu den wichtigsten Querverbindungen vgl. meine Kommentierung der drei Psalmen in: F.-L. HOSSFELD - E. ZENGER, Die Psalmen (NEB), Würzburg 1991.

[52] Vgl. zur Deutung der Anrede in Ps 46,9-11 auf die Völker: N. LOHFINK, „Der den Kriegen einen Sabbat bereitet." Psalm 46 - ein Beispiel alttestamentlicher Friedenslyrik: BiKi 44 (1989) 148-153.

[53] Vgl. E. ZENGER, Der Gott Abrahams und die Völker. Beobachtungen zu Psalm 47, in: FS J. Scharbert, Stuttgart 1989, 413-430.

[54] Die Aufforderung in Ps 48,13-15 zielt nicht, wie meist ausgelegt wird, auf eine kultische Prozession der Zion-gemeinde oder eine Inspektion der Mauern auf eventuelle Schäden durch die Bewohner Jerusalems, sondern sie wendet sich - analog der Sprachstruktur der verwandten Nachbarpsalmen - an die Könige, JHWH als den in der Zionstadt gegenwärtigen Gott, den sie „sahen" und vor dem sie „erstarrten" (vgl. Ps 48,6), anzunehmen.

[55] Vgl. die Bezüge zwischen 46,9f und 48,5-8 und die keineswegs militaristisch gemeinte Aussage 47,4.

[56] Vgl. vor allem Ps 96,2.8; 116,17-19; 134,2; 135,19.

[57] Vgl. Jer 33,11; 1 Chr 16,34; 2 Chr 5,13; 7,3; Esr 3,11.

fahrungen [250] des Volkes Israel (vgl. Ps 106; 136) und der einzelnen (vgl. Ps 107; 118) beantwortet werden; JHWH ist „gut", insofern er aus den vielen Formen des gesellschaftlich-politischen Todes rettet. Und daß dieses Gut-Sein JHWHs in seiner חסד („Güte") wurzelt, die verläßlich und treu ist - und zwar solange die Geschichte währt („auf ewig und von Geschlecht zu Geschlecht"), gründet ebenfalls in seinem Gott-Sein, das in seinem Namen JHWH und in der am Sinai gegebenen Auslegung dieses Namens verkündet wird: „JHWH ging (an Mose) vorüber und rief: JHWH ist ein barmherziger und gnädiger Gott, langmütig und voller Güte und Treue" (Ex 34,6). Mit dem Bekenntnis von V. 5 erkennen die Völker. also nicht nur JHWH als ihren König an (vgl. Ps 100,5 als Aufnahme von Ps 96,13; 98,3), sondern übernehmen zugleich die Mitte des Credo Israels, das Israel „den Völkern und Königreichen" verkünden soll, wenn diese als „Gottesfürchtige" (vgl. Ps 102,16) sich in Zion „versammeln" (Ps 102,23), um auszuführen, wozu sie Ps 100,2 auffordert: „JHWH zu dienen" (vgl. Ps 102,23). Von der Komposition des 4. Psalmenbuchs her ist Ps 103 das Zeugnis und der Lobpreis des Namens JHWH vor den in Zion versammelten Völkern: Die in Ps 100 an die Völker ergehende Einladung, sich in den Bund JHWHs hineinnehmen zu lassen, wird in Ps 103 konkretisiert: Es ist die Einladung, sich wie Israel der Barmherzigkeit und der Schuldvergebung des Bundesgottes JHWH anzuvertrauen.

Psalm 103[58] ist ein Lobpreis auf den Gott des Sinaibundes. Die vieldiskutierte Frage, ob der Psalm Danklied eines einzelnen für erfahrene Rettung oder Hymnus eines einzelnen bzw. Hymnus des Volkes ist, läßt sich sowohl vom „Aufgesang" (103,1-5)[59] wie vom Hauptteil (103,6-18)[60], aber auch von der formalen Verwandtschaft mit dem benachbarten Schöpfungshymnus Ps [251] 104[61] her dahingehend entscheiden, daß der Psalm ein Hymnus ist, der JHWHs „heiligen Namen" (103,1) preisen will, gemäß der nach Ex 33-34 dem Mose und Israel am Sinai zuteil gewordenen Offenbarung. Der Psalm spielt mehrfach auf Ex 33-34 an, wobei dem Verfasser des Psalms schon die Endgestalt von Ex 33-34 vorgelegen haben dürfte. Vor allem der Hauptteil des Psalms bietet eine Exegese von Ex 33-34, die den Sinaibund als „Bund der Erneuerung" vorstellt, so wie dies auf der Ebene des Endtextes mit der Abfolge Ex 34,9

---

[58] Vgl. zu diesem Psalm, außer den Kommentaren, besonders: F. CRÜSEMANN, Studien zur Formgeschichte (Anm. 29) 302-304; K SEYBOLD, Das Gebet des Kranken im AT (BWANT 5,19), Stuttgart 1973, 142-146; H. SPIECKERMANN, „Barmherzig und gnädig ist der Herr ...": ZAW 102 (1990) 1-18; zum Einfluß von Ps 103 auf die Jesusüberlieferung und auf die „Achtzehn-Bitten" vgl. O. BETZ, Jesu Lieblingspsalm. Die Bedeutung von Psalm 103 für das Werk Jesu, in: ders., Jesus. Der Messias Israels. Aufsätze zur biblischen Theologie (WUNT 42), Tübingen 1987, 185-201.

[59] Die Aufforderung an die eigene Seele, die in V. 1-2 ergeht, reicht syntaktisch bis einschließlich V. 5: die partizipiale Reihung V. 3-5a schließt sich eng an das Tetragramm von V. 1-2 an; die Reihe ist durch das archaisierende Feminin-Suffix auf „die Seele" rückbezogen, auch V. 5b gehört syntaktisch noch dazu, das Kolon markiert durch den Wechsel von Partizip zu PK den strukturellen Abschluß des Aufgesangs, zumal ab V. 6 der Rückbezug auf „die Seele" fehlt und das hymnische Partizip ohne Artikel steht.

[60] In diesem Teil überlagern sich Aussagen im Wir-Stil und Aussagen über die Gruppe der „JHWH-Fürchtenden"; durch diese pluralische Perspektive hebt sich V. 6-18 deutlich von V. 1-5 ab. Der Teil ist durch drei Stichwortbeziehungen gerahmt: עשה (6a.18b), צדקה (6a.17b), בנים (7b.17b). Mit V. 19 beginnt der „Abgesang". Er fordert den ganzen himmlischen Hofstaat und alle Werke der Schöpfung zum Lobpreis JHWHs auf (V. 19-22); dabei bilden V. 19b und V. 22αβ eine Inclusio.

[61] Ps 104 ist ein „Schöpfungshymnus" mit „Aufgesang" (V. 1-2a), hymnischem Hauptteil, der sowohl JHWHs Schöpferhandeln „am Anfang" als auch seine bleibende Zuwendung zur Schöpfung preist (V. 2b-30), und „Abgesang" (V. 31-35). Analog zu Ps 103 ein „Geschichtshymnus", der in seinem Hauptteil ebenfalls JHWHs „uranfängliches" Geschichtshandeln am Sinai (V. 7 und V. 11-13 sind Vergangenheitsformen: „er ließ erkennen", „seine Güte war stark", „er entfernte", „er erbarmte sich") und seine bleibende, in diesem Geschichtshandeln offenbar gewordene Zuwendung zur Geschichte Israels (und der Völker, s.u.) besingt. Beide Psalmen sind von daher keine individuellen Danklieder.

(Bitte um Sündenvergebung) und Ex 34,10 (Bundeszusage als Antwort auf diese Bitte) entwickelt ist.[62] Der Hauptteil Ps 103,6-18 wird in V. 6 mit einer generalisierenden hymnischen Prädikation eröffnet, die JHWHs Parteinahme als „Gerechtigkeitserweise" für alle Unterdrückten – gewissermaßen als „Summe" des Heilshandelns JHWHs nicht nur an Israel als Ganzem, sondern an Gruppen und Individuen – festhält. V. 7-10f spielt dann auf die in Ex 33,13 formulierte Bitte des Mose „Laß mich erkennen deine Wege" und die in Ex 34,6f erzählte Erfüllung dieser Bitte (JHWH zieht an Mose vorüber und erläutert ihm so buchstäblich „seine Wege", wobei er selbst seinen Namen ausruft und diesen durch eine Reihe antithetisch gegliederter hymnischer Prädikationen expliziert) und ihre Realisierung in Ex 34,9f (JHWH verwirklicht seinen „Namen" durch Sündenvergebung und Bundeserneuerung) an. Gegenüber Ex 34 werden dabei deutlich neue Akzente gesetzt, die sich aus der prophetischen Theologie inspirieren lassen[63]: Was schon im Aufgesang mit Anspielung an Ex 34,9 pointiert verkündet wird, nämlich daß JHWH „alle(!) Schuld vergibt" (V. 3), wird nun in V. 8-10 reflektiert entfaltet, indem aus Ex 34,6f nur „die Gnadenformel"[64] zitiert wird, während der Aspekt [252] des strafenden Gottes in viermaliger (!) Bestreitung zurückgenommen wird. Diese „neue" Sinai-Theologie wird sodann in den beiden je sechszeiligen Unterabschnitten V. 11-13 und V. 14-16 ausführlich begründet, zum einen mit dem Hinweis auf JHWHs Wesen, das zutiefst „Güte" und „Barmherzigkeit"[65], und zum anderen mit dem Hinweis auf das Wesen der Menschen, das zutiefst von Vergänglichkeit bestimmt ist.[66] V. 17f faßt dann die im Hauptteil verkündeten Gottesprädikationen zusammen, wobei nun auch die wichtige Kategorie ברית („Bund") fällt, die hier freilich, wie das im Parallelismus gebrauchte Nomen פקדים („Gebote") sowie das mit ברית verbundene Verbum שמר („beobachten, bewahren") zeigt, fast zum Synonym für die Tora geworden ist. Das entspricht durchaus der auch in Jer 31 entfalteten Theologie vom „neuen Bund", dessen Mitte die Tora ist.[67]

Im Zusammenhang der Komposition Ps 93-100.101-104 stellt sich nun die Frage, ob die in Ps 103 dreimal genannten Adressaten der Güte und Barmherzigkeit des Sinaigottes, nämlich „die JHWH-Fürchtenden" (V. 11.13.17), nur im Kreis der in 103,7 genannten „Kinder Israels" zu suchen oder ob hier auch „die Völker" anvisiert sind.[68] Daß die in Ps 103 verkündete „Sinai-Theologie" auch den Völkern gilt, wird m.E. durch zwei Beobachtungen nahegelegt:

---

[62] Die drei Phasen des in Ex 19-34 erzählten Bundesgeschehens, nämlich Bundesschluß auf der Basis des Dekalogs (Ex 19-24) – Bundesbruch (Ex 32) – Bundeserneuerung (Ex 33-34) werden in Ex 34,9f präzise auf die Dialektik von Sündenvergebung (34,9) und daraus entspringender Bundeserneuerung (Ex 34,10) mit erneuter Gottesrecht-Proklamation (Ex 34,10-26) eingeführt. Wenn in Ex 34 der Begriff „neuer Bund" nicht verwendet wird, ist die Geschichte Israels, die in Ex 34,10 verheißen wird, nur als Geschichte im Horizont des am Sinai „erneuerten" Bundes zu sehen. Wie Jer 31,31-34 zeigt, ist „neuer" Bund eine durch und durch „alttestamentliche" Kategorie. Von seinem innersten Wesen her ist der Gottesbund als Geschenk des barmherzigen Gottes immer schon auf Erneuerung angelegt, wie sich auch von Jes 54,7-10; 61,4-9 her entwickeln ließe. Vgl. zum „neuen Bund": E. ZENGER, Die jüdische Bibel – unaufgebbare Grundlage der Kirche, in: H. Flothkötter/B. Nacke (Hg.), Das Judentum – eine Wurzel des Christlichen. Neue Perspektiven des Miteinanders, Würzburg 1990, 65-69.
[63] Vgl. zu V. 6b: Jer 50,33; V. 7: Jes 57,16; V. 11: Jes 55,7-9; V. 12: Mi 7,19; V. 13: Jes 49,15; 63,16; Jer 31,9.20; Hos 2,6; 11,1.3.4.
[64] Bezeichnung im Anschluß an H. SPIECKERMANN, „Barmherzig und gnädig" (Anm. 58) 3.
[65] V. 11-13 ist eine Komposition von drei Vergleichen. Die äußeren beiden (V. 11.13) sind durch die Wendung „über die JHWH-Fürchtenden" aufeinanderbezogen; sie explizieren die beiden „Themaworte" חסד ורחמים (vgl. V. 4b.8). In der Mitte dieser Komposition steht die Aussage über die Sündenvergebung; auf ihr liegt der Ton.
[66] Auch dieser Abschnitt hat wieder eine Rahmung; diesmal durch die beiden כ-Sätze V. 14 und V. 16; der Abschnitt inspiriert sich an Jes 40,6-8.
[67] Vgl. Jer 31,33 sowie Dtn 30,1-10. Hier wäre auch der Blick auf Ps 25, mit dem Ps 103 auffallend viele semantische und motivliche Gemeinsamkeiten aufweist (vgl. besonders 103,3 mit 25,11; 103,7 mit 25,4; 103,8 mit 25,7; 103,17f mit 25,10.14) notwendig und hilfreich!
[68] Dies ist als Fragestellung der „kanonischen" Psalmenlektüre gemeint; daß der Psalm „ursprünglich" die Völker im Blick hat, soll damit nicht gesagt werden.

(1) Die in Ps 100,4 an die Völker ergehende Aufforderung zum Lob „des Namens JHWH" zielt auf das „Wesen" JHWHs, wie es in Ps 103 mit Rückgriff auf Ex 33-34 gepriesen wird. Die Lobaufforderungen in Ps 100,4 und in Ps 103,1 verwenden auch beidemale das gleiche Verbum ברך.

(2) Die in Ps 102,16.22f geschilderte Völkerwallfahrt zum erneuerten Zion, die ausgelöst ist durch ein der Gnadenformel Ex 34,6 entsprechendes Handeln JHWHs, ist Ausdruck von Furcht des Namens JHWHs, also jener Haltung, die in Ps 103,11.13.17 „die Güte" und „das Erbarmen" des Sinaigottes auf sich zieht.[69]

[253] Von der programmatischen Komposition des 4. Psalmenbuchs her ergibt sich für das Verhältnis Israel - Völker demnach die faszinierende Vision: Das von Urzeit her gegründete Königtum JHWHs über die Schöpfung hat sich den Zion erwählt, um hier einerseits inmitten seines Volkes Israel als die gnädige und barmherzige Sinaigott צדקות („Heilstaten") zu wirken und um andererseits vom Zion aus die Völker, fasziniert von der an Israel ablesbaren Güte des Sinaigottes, in seinen Bund des Friedens „hineinzulocken" und sie aus der Israel und den Völkern gemeinsamen „Gotteswahrheit" friedlich neben- und miteinander leben zu lassen: „Ja, JHWH, nur er ist Gott. Er hat uns gemacht, ihm gehören wir: sein Volk und Herde seiner Weide!" (Ps 100,3).

3. Perspektiven für ein erneuertes Verhältnis von Israel und Kirche?

Wenn die Kirche sich als die Gemeinschaft des in und durch Jesus Christus geschenkten „neuen Bundes zur Vergebung der Sünden" (vgl. Mt 26,28) begreift, dann kann dies nicht ein anderer Bund als der mit Israel „am Sinai" geschlossene Gottesbund sein, dessen „Bundesprinzip" gerade nach der Sinaiüberlieferung die Güte des barmherzigen Gottes JHWH ist. Daß der „Sinaibund" ein Geschenk an Israel war, das Israel als „heiliges und priesterliches Volk" an die Völker der ganzen Erde weitergeben sollte (vgl. auch Jes 42,6), ist schon die Perspektive, unter der die Sinai-Erzählung steht (vgl. Ex 19,5f). Durch Jesus als „Kind Israels" weiß sich die Kirche in den Gottesbund mit Israel hineingenommen. Die im 4. Psalmenbuch entworfene Vision, daß „die Völker" durch das Zeugnis Israels am Zion sich dazu bewegen lassen, JHWH auch als ihren König anzuerkennen und SEINE Wege zu gehen, hat sich für die Kirche im Hören auf die Gottesbotschaft Jesu ereignet und ereignet sich auch heute, wo und indem die Kirche die Worte des Bundesgottes hört und lebt. Die Kirche ist deshalb nicht „das neue Bundesvolk", das Israel aus dem Gottesbund verdrängt hätte oder verdrängen dürfte. Das widerspräche nicht nur der in und durch Jesus verkündeten Gottesbotschaft, die nirgends erkennen läßt, daß Gott einen anderen oder „zweiten" Bund schließen wolle; auch die neutestamentliche Rede vom „neuen" Bund ist die Botschaft von der Bereitschaft des Bundesgottes, seinen ein für allemal geschenkten Bund immer wieder zu „erneuern". Daß Israel, auch in seinem Nein zur Christusverkündigung, weiterhin und zuallererst im Gottesbund geblieben ist und bleibt, ist die große theologische These, die Paulus in Röm 9-11 aus dem Wissen heraus entfaltet, daß die Bundestreue nicht teilbar ist. Sie gilt entweder *allen*, denen sie zugesagt ist, oder sie ist eine Illusion – für Juden und Christen in gleicher Weise. Mit seiner Theologie vom nie gekündigten und kündbaren Gottesbund mit Israel steht Paulus voll und fest auf dem Boden der heiligen Überlieferun-[254]gen seines Volkes. Schon wenn er in Röm 11,1 die Frage „Hat denn Gott sein Volk verstoßen?"

---

[69] Zur Geltung der „Gnadenformel" für die Völker vgl. auch Jona 4,2; die ganze Jona-Erzählung kann man lesen als Theologie der „Sendung" Israels zu den Völkern mit dem Auftrag, diesen die Botschaft vom Sinaigott zu überbringen. Zur Ausweitung der „Sinaibotschaft" auf „alle Geschöpfe" JHWHs vgl. Ps 145,8f. Exklusiv für Israel wird sie dagegen im Joelbuch reklamiert (vgl. Joel 2,13.18.27 im Kontext der im Joelbuch verkündeten Vernichtung der Völker!).

verwirft, spielt er ja auf die in 1 Sam 12,22; Jer 31,37 als Gottesrede und in Ps 94,14 als Bekenntnis formulierte Verheißung an, daß der Gott Israels sein Bundesvolk nicht verstoßen oder verlassen kann, weil hier der „ewige" Gott mit Israel einen „ewigen" Bund eingegangen ist (vgl. Jes 61,8). Daß Gottes Bundeszusagen an Israel „unwiderruflich" sind (vgl. Röm 11,29), ist schon die große Verheißung am Ende des sog. Heiligkeitsgesetzes:

> „Aber selbst wenn sie im Land ihrer Feinde sind, werde ich sie nicht mißachten und sie nicht verabscheuen, um ihnen etwa ein Ende zu machen und meinen Bund mit ihnen zu widerrufen; denn ich bin JHWH, ihr Gott. Ich werde zu ihren Gunsten des Bundes mit den früheren Generationen gedenken, die ich vor den Augen der Völker aus Ägypten herausgeführt habe, um ihr Gott zu sein, ich JHWH" (Lev 26,44f).

Wie nun freilich das Verhältnis Israel - Kirche im gemeinsamen Gottesbund näherhin gedacht und begrifflich gefaßt werden könnte, ist damit noch nicht entschieden. Sie beide als „Gottesvolk" zu bezeichnen, hat zur Konsequenz, daß man dann von einem „gespaltenen Gottesvolk" reden oder daß man den Begriff eschatologisch denken müßte. Beides wäre biblisch wenig begründet. Israel und Kirche *zugleich* als „Volk Gottes" zu bezeichnen, müßte entweder den Begriff entleeren (wie dies vielfach im kirchlichen Sprachgebrauch der letzten Jahre zu beobachten ist) oder würde die Israel und der Kirche spezifisch zukommende Berufung nivellieren. Die im 4. Psalmenbuch sichtbar gewordene Vision, daß „die Völker" die Königsherrschaft des Gottes Israels anerkennen und ihr Leben in der Gnade des neuen Bundes leben wollen, ging nicht so weit, daß „die Völker" zu „Israeliten" werden. Wohl lassen sie sich leiten vom „Bund" und von den „Geboten" des Bundesgottes, ohne daß dies näher konkretisiert würde. Im Horizont der Sinaibundestheologie ist es freilich keine Frage, daß damit vor allem die „Bundescharta" des Dekalogs gemeint ist. Wenn Israel sich diese Mitte des Bundes durch die Tora und durch die sich um die Tora als „Zäune" herumlegenden „Propheten" und „Schriften" von der rabbinischen Tradition auslegen läßt, und wenn sich die Christen diese Bundesmitte von Jesus Christus auslegen lassen, werden beide – auf je verschiedene Weise – Zeugen und Eiferer jenes Gottesbundes, der ihnen geschenkt ist – damit SEIN Reich komme.

Juden und Christen doch nicht im gemeinsamen Gottesbund? Antwort auf Frank Crüsemann[1]

1. Herausforderung für eine „Theologie nach Auschwitz"

[39] Daß Israel das Volk des von Gott nie gekündigten Bundes ist, ist die von den Kirchen endlich wiederentdeckte biblische Wahrheit. Wie die Kirche(n) von da aus sich selbst und ihr Verhältnis zu Israel sachgemäß, d.h. schriftgemäß, (neu) beschreiben soll(en), ist eine der vordringlichsten Aufgaben einer christlichen Theologie nach Auschwitz. Wenn der Ruf „Nie wieder Auschwitz!" über bloße Betroffenheitsrhetorik hinausführen soll, müssen die Wurzeln von Auschwitz ausgerissen werden. Eine von ihnen war die jahrhundertelange theologische Diskriminierung Israels durch die Kirche.

Daß auf der Suche nach einem neuen Verständnis der Beziehung Israel - Kirche einerseits der Rückgriff auf Sprach- und Denkmuster der jüdischen und der christlichen Bibel notwendig ist, wird niemand bestreiten. Als hilfreich dürften sich besonders solche Kategorien anbieten, die sowohl im Tanach / Ersten Testament als auch im Neuen Testament zur (Selbst-)Bezeichnung Israels bzw. der Kirche begegnen. Andererseits ist das Problem nicht in biblizistischer Manier zu lösen, da es das Problem als solches im Tanach / Ersten Testament noch gar nicht gibt und da es auch im Neuen Testament höchstens in dessen spätesten Schichten aufscheint und dort in historisch bedingter Polemik verhandelt wird - was wir heute ja gerade überwinden wollen. So muß es zunächst genügen, nach biblischen „Modellen" zu suchen, die so entfaltet werden können, daß sie eine für Juden und Christen nachvollziehbare Umschreibung ihres Verhältnisses erbringen, die Israel und Kirche ihre jeweilige Identität beläßt und sie dennoch so aufeinander bezieht, wie es ihrem jeweiligen biblischen Zeugnis gemäß ist. Ich selbst sehe diese „Schriftgemäßheit" vor allem in zwei biblischen Text- und Themenbereichen: in der biblischen Bundestheologie und in jenen Texten, die [40] Israels Verhältnis zu den Völkern bzw. das Verhältnis der Völker zum Gott Israels reflektieren.

Die Bundestheologie drängt sich für unser Problem zuallererst von der christlichen Bibel (trotz ihrer für das Judentum bisher fatalen Rezeption im Christentum) her auf. Für die aktuelle Diskussion denke ich dabei nicht an die kruden Substitutionstheorien, die immerhin durch zahlreiche kirchliche Erklärungen der beiden letzten Jahrzehnte definitiv disqualifiziert sind. Die Bundeskategorie scheint mir für die Diskussion deshalb unausweichlich, weil sie insbesondere in Aufnahme der Rede vom „Neuen Bund" ein konstitutives Element in der sich biblisch legitimierenden Definition der Kirche darstellt. Daß hier für christliche Theologinnen und Theologen, die um eine Erneuerung des christlich-jüdischen Verhältnisses bemüht sind, aktueller Diskussionsbedarf besteht, sollen drei Voten zum Thema illustrieren, die mir in jüngster Zeit begegnet sind.

Im 1993 erschienenen Band III seiner „Systematischen Theologie" widmet W. Pannenberg der Frage „Kirche und Israel" einen eigenen Abschnitt. Er kritisiert dabei ausdrücklich die These von der Partizipation der Christen am Bund Gottes mit Israel:

> „... genügt es ... nicht, mit der Erklärung der Rheinischen Synode 4 (4) zu sagen, die Kirche sei ‚durch Jesus Christus in den Bund Gottes mit seinem Volk hineingenommen' wor-

---

[1] Diese Antwort zu F. Crüsemanns voranstehendem Beitrag [Anm. d. Hg.: F. CRÜSEMANN, „Ihnen gehören ... die Bundesschlüsse" (Röm 9,4). Die alttestamentliche Bundestheologie und der christlich-jüdische Dialog, in KuI 9 (1994), 21-38] will kein „Gelehrtenstreit" sein, sondern der F. Crüsemann und mich in der Zielsetzung verbindenden Arbeit für eine theologisch reflektierte Erneuerung des christlich-jüdischen Verhältnisses dienen.

den …; denn damit entsteht der Eindruck, daß die Kirche in den alten Bund mit aufgenommen sei, und die für das Dasein der Kirche konstitutive Differenz des neuen zum alten Bund wird dabei nicht angemessen beachtet."[2]

Von Röm 9-11 her meint Pannenberg vielmehr folgern zu müssen:

„Der neue Bund, dessen Israel nach Röm 11,27 bei der Wiederkunft Christi teilhaftig werden soll, ist kein anderer als der nach 1. Kor 11,25 im Blut Christi geschlossene Neue Bund, an welchem der beim Herrenmahl gereichte Kelch Anteil gibt. Das heißt: Die in der Mahlgemeinschaft mit Jesus zur Einheit seines Leibes zusammengeschlossene Kirche hat schon jetzt Anteil an dem Neuen Bund, der dem Volke Israel als ganzem (Röm 11,26) bei der Wiederkunft Christi als der von Israel erwarteten Ankunft des eschatologischen Erlösers gewährt werden wird. Erst von dieser eschatologischen Bestimmung her, auf der Basis des eschatologischen Neuen Bundes, lassen sich Juden und Christen als Teile ein und desselben Gottesvolkes verstehen. Die Einheit des Gottesvolkes beruht also nicht darauf, daß die Völkerwelt in Gestalt der Christenheit eingegliedert wird in die Bundesgeschichte Israels von Mose her. Sie beruht vielmehr darauf, daß in dem von der jüdischen Prophetie verheißenen Neuen Bund, der das Bundesverhältnis des jüdischen Volkes zu seinem Gott erneuern wird, das alte Gottesvolk vereint sein wird mit der Kirche Jesu Christi, die durch ihre Gemeinschaft mit Jesus Christus schon gegenwärtig an diesem neuen Bunde teilhat. Dabei ist nach Paulus nicht nur für die Christen, sondern auch für das jüdische Volk der neue Bund durch Jesus Christus gegründet, der sich bei seiner Wiederkunft seinem Volk als der von ihm erwartete Messias erweisen wird."[3]

Auch der 1993 promulgierte sog. Weltkatechismus der Katholischen [41] Kirche verwendet in seinem Abschnitt „Das Verhältnis der Kirche zum jüdischen Volk" bundestheologische Kategorien:

„Indem die Kirche, das Gottesvolk im Neuen Bund, sich in ihr eigenes Mysterium vertieft, entdeckt sie ihren Zusammenhang mit dem jüdischen Volk, ‚Zu dem Gott, unser Herr, zuerst gesprochen hat'. Im Unterschied zu den anderen nichtchristlichen Religionen ist der jüdische Glaube schon Antwort auf die Offenbarung Gottes im Alten Bund … Blickt man auf die Zukunft, so streben das Gottesvolk des Alten Bundes und das neue Volk Gottes ähnlichen Zielen zu: Die Ankunft (oder die Wiederkunft) des Messias. Auf der einen Seite wird die Wiederkunft des gestorbenen und auferstandenen Messias erwartet, der als Herr und Sohn Gottes anerkannt ist; auf der anderen Seite erwartet man für das Ende der Zeiten das Kommen des Messias, dessen Züge verborgen bleiben - eine Erwartung, die freilich durch das Drama der Unkenntnis oder des Verkennens Jesu Christi begleitet wird."[4]

Wie massiv die neutestamentliche Kategorie des Bundes zur Dissoziierung von Kirche und Israel drängt, zeigt die ebenfalls 1993 (posthum) publizierte „Biblische Theologie des Alten Testaments" von A.H.J. Gunneweg. Dieser verkürzt einerseits die Bundestheologie von Ex 19-34 und überzeichnet andererseits die angeblichen semantischen Differenzen in der neutestamentlichen Abendmahlsüberlieferung gegenüber Jer 31,31-34 und Ex 24,8. Beides muß beweisen, daß vom Neuen Testament her an diesem Punkt Israels Selbstverständnis zerstört wird:

---

[2] W. PANNENBERG, Systematische Theologie. Band III, Göttingen 1993, 511 Anm. 100.

[3] W. PANNENBERG a.a.O. 511. Vgl. auch die „klassische" Position von E. KÄSEMANN bei seiner Kommentierung von Röm 11,27: „Während die Christenheit bereits gegenwärtig im neuen Bund lebt, wird Israel das erst in der Parusie zuteil, und zwar durch den Geber Christus und mit der … Gabe der Sündenvergebung" (HNT Sa, Tübingen ³1974,304).

[4] Katechismus Nr. 839 und 840. Vgl. auch Nr. 674: „Das Kommen des verherrlichten Messias hängt zu jedem Zeitpunkt der Geschichte davon ab, daß er von ‚ganz Israel' (Röm 11,26) anerkannt wird, über dem zum Teil ‚Verstockung liegt' (Röm 11,25), so daß sie Jesus ‚nicht glaubten' (Röm 11,20) … Der Eintritt der ‚Vollzahl' der Juden (Röm 11,12) in das messianische Reich im Anschluß an die ‚Vollzahl der Heiden' (Röm 11,25) wird dem Volk Gottes die Möglichkeit geben, das ‚Vollmaß Christi' (Eph 4,13) zu verwirklichen, in dem ‚Gott alles in allen' sein wird (1 Kor 15,28)."

„Mit Hilfe von einigen dem Alten Testament - der Heiligen Schrift - entnommenen Begriffen wird das Gegenteil des mit ihnen ursprünglich Gemeinten ausgesagt! Wer diese Art des Umgangs mit Texten als heute historisch-methodisch unstatthaft tadelt, sollte sein historisches Bewußtsein erweitern und noch schärfen und auch noch die damalige Auslegungspraxis geschichtlich verstehen: Gängige und im Kontext des Alten Testaments als der Heiligen Schrift wichtige Begriffe werden mit einem gänzlich neuen Inhalt gefüllt, der die ‚alten Schläuche' sprengt und in voller Absicht sprengen soll. Durchbrochen wird die Exklusivität des Gottesbundes mit Israel (und Juda), und an die Stelle des genealogisch und national definierbaren Bundesvolkes tritt die Inklusivität der Vielen, für die Jesu Blut vergossen wird."[5]

Sogar Röm 9,4 liest Gunneweg gegen Israel:

„… beachtenswert ist, daß die Aufzählung von Israels Vorzügen die alten Verheißungsinhalte Land und Nachkommenschaft (Volkwerdung und nationale Existenz) mit Schweigen übergeht und mit keinem Wort von einem exklusiven Bund Gottes mit Israel spricht."[6]

Weil Gunneweg die biblischen Bundestexte so m.E. gegen den Strich liest, verwundert es nicht mehr, daß er, der 1980 zu den Initiatoren der Bonner Kritik an der Rheinischen Synode gehörte, folgert:

„Angesichts dieses Befundes erweist sich die gelegentlich auch kirchenamtlich vertretene Auffassung, der Neue Bund beinhalte die Einbeziehung der Heiden in den Israel-Bund als eklatante Häresie. Das Gegenteil der ‚deutsch-christlichen' Ketzerei mit ihrer Ariererklärung für Jesus und der geforderten Abrogation des Alten Testaments ist selbst ebenso of- [42]fenbar Irrlehre - auch vom Standpunkt des authentischen Judentums, für das Proselyten nicht durch das Bundesblut Jesu in Israel integriert werden."[7]

Ob es angesichts dieser drei Voten hilfreich ist, mit F. Crüsemann auf die Kategorie „Bund" bei der Suche nach der Verhältnisbestimmung Israel - Kirche zu verzichten, da „Bund" die Prärogative Israels sei, bezweifle ich. Daß es dafür zudem „keine wirkliche exegetische Grundlage" gäbe, bezweifle ich noch mehr, zumindest wenn man Exegese nicht historistisch so versteht, daß einzelne Texte nur in ihrem „ursprünglichen" Sinn theologisch relevant sein dürfen. Da es das Problem Kirche - Israel im Tanach / Ersten Testament noch gar nicht gab, muß exegetisch anders gefragt werden: Es muß einerseits gefragt werden, wie der Tanach / das Erste Testament das Verhältnis Israels zu den Völkern im Horizont der Geschichte Gottes mit Israel und der Welt sieht. Und es muß andererseits gefragt werden, ob die im Tanach bzw. in der einen, zweigeteilten christlichen Bibel entworfene Bundestheologie ein Denkmodell abgeben kann, mit dem das geschichtlich gewordene Verhältnis Israel - Kirche theologisch gedeutet werden kann.

Daß ich selbst an der biblischen Bundesvorstellung festhalten möchte, hängt zunächst damit zusammen, daß ich „Bund" – anders als F. Crüsemann – nicht nur als eine „historische" Kategorie verstehe, deren genaue Bedeutung in und an Einzeltexten erarbeitet werden muß, sondern als eine „kanonische" Kategorie, die gerade in ihrer Multivalenz so offen ist, daß sie den Rahmen abgeben kann, in dem die dynamisch-dramatische „Bundesgenossenschaft" von Israel und Kirche als zweier Instrumente Gottes für das Kommen SEINES Reiches beschreibbar wird. Die von F. Crüsemann formulierten Alternativen „Enger versus weiter Bundesbegriff", „Ursprung versus Kanon", „Vertrag versus bindende Verpflichtung" skizzieren zwar wichtige Problemfelder der notwendigen Diskussion über Herkunft und Bedeutung von *bᵉrīt*, aber die fundamentale Frage nach dem/den Referenzsystem/en, in dem/denen *bᵉrīt* vorkommt, bleibt

---

[5] A.H.J. GUNNEWEG, Biblische Theologie des Alten Testaments. Eine Religionsgeschichte Israels in biblisch-theologischer Sicht, Stuttgart 1993, 73.

[6] Ebd. 74.

[7] Ebd. 73.

weitgehend ausgeblendet. Genau darauf aber kommt es an, wenn „Bund" als kanonische „Leit-kategorie" sowohl des Tanach als auch der christlichen Bibel beider Testamente gesehen und theologisch weiter entwickelt werden soll. *Darüber* müßte die exegetische Diskussion geführt werden. Was dazu beispielsweise N. Lohfink in seinem Beitrag „Der Begriff ‚Bund' in der biblischen Theologie" zusammengefaßt hat, ist durch die Crüsemann'schen Alternativen noch gar nicht tangiert. Gerade die Vielfalt der Zusammenhänge, in denen die jüdische Bibel das Wort *bᵉrīt* verwendet, macht deutlich, daß hier eine systematisierende Denkfiguration vorliegt, die sich mit N. Lohfink ansatzhaft so umreißen läßt:

> „Was hängt thematisch alles am Wort *bᵉrīt*? Das Wort verknüpft – um es ganz knapp zu sagen – mehrere entscheidende andere Themen der biblischen Schriften mit sich. Durch Noach- und Abrahambund und durch andere ‚Bundesschlüsse' im Laufe der Geschichte verbindet es sich mit der gesamten *Heilsgeschichtsdarstel-*[43]*lung*. Durch die Sinaiperi-kope und das Deuteronomium verbindet es sich mit der gesamten Tora. Durch Jer 30-31 und die Paralleltexte wird es zu einem Stichwort der ‚messianischen ' Verheißungen. Als Bezeichnung des Dekalogs oder seines ersten Gebots evoziert es den Kern des Gottesver-hältnisses. Das eine Wort *bᵉrīt* gehörte dabei ... zu disparaten, ja zum Teil bewußt gegenei-nanderstehenden Aussagesystemen. Dies ist aber auf dem Weg der einzelnen Schriften zur kanonischen Einheit hier verändert worden ... Selbst ein letztes Thema, mit dem sich das Wort *bᵉrīt* im Jesajabuch und im Psalter tastend zu verbinden scheint, kommt schon im Pentateuch selbst zur Sprache: die Hoffnung auf die eschatologische Völkerwallfahrt zum Zion. Denn Ex 19,3-6, das erste Gotteswort der ganzen Sinaiperikope, deutet den ‚Bund', der Israel aus den Völkern heraushebt, als Priestertum gegenüber allen diesen Völkern. Mit der Kategorie ‚heilig-profan' wird die Völkerwallfahrt auch in Jes 61,4-9 interpretiert, ebenfalls in Nachbarschaft zum Wort *bᵉrīt*. Hier rückt also schon im Pentateuch selbst der am Sinai gestiftete Israel-Bund in einen Zusammenhang mit der universalen Gottesherr-schaft der Endzeit."[8]

Diese „kanonische" Bundestheologie des Tanach / Ersten Testaments ist der Ansatz, mit dem auch die neutestamentliche Bundestheologie dialogisch so korreliert werden kann, daß die neue Heilsinitiative des Gottes Israels in und durch Jesus sich als ein weiteres, für Christen „endgültiges" Element in der Bundesgeschichte, die auf das Offenbarwerden der universalen Gottesherrschaft hinzielt, begreifen läßt.

Ob die Formel der Rheinischen Synode, „daß die Kirche durch Jesus Christus in den Bund Gottes mit seinem Volk hineingenommen ist", die je unterschiedliche Identität von Israel und Kirche hinreichend ausdrückt, ist dann freilich eine keineswegs unwichtige Frage. Da die For-mel „Bund Gottes mit seinem Volk" in der Tat einen „engen" Bundesbegriff insinuiert, ist sie einerseits insofern mißverständlich, als sie Israels Prärogative in Frage stellen könnte, und sie ist andererseits unzureichend, weil sie den spezifischen Auftrag der Kirche, inmitten der Völ-kerwelt im Geiste Jesu und seiner Halacha dem Gottesreich die Wege zu bereiten, nicht mitfor-muliert. Vor allem aber fehlen der Formel der Pluralismus und die Dynamik, die dem „Bundes-handeln" des Gottes Israels eigen sind.[9] Daß der biblisch bezeugte „Bund" Gottes eine Ge-schichte initiiert hat, die mit immer „neuen" Initiativen Gottes rechnen muß und darf, muß ebenfalls mitbedacht werden, wenn Israel und Kirche als Weggenossen im Gottesbund aufei-nander bezogen werden. Diese dynamisch-dramatische Weggemeinschaft von Israel und Kir-che im Horizont des einen, vielgestaltigen Gottesbundes ist durchaus „schriftgemäß", wie ich

---

8   N. LOHFINK, Der Begriff „Bund" in der biblischen Theologie: ThPh 66,1991,173f.
9   Gerade diese Dynamik des „Bundes" wird auch in der jüdischen Exegese vonJer 31,31- 34 betont: vgl. R.S. SARASON, The Interpretation of Jeremiah 31:31-34 in Judaism, in: J.J. Petuchowski (Hg.), When Jews and Christians Meet, New York 1988,99-123, aber auch M. GREENBERG, Was ist neu am neuen Bund Ger 31)?, in: M. Stöhr (Hg.), Lernen in Jerusalem,, Lernen mit Israel (VIKJ 20), Berlin 1993,14-25 sowie J.B. AGUS, The covenant concept - particularistic, pluralistic, or futuristic?: JES 18, 1981, 217-230.

im folgenden Teil meiner Ausführungen aufweisen will - auch im Gespräch mit der Kritik, die F. Crüsemann zu N. Lohfinks und meinen „Psalmenexegesen" angemeldet hat.

2. Der Gott Israels, Israel und die Völker nach dem Psalmenbuch

[44] Leider ist es nicht möglich, nun alle für unser Thema relevanten Texte zu diskutieren; dies geschieht wenigstens teilweise in einer Monographie, an der N. Lohfink und ich derzeit arbeiten.[10] Mir erscheint in unserem Zusammenhang wichtiger, zunächst einmal die methodischen und hermeneutischen Voraussetzungen zu erläutern, die unseren Psalmeninterpretationen zugrunde liegen[11] – und die uns dann zu jenen theologischen Aussagen geführt haben, die F. Crüsemann kaum oder überhaupt nicht nachvollziehbar sind.

Jeder Psalm ist gewiß ein Einzeltext und will als solcher gelesen werden. Als solcher hat er seine spezifische sprachliche Gestalt. Auch das komplexe Überschriftensystem macht darauf aufmerksam, daß das Psalmenbuch eine Sammlung von Einzeltexten ist. Doch schon hier melden sich Fragen: Ist diese Sammlung als eine mehr oder weniger zufällige und beliebige Archivierung zustandegekommen oder lassen sich formale und inhaltliche Gesichtspunkte erkennen, die bei der Zusammenstellung der Einzeltexte zu kleineren Sammlungen und schließlich sogar bei der Endkomposition des Psalmenbuchs leitend waren? Und weiter: Falls bei Einzelpsalmen in literarkritischer Hinsicht Wachstumsspuren erkennbar werden, handelt es sich dabei um punktuelle Erweiterungen oder werden hier Bearbeitungen sichtbar, die mit dem/den Sammlungsprozess/en zusammenhängen? Diese Fragen sind im Blick auf andere biblische Bücher im Projekt der sog. holistischen und kanonischen Exegese schon mit eindrucksvollen Ergebnissen gestellt worden. Daß beispielsweise die traditionelle Trennung des Jesajabuchs in Proto-, Deutero- und Tritojesaja heute kaum noch wie bisher durchgeführt wird und daß statt dessen nach makroredaktionellen Kompositionen gefragt wird, ist ein Resultat dieser neuen exegetischen Wege. Neben Exegeten vor allem in den USA versuchen N. Lohfink, F.-L. Hossfeld und ich, diese neuen Wege holistischer Exegese auch im Bereich des Psalmenbuchs zu gehen. Die wichtigsten Techniken, durch die u.E. im Psalmenbuch übergreifende Kompositionen geschaffen werden, die dann als solche ein Aussagesystem und einen Sinnraum konstituieren, in denen der Einzeltext eine weitere Dimension erhält, sehen wir in der gezielten, redaktionell geschaffenen Psalmenverkettung (concatenatio) und in der strukturell relevanten Psalmenanordnung (iuxtapositio). Die Technik der concatenatio ist durch diachrone Analyse zu erweisen, die Technik der iuxtapositio erschließt sich in der synchronen Betrachtung.

Daß das Thema „Israel und die Völker" zumindest für die Endkomposition des Psalmenbuchs zentral ist, zeigt der Rahmen des Psalmenbuchs Ps 1-2 und Ps 146-150. Wenn das Diptychon Ps 1-2 darin kulminiert, daß der auf dem Zion eingesetzte Maschiach und Sohn Gottes (ob als messianische Einzelgestalt oder als messianisches Volk) die Könige und Herrscher der Völker auffordert, „JHWH zu dienen", um nicht dem Zorngericht JHWHs zu verfallen, so ist dies gewissermaßen die Kurzfassung jener dra-[45]matischen Geschichte, die im Psalmenbuch durchschritten wird – hin zu jener Vollendung der Geschichte, die im Schlußhallel Ps 146-150 aufscheint. Schon von diesem Rahmen her ist deutlich: Es geht im kanonisch gelesenen Psalter nicht um das Verhältnis von einzelnen Proselyten zu Israel, sondern um Israels Rolle beim Kommen der universalen Gottesherrschaft inmitten der Völkerwelt.

---

[10] N. LOHFINK - E. ZENGER, Der Gott Israels und die Völker. Untersuchungen zum Jesajabuch und zu den Psalmen (SBS 154), Stuttgart 1994.
[11] Vgl. dazu u.a. die Beiträge (mit Literaturangaben!) von N. LOHFINK und mir in: K. Seybold - E. Zenger (Hg.), Neue Wege der Psalmenforschung (HBS 1), Freiburg 1994.

Daß es nun im Psalmenbuch mehrere Teilkompositionen von Psalmengruppen gibt, die den spannungsreichen Begegnungs- und Lernprozeß reflektieren, in dem Israel die Völker einlädt, mit ihm zusammen sich der Gottesherrschaft zu unterwerfen und sich von der durch JHWH initiierten Bundesdynamik formen zu lassen, hat N. Lohfink für die Abfolge der Psalmengruppe 15-34 exemplarisch an der iuxtapositio von Ps 24 und Ps 25 aufgezeigt.[12] Daß das Thema der Völkerwallfahrt zumindest in Ps 22,28-32 redaktionell eingetragen ist, ist beinahe Konsens der Forschung. Freilich müßte nun die Diskussion darüber eröffnet werden, ob es sich hier um eine gezielte „Psalmenverkettung" handelt, die den nachfolgenden Psalmen, insbesondere eben den Psalmen 23-25 einen neuen „Sinnraum" konstituieren will. Falls dies der Fall ist, stammt „die Generation derer, die JHWH befragen, und die Jakobs Antlitz suchen" (Ps 24,6) nun aus dem Kreis der Völker der Erde, die sich – gemäß der Aufforderung von Ps 22,28ff – der Gottesherrschaft JHWHs unterwerfen wollen, dessen „königliches" Kommen dann auch in Ps 24,7-10 gefeiert wird. Liest man Ps 25 als Gebet zu eben jenem JHWH, der zu seinem Heiligtum auf dem Zion kommt, ist die Frage nach dem Sprecher / den Sprechern dieses Psalms von Ps 24 her zu beantworten, zumal das Gebet in Ps 25,1 („Zu dir, JHWH, will ich erheben meine Stimme") den Bogen zurückschlägt nach Ps 24,4, wo als eines der Charakteristika „der Generation", die Zutritt zum Zionsberg erhält, genannt wird: „der nicht erhoben hat zu Falschem (d.h. zu Götzen) seine Stimme." Läßt man sich auf diese durch concatenatio und iuxtapositio angezeigte redaktionelle „Leseregie" ein, kommt eine Bewegung mitten aus der Völkerwelt in den Blick, die in das Kraftfeld des in Ps 25,10.14 genannten „Gottesbundes" gerät. Daß diese Menschen aus den Völkern, die angelockt durch Jakobs Antlitz (vgl. Ps 24,6) zum Zion kommen, um dort JHWHs Wege zu lernen und die durch seine Vergebung Rettung erfahren (vgl. Ps 25), transparent werden können für eine aus den Völkern gerufene Kirche, erscheint mir nicht abwegig, sondern als die sich aus diesen „kanonisch" gelesenen Psalmen geradezu notwendige Sinn-Richtung. Allerdings: Die Kirche, die Ps 25 auch als ihr Gebet (nicht an Stelle, sondern nur zusammen mit Israel) beten will, darf vor allem den Schluß dieses Psalms nicht vergessen: „O Gott, erlöse Israel aus all seinen Nöten!"

Wie das Verhältnis Israel – Kirche im Horizont des einen Gottesbundes in einem produktiven Gespräch mit Ps 93-100, einer Psalmengruppe, die in der jüdischen Sabbatliturgie einen wichtigen Platz einnimmt, gesehen werden kann, habe ich in der Festschrift für E. L. Ehrlich anzudeuten versucht.[13] Da Crüsemann meine diesbezügliche Argumentation nur knapp [46] und m.E. verzeichnend wiedergibt, will ich sie hier nochmals präzisieren. Methodisch geht es auch dabei wieder um Psalmenlektüre im redaktionsgeschichtlich reflektierten Buchzusammenhang.

Daß die JHWH-König-Psalmen 93-100 wegen ihrer semantischen und theologischen Verwandtschaft zusammengestellt wurden, ist keine neue Einsicht. Auch darüber, daß nicht alle diese Psalmen aus der gleichen Zeit stammen, dürfte Konsens bestehen.[14] Zwar geht es in all diesen Psalmen um das universale Königtum JHWHs, das fundamental in der weltweiten Durchsetzung seiner gerechten Lebensordnung besteht. Gerade hinsichtlich der Realisierung dieser Lebensordnung lassen sich in Ps 93-100 allerdings drei unterschiedliche Perspektiven erkennen, die den Ansatz für eine diachrone Schichtung innerhalb dieser Psalmengruppe bilden. Während die Psalmen 93, 95, 96, 98, 99, 100 die Weltherrschaft JHWHs als gegenwärtig erfahrbar besingen, wird sie sich gemäß Ps 97 erst in der eschatologischen Wende durchsetzen.[15]

---

[12] Vgl. hierzu über die bei F. Crüsemann genannte Studie hinaus nun auch: N. LOHFINK, Psalmengebet und Psalterredaktion: Archiv für Liturgiewissenschaft 34, 1992, 15-20.

[13] E. ZENGER, Israel und Kirche im gemeinsamen Gottesbund. Beobachtungen zum theologischen Programm des 4. Psalmenbuchs (Ps 90-106), in: FS E. L. Ehrlich, Freiburg 1991, 236-254. [in diesem Band 23-36]

[14] Vgl. u.a. die grundlegende Studie: J. JEREMIAS, Das Königtum Gottes in den Psalmen. Israels Begegnung mit dem kanaanäischen Mythos in den Jahwe-König-Psalmen (FRLANT 141), Göttingen 1987.

[15] Vgl. zu dieser Sicht besonders O. H. STECK, Der Abschluß der Prophetie im Alten Testament. Ein Versuch zur Frage der Vorgeschichte des Kanons (BThS 17), Neukirchen 1991, 108f.

Nochmals jünger dürfte Ps 94 mit seiner drängenden Aufforderung an JHWH sein, endlich als „Gott der Ahndungen" zu erscheinen, um den Treiben „der Frevler" ein Ende zu setzen und „die Gerechten" zu retten. Schließt man sich dem begründeten Datierungsvorschlag von J. Jeremias und O. H. Steck bezüglich Ps 97 an, die diesen Psalm auch wegen seiner Nähe zu Jes 65- 66 in das hellenistische Zeitalter (nach dem Zusammenbruch des Alexanderreichs) rücken, und beachtet man die vielfachen semantischen Bezüge zu den älteren Nachbarpsalmen 93, 95, 96, 98, 99, ist der Schluß unausweichlich, daß Ps 97 „in den Rahmen eines literarischen Lesegebrauchs von Psalmen im Dienst einer sich vergewissernden Frömmigkeit"[16] gehört und für diesen literarischen Zusammenhang gedichtet wurde.

Ps 97 bildet die Mitte einer konzentrischen Komposition. Um diesen Psalm legen sich zunächst die beiden imperativischen Hymnen Ps 96 und Ps 98, die ausdrücklich das Verhältnis der Völker zum Gott Israels angesichts seines Handelns an Israel thematisieren. Beide Psalmen sind so vielfältig semantisch miteinander verwoben, „daß sie nur zusammen ausgelegt werden können"[17]. In diesen Psalmen geht es um nichts weniger, als daß die Völker und die Sippen (vgl. Gen 12,3) der Völker aufgefordert werden, zum Zion zu kommen, um so JHWHs universale Weltherrschaft und SEIN Recht anzunehmen. Dabei ist Ps 98 nochmals eine Steigerung gegenüber Ps 96. In beiden Psalmen wird zunächst am Anfang die gesamte Völkerwelt aufgefordert, in das „neue Lied" einzustimmen:

96,1:   Singt JHWH ein neues Lied,
singt JHWH alle Erde.
98,1.4:   Singt JHWH ein neues Lied,
...
Jauchzt JHWH zu alle Erde,
jubelt, frohlockt und spielt auf.

Daß diese Aufforderung „an alle Erde" die Völkerwelt meint, sagt Ps 96 ausdrücklich. Er fordert die Völker sogar zur „Völkerwallfahrt" und zur Teilnahme am Tempelgottesdienst auf:

[47] 96,7-9:   Bringt JHWH dar, ihr Sippen der Völker,
bringt JHWH dar Ehre und Macht,
bringt JHWH dar die Ehre seines Namens,
tragt Gaben herbei und geht hinein in seine Vorhöfe.
Werft euch nieder vor JHWH in seiner heiligen Majestät,
bebt vor ihm alle Erde.

Daß in 96,10 nicht mehr „die Sippen der Völker" (mit)gemeint sein sollen, wie F. Crüsemann (mit vielen anderen) annimmt, scheint mir gegen das Gesamtaussagesystem der beiden Psalmen 96 und 98 zu sprechen. In diesen Psalmen geht es nicht um einen „Missionsauftrag" Israels, sondern darum, daß die Völker zu der Erkenntnis gelangen:

96,10:   Sprecht unter den Völkern: „JHWH herrscht als König
so ist die Erde festgegründet, sie wankt nicht."

Beide Psalmen begründen ausdrücklich und wortgleich, wie die Völker zu dieser Erkenntnis kommen: Es ist JHWHs Handeln an Israel, durch das er sich „vor den Augen der Völker" als Retter Israels und als Garant einer universalen Friedensordnung geoffenbart *hat*:

96,11-12:   Es freuen sich der Himmel und es jubiliere die Erde,
(= 98,7)   es brause das Meer und was es füllt,
(vgl. 98,8)   es jauchze die Steppe und was auf ihr ist,
es sollen jubeln alle Bäume des Waldes.

---

[16] O. H. STECK, Der Abschluß 109.
[17] J. JEREMIAS, Das Königtum Gottes 131.

(= 98,9)   Er richtet den Erdkreis in Gerechtigkeit
und die Völker in seiner Treue.
98,2-4.6:   JHWH hat erkennen lassen seine Hilfe / Rettung,
vor den Augen der Völker hat er enthüllt seine Gerechtigkeit.
(vgl. 96,13)   Er gedachte seiner Güte und seiner Treue
gegenüber dem Haus Israel.
Es haben alle Enden der Erde geschaut
die Hilfe / Rettung unseres Gottes.
Jauchzt JHWH zu, *alle Erde*,
jubelt, frohlockt und spielt auf!
Spielt JHWH auf mit der Leier,
mit der Leier unter lautem Gesang.
Mit Trompeten und mit Schofarklang
jauchzt vor dem König JHWH!
...
vor JHWH,
denn er ist gekommen, um zu richten die Erde:
Er richtet den Erdkreis in Gerechtigkeit
und die Völker in Recht.

Hier geht es weder um rhetorische Staffage noch um einige Proselyten, schon gar nicht um die aus aller Welt herbeiströmende jüdische Diaspora. Diese beiden Psalmen, die sich an Jes 57,7-10 inspirieren, fordern „die Völker" zur Völkerwallfahrt zum Zion auf, um JHWH als den auch die Völker befriedenden universalen König anzuerkennen. Das „neue Lied", das hier erklingt, ist die Botschaft von JHWH, dem *šofet* der ganzen Erde, der durch die Rettung Israels die gestörte Weltordnung wiederherstellt - vor den Augen aller Völker. „Das Rettungsgeschehen, das DtJes verkündet hatte, ist für Ps 98 so selbstevident, daß die Völker ,sehend' an ihm Anteil genommen haben und es nun an ihnen ist, die Konsequenzen zu ziehen."[18] Von diesen Konsequenzen der Völker singt nun genau Ps 100 als Schlußpsalm der Komposition 93-100.

Ps 100 teilt mit den Psalmen 93, 95, 96, 98, 99 die Perspektive von der als gegenwärtig erfahrbaren Weltherrschaft JHWHs. Zwar fehlt in ihm die Vokabel „König", doch ist der den Psalm eröffnende Imperativ „Jauchzt JHWH zu" terminus technicus des Königsjubels. Vor allem aber nimmt der Psalm in so dichter Weise das Vokabular und die Vorstellungswelt der vorangehenden Psalmen auf, daß diese seinen Interpretationshorizont abgeben - falls man sieht nicht methodisch gegen das Projekt der holistischen Sichtweise sperrt. S.R. Hirsch hat dies bündig zusammengefaßt: „This psalm of thanksgiving is put here as a finale, as it were, to the proceding Psalms which sang of the advent of the new era on earth."[19] Ps 100 ist m.E. sogar gezielt als Schlußpsalm der sechsteiligen Komposition 93, 95, 96, 98, 99, 100 gedichtet worden, die vermutlich im 5. Jh. als Reflex auf die durch die Perser - im „Auftrag" JHWHs! - initiierte Weltfriedensordnung zusammengestellt wurde. Die Komposition wird eröffnet durch den vorexilischen Psalm 93,1.3-4 der JHWHs Königtum als Chaosbekämpfung feierte und nun durch die (mit Blick auf Ps 99 formulierte) Erweiterung 93,5 den (Zions-) Tempel als Ausgangspunkt der Weltordnung präzisiert. Damit wird zugleich der Ort der Völkerwallfahrt proklamiert und definiert, den die Völker gemäß Ps 96, 98 suchen sollen. Daß Ps 93 und Ps 96, 98 „zusammengeschaut" werden sollen, ist durch eine ausdrücklich redaktionell geschaffene concatenatio angezeigt; das im Trikolon 96,10 poetologisch überschüssige Element „fürwahr festgegründet ist der Erdkreis, so daß er nicht wankt" ist wörtliches Zitat aus 93,1b und sekundär.[20]

---

[18]   J. JEREMIAS, Das Königtum Gottes 135.
[19]   Rabbi S.R. HIRSCH, The Psalms, New York 1978 z.St. (mir ist leider nur diese englische Übersetzung greifbar!).
[20]   Eine andere literarkritische Entscheidung trifft J. JEREMIAS, Das Königtum Gottes 122.

44

Innerhalb dieser Komposition entfalten sodann die vielfältig aufeinander bezogenen Psalmen 95 und 99 die Bedeutung des Königtums JHWHs *für Israel* (Technik der iuxtapositio). Ps 95 ist ein imperativischer Hymnus, der Israel einlädt, dem „großen" (95,3) Weltkönig JHWH (vgl. Ps 93) als seinem König zu huldigen und als sein Bundesvolk auf seine Stimme zu hören (95,7), „seine Wege" der Tora zu erkennen und zu gehen (95,10). Daß und wie sich der Weltkönig JHWH als König seines Bundesvolks in dessen „kanonischer" Geschichte geoffenbart hat, erläutert Ps 99, der wie Ps 95 abermals Israel auffordert, sich vor JHWH „niederzuwerfen" (95,6; 99,5), dem „großen" Gott (95,3; 99,2), zu dem Israel „rufen" und dessen „Antwort „es hören soll (95,7; 99,6-8) und von dem es sagen darf: Er ist „unser Gott" (95,7; 99,5.8.9). Dabei sind 95 und 99 von ihrem Schluß her dialektisch zu lesen; „Das letzte Wort" des Bundesgottes Israels ist nicht sein vernichtender Zorn, sondern die in der langen Geschichte immer wieder erfahrene Gnade der Vergebung, wie Ps 99,8 in anspielender Aufnahme des „Bundestextes" Ex 34,7 verkündet.

Als Schlußpsalm dieser sechsteiligen Komposition ruft Ps 100 nun Israel und die Völker zur gemeinsamen Anerkenntnis der Weltherrschaft JHWHs auf. Und dabei wird - trotz des Einspruchs von F. Crüsemann - in der Tat die in Ps 95,6f genannte Prärogative Israels auf die JHWH anerkennenden (!) Völker ausgeweitet. Auch wenn dies nicht singulär ist (vgl. schon Ps 47,10: „Die Fürsten der Völker sind versammelt als Volk des Gottes Abrahams", aber auch Jes 19,25), so bleibe ich dabei: Ps 100 bietet eine der spektakulärsten theologischen Aussagen der hebräischen Bibel, insofern er die Bundesformel, die traditionell die Sonderstellung Israels ausdrückt, nun den Völkern als Bekenntnis über ihr eigenes Gottesverhältnis in den Mund legt. Damit kein Mißverständnis bleibt: In diesem Psalm treten „die Völker" nicht an die Stelle Israels und es werden auch die Differenzen zwischen Israel und den Völkern nicht aufgehoben – die Struktur der Komposition Ps 93-100* hält die Differenzen ja, wie oben skizziert, deutlich fest. Dennoch: Die Komposition entwirft die Vision, daß das „vor den Augen der Völker" offenbar werdende Rettungshandeln JHWHs an Israel die Völker dazu führt, daß sie sich dem „Dienst" Israels unter und an der universalen Gottesherrschaft des Gottes JHWH anschließen.

Diese „Zusammenführung" Israels und der Völker wird in Ps 100 als Schlußpsalm der Komposition 93-100* dadurch unterstrichen, daß Ps 100 Elemente sowohl aus den „Israel-Psalmen" 95, 99 als auch aus den „Völker- Psalmen" 96, 98 wörtlich aufnehmen, wie die folgende Skizze zeigt:

Psalm 100	Ps 95, 96, 98, 99
1a Ein Psalm zum Dank(opfer?)	
1b Jauchzet JHWH zu, du ganze Erde!	Wörtlich: 98,4; vgl. 95,1f, 96,1.9
2a Dienet JHWH mit Freude!	Korrelat: JHWH als König
2b Geht hinein vor sein Angesicht mit Jubel!	
3a Erkennet: „Ja, JHWH, (nur) er ist Gott;	vgl. 95,6; 96,4.8
3b er hat uns gemacht, ihm gehören wir:	wörtlich: 95,6.7
3c sein Volk und Herde seiner Weide!"	wörtlich: 95,7
4a Geht hinein in seine Tore mit Dank,	vgl. 96,8; 99,3
4b in seine Höfe mit Lobpreis!	vgl. 96,4
4c Danket ihm, lobt seinen Namen:	wörtlich: 96,2; vgl. 99,3
5a „Ja, gut ist JHWH,	
5b auf ewig währt seine Güte	vgl. 98,3
5c und von Geschlecht zu Geschlecht seine Treue!"	vgl. 96,13; 98,3

Die in Ps 93-100* poetisch gestaltete Vision von der Wallfahrt der Völker zum Zion berührt sich auffallend eng mit Mi 4,1-5/Jes 2,1-5, wenngleich dort durch die einleitende Zeitangabe „in der Späte der Tage" die futurische Perspektive stärker betont ist. Vor allem ist der Schluß der beiden „Völker-Psalmen" mit seiner Vorstellung von JHWH als dem auf dem Zion wirkenden universalen šofet identisch mit der von Mi 4,1-5/Jes 2,1-5. Die durch Ps 97 und dann durch Ps 94 neu akzentuierte Komposition hat die eschatologische Dynamik dieser Vision noch verstärkt.

In diese Dynamik kann sich die Kirche als jene in Ps 93-100 anvisierte Gruppe aus der Völkerwelt eingegliedert sehen - falls und insoweit sie sich von der in Ps 93-100 entworfenen Programmatik leiten lassen will.

3. Ein kurzes Fazit

Beide Psalmenkompositionen, die wir kurz betrachtet haben, binden Israel und die Völker dadurch zusammen, daß sie auf dem Wege sind: Israel zuerst, von Gott als sein Volk geschaffen, und die Völker, angestoßen durch Gottes Handeln an und in Israel.[21] Nach dem Zeugnis des Neuen Testaments ist Gottes Handeln in und durch Jesus, ein Kind Israels, zum Anstoß für Menschen aus den Völkern geworden, sich als Christen („Messianer") neben Israel auf diesen Weg zu machen. In der Sprache der Bibel könnte man sagen: die Juden gehen hinter der Feuer- und Wolkensäule des Sinaigottes her; die Christen gehen hinter Jesus her, der nicht die Feuersäule ersetzt, sondern eine Stimme dieser Feuersäule ist. Wenn beide am Ende ihr Ziel erreicht haben werden, wird die Überraschung hoffentlich groß sein: daß Juden und Christen den gleichen Gott hörten, auch wenn sie unterschiedliche Stimmen zu hören meinten. Daß beide zwischendurch auch jeweils „falsche" Stimmen hören, nennt die biblische Sprache Götzendienst und Sünde. Weil beide aber im Horizont des „neuen" Bundes zur Vergebung der Sünden leben, dürfen sie darauf vertrauen, „daß SEINE Güte und Treue ewig währt" (Ps 100,5).

Darf man also biblisch legitimiert und inspiriert von einer jüdisch-christlichen Bundesgenossenschaft reden? Gar von einer Bundesgemeinschaft der Kirche mit Israel? Ich möchte mich den vier Bedingungen anschließen, die F.-W. Marquardt dafür nennt, daß nicht nur einzelne Christen, sondern auch Kirchen auf solche Bundesgemeinschaft hoffen könnten:

> „1. Kirchen kämen als Bundesgenossen des lsraelbundes dann in Frage, wenn sie wirklich die Völker, die Gojim repräsentierten vor Gott und vor Israel ...
> 2. Es müßten Kirchen als solche, nicht nur einzelne ihrer Glieder, die Last Israels mittragen wollen und können ...
> 3. Die Kirchen müßten willens und wenigstens anfangsweise dabei sein, die Welt zu verändern, um sich so Israel, wenn auch nur von ferne, messianisch glaubwürdig zu machen: die Welt zu verändern - statt sie zu ‚Überwinden' im Überschwang.
> 4. Für Kirche wie für Christen bleibt Bund also ein christlicher Zielbegriff, gerade als ‚neuer Bund'. Das Neue Testament steht den Kirchen und Christen erst noch bevor.
> So, immerhin dürfen wir vielleicht hoffen."[22]

---

[21] Im Psalmenbuch gibt es mehrfach „völkertheologische" Bearbeitungen, die für unser Thema relevant wären: z.B. die Psalmengruppe 46-48 (auf sie nimmt Ps 100 sogar Bezug!), die Gruppe Ps 65-68, Ps 72 im Spannungsfeld der Psalmen 2 und 89; auch der m.E. vielfach mißverstandene Ps 117 trägt kompositionell den Horizont Israel - Völker in das PesachHallel Ps 113-118 ein (vgl. zu Ps 113-118 die demnächst in der Reihe BBB erscheinende Münsteraner Dissertation von Jutta Schröten).

[22] F.-W. MARQUARDT, Entwurf zu einer christlichen Theologie des Bundes, in: M. Stöhr (Hg.), Lernen in Jerusalem 108f.

Gottes ewiger Bund mit Israel. Christliche Würdigung des Judentums im Anschluss an Herbert Vorgrimler

[37] Das Zweite Vatikanum hat 1965 in Art. 4 seiner Erklärung Nostra Aetate die unauflösbare Verbundenheit von Kirche und Israel als konstitutive Dimension des kirchlichen Selbstverständnisses betont: „Bei ihrer Besinnung auf das Geheimnis der Kirche gedenkt die Heilige Synode des Bandes, wodurch das Volk des Neuen Bundes mit dem Stamme Abrahams geistlich verbunden ist."[1] Dabei denkt das Konzil, wie seine Formulierung zeigt, nicht nur an die geschichtliche Entstehung der Kirche aus dem Judentum, sondern an die bleibende Bindung der Kirche an das jeweils zeitgenössische Judentum und erklärt die Wertschätzung dieser von Gott gestifteten heilsgeschichtlichen Lebensbeziehungen zwischen diesen beiden Größen. Dies bestätigen die zehn Jahre nach der Konzilserklärung von der Päpstlichen Kommission für die religiösen Beziehungen zum Judentum veröffentlichten „Richtlinien und Hinweise für die Durchführung der Konzilserklärung Nostra Aetate", wenn sie u.a. sagen: „Das Problem der Beziehungen zwischen Juden und Christen ist ein Anliegen der Kirche als solcher, denn sie begegnet dem Mysterium Israels bei ihrer Besinnung auf ihr eigenes Geheimnis."[2] Der Zusammenhang Kirche – Israel ist also ein Grundthema der katholischen Ekklesiologie.

Allerdings ist es bis heute nicht gelungen, diesen Zusammenhang mit konsensfähiger Begrifflichkeit genauer zu bestimmen. Auch meine Ausführungen werden dies nicht leisten. Sie wollen den Beitrag von Herbert Vorgrimler zu dieser Diskussion würdigen, der einer der wenigen Dogmatiker ist, die sich intensiver mit dieser Frage beschäftigt haben.[3] Ich stelle dabei die Bundestheologie der Bibel Israels/des Ersten Testaments in den Mittelpunkt meiner [38] Überlegungen, und zwar aus mehreren Gründen: Zum einen spielt die Bundestheologie in den lehramtlichen Äußerungen über das Verhältnis Kirche – Israel eine bedeutende Rolle. Zum anderen hat auch H. Vorgrimler bei seinen Erwägungen das Thema des Bundes Gottes und Israel mehrfach reflektiert. Zum dritten habe ich selbst in früheren Publikationen gemeint, die Bundeskategorie sei für die Beschreibung der *Gemeinsamkeiten* von Israel und Kirche hilfreich, möchte diese Sicht aber nun modifizieren.[4]

---

[1] Zitiert nach: Lexikon für Theologie und Kirche. Das Zweite Vatikanische Konzil, Bd. II, Freiburg ²1967, S. 491; vgl. eb., S. 406-478 die kommentierende Einführung von J. OESTERREICHER. Zu den Auseinandersetzungen um Art. 4 vgl. auch E. ZENGER, Nostra aetate. Der notwendige Streit um die Anerkennung des Judentums in der katholischen Kirche, in: Günther Bernd Ginzel/Günter Fessler (Hg.), Die Kirchen und die Juden. Versuch einer Bilanz, Gerlingen 1997, S. 49-81.

[2] R. RENDTORFF/H. H. HENRIX (Hg.), Die Kirchen und das Judentum. Dokumente von 1945 bis 1985, Paderborn/München ²1989, S. 53.

[3] Vgl. H. VORGRIMLER, Wegsuche. Kleine Schriften zur Theologie, Bd. I, Altenberge 1997, S. 473-551; hier sind unter der Überschrift „Zum Gespräch mit dem Judentum" fünf Beiträge zusammengestellt: (1) Ein Freundeswort (an den Juden und Christen Johannes Oesterreicher); (2) Zum Gespräch über Jesus; (3) Israel und Kirche vor dem gemeinsamen Bundesgott. Systematisch-theologische Perspektiven; (4) Befragung des II. Vatikanischen Konzils zum Thema ‚Judenmission'; (5) Der ungekündigte Bund. Systematische Aspekte.

[4] Vgl. E. ZENGER, Israel und Kirche im einen Gottesbund? Auf der Suche nach einer für beide akzeptablen Verhältnisbestimmung, in: Kirche und Israel 6 (1991), S. 99-114 [in diesem Band 11-22]; DERS., Israel und Kirche im gemeinsamen Gottesbund. Beobachtungen zum theologischen Programm des 4. Psalmenbuches, in: M. Marcus u.a. (Hg.), Israel und Kirche heute. Beiträge zum christlich-jüdischen Gespräch (FS E. L. Ehrlich), Freiburg 1991, S. 238-257 [in diesem Band 23-36]; DERS., Juden und Christen doch nicht im gemeinsamen Gottesbund? Antwort auf Frank Crüsemann, in: Kirche und Israel 9 (1994), S. 39-52 [in diesem Band 37-46]; DERS., Der von Gott nie gekündigte Bund mit seinem Volk Israel. Ansätze zu einer neuen Würdigung des Judentums, in: J.C. de Vos/F. Siegen (Hg.), Interesse am Judentum. Die Franz-Delitzsch-Vorlesungen 1989-2008 (Münsteraner Judaistische Studien 23), Münster 2008, S. 347-362.

1. Ein kurzer Blick auf bundestheologische Äußerungen in neueren kirchlichen Stellungnahmen

Seit dem Zweiten Vatikanum ist die jahrhundertelang übliche kirchliche Lehre, wonach der Bund Gottes mit seinem Volk Israel durch dessen Weigerung, Jesus als seinen Messias anzunehmen, zu Ende gekommen und durch den in Christus gestifteten Bund ersetzt worden sei, beendet worden. Im Weltkatechismus der Katholischen Kirche von 1993 heißt es unmissverständlich: „Der Alte Bund ist nie widerrufen worden."[5] Wie es scheint, hat dies zum ersten Mal so eindeutig Papst Johannes Paul II. bei seiner Ansprache vor den Repräsentanten der deutschen Juden am 17. November 1980 in Mainz mit der seither oft zitierten Formel vom „Gottesvolk des von Gott nie gekündigten Alten Bundes"[6] formuliert. Allerdings bleibt dabei das Verhältnis Israel – Kirche unbestimmt, insofern der Papst Israel als „Gottesvolk des Alten Bundes" und die Kirche als „Gottesvolk des Neuen Bundes" bezeichnet und den Dialog zwischen diesen beiden Größen zugleich in Verbindung bringt mit dem Dialog innerhalb der Kirche zwischen dem ersten und dem zweiten Teil ihrer Bibel.[7] Hier zeigen sich bereits die bis heute ungelösten Probleme: Wie verhält sich hier der Alte Bund zum Neuen Bund? Ist es ein gemeinsamer Bund in unterschiedlichen Bundessetzungen oder sind es zwei unterschiedliche Bünde? Und was bedeu-[39]ten im Zusammenhang der Rede vom „Bund" überhaupt die Qualifikationen „alt" und „neu"?

Möglicherweise hat wegen dieser Probleme Johannes Paul II. in seinen letzten Jahren die Kategorie „Alter Bund" durch „Bund" ersetzt und Israel einfach als „Volk des Bundes" bezeichnet. Bei seiner Ansprache an die Teilnehmer des vatikanischen Vorbereitungskolloquiums über die Wurzeln des christlichen Antijudaismus am 31. Oktober 1997 reflektierte er über die zahlenmäßige Kleinheit des jüdischen Volkes, dem gleichwohl von Gott her eine große Würde und Aufgabe zugedacht ist, und sagte:

> „Dieses Volk wird von Gott, dem Schöpfer des Himmels und der Erde, zusammengerufen und geführt. Seine Existenz ist also nicht eine rein von der Natur oder Kultur bedingte Tatsache ... Es handelt sich vielmehr um einen übernatürlichen Sachverhalt. Dieses Volk hält gegenüber allem stand, weil es *das Volk des Bundes* (Hervorhebung: E.Z.) ist und weil Gott – trotz der Untreue der Menschen – seinem Bund treu ist."[8]

Analog wurde in der vierten Vergebungsbitte beim großen Pontifikalgottesdienst im Petersdom am 12. März, dem ersten Fastensonntag des Jubiläumsjahres 2000, Israel als „das Volk des Bundes und der Segenssprüche" bezeichnet. Das auf diese Vergebungsbitte folgende Gebet, das damals vom Papst selbst gesprochen und von ihm dann auch während seiner Pilgerreise nach Jerusalem am 26. März 2000 gemäß jüdischer Tradition auf einem Blatt in einen Spalt der Westmauer, der sog. Klagemauer, gelegt wurde, lautet wörtlich:

> „Gott unserer Väter, du hast Abraham und seine Nachkommen auserwählt, um deinen Namen zu den Völkern zu tragen. Wir sind zutiefst betrübt über das Verhalten aller, die im Lauf der Geschichte deine Söhne und Töchter leiden ließen. Wir bitten um Verzeihung und wollen uns dafür einsetzen, dass echte Brüderlichkeit herrsche mit *dem Volk des Bundes*."[9]

[5] Katechismus der Katholischen Kirche, München 1993, Nr. 121; vgl. auch Nr. 839.
[6] RENDTORFF/HENRIX (Hg.), Kirchen (s. Anm. 2), S. 75.
[7] Vgl. ebd.
[8] H. H. HENRIX/W. KRAUS (Hg.), Die Kirchen und das Judentum. Dokumente von 1986-2000, Paderborn/Gütersloh 2001, S. 108.
[9] Ebd., S. 154.

Fünf Aspekte erscheinen mir in diesem Gebet besonders bedeutsam:

(1) Das Gebet beginnt mit der Betonung der fundamentalen Gemeinsamkeit von Juden und Christen: Es ist ein und derselbe Gott, der in ihnen und durch sie in dieser Welt handeln will.

(2) Das Gebet betont die besondere Sendung Israels, den Namen, d.h. das Geheimnis, des wahren und einzigen Gottes der Völkerwelt bekannt zu machen und sie zur Anerkenntnis bzw. Verehrung dieses Gottes zu bewegen.

(3) Das Gebet benennt die Israel von Gott durch seine Erwählung verliehene Würde mit dem Titel „Volk des Bundes" und bezieht diesen Titel unmissverständlich auf das nachbiblische bzw. zeitgenössische Judentum.

[40] (4) Das Gebet beklagt die Leidensgeschichte Israels als Leidensgeschichte der Söhne und Töchter Gottes. Zwar sagt der Wortlaut nicht ausdrücklich, dass gerade die Christen zu den Verursachern dieser Leidensgeschichte gehört haben und dass sie dadurch *vor dem gemeinsamen Gott* schuldig geworden sind, aber dass dies gemeint ist, ist nicht zu bezweifeln. Die Bitte um Vergebung kann nur in diesem Sinn verstanden werden.

(5) Das Gebet hat eine starke Zukunftsperspektive. Der Papst verspricht, dass die katholische Kirche alles tun will, damit „echte Brüderlichkeit herrsche mit dem Volk des Bundes". Israel und die Kirche werden hier in die Dynamik „echter Brüderlichkeit" hineingestellt. Das ist die Anerkennung der geschichtlichen Wirklichkeit der Sonderbeziehung von Judentum und Christentum, die ja in der Tat als „Brüder-" bzw. als „Schwesternreligionen" entstanden sind. Die Charakterisierung *„echter* Brüderlichkeit" blickt auf die Gegenwart und Zukunft und stellt die Frage: Wie kann diese „brüderliche" (bzw. geschwisterliche) Verbundenheit näherhin verstanden und insbesondere gelebt werden, damit die gemeinsame und doch unterschiedliche Indienstnahme durch den gemeinsamen Gott verwirklicht wird – zum Heil der ganzen Welt?

Es ist keine Frage: Gegenüber den jahrhundertelangen Äußerungen des kirchlichen Lehramtes, der Theologen und der Prediger, vor allem auch der sog. einfachen Gläubigen über die Verstoßung der ungläubigen Juden durch Gott hat mit dem Zweiten Vatikanum eine neue Epoche im kirchlichen Verständnis des Judentums und in dem Bemühen um eine Erneuerung des christlich-jüdischen Verhältnisses begonnen. Gleiches gilt im Übrigen für den Bereich der evangelischen Kirche, insbesondere in Deutschland.[10]

Diese Erneuerung muss ansetzen bei der biblisch begründeten theologischen Würdigung des Judentums und seiner bleibenden Sendung für das Heil der Welt. Gerade dabei kann m.E. die biblische Bundestheologie hilfreich sein, insofern sie geeignet ist, sich dem Proprium des Judentums theologisch anzunähern sowie zugleich die Verbindung mit dem Christentum *und* die Differenz zum Christentum, das bei der Formulierung seines Selbstverständnisses bislang meist ebenfalls die Bundestheologie herangezogen hat, in den Blick zu bekommen.

Auch das Dokument der Päpstlichen Bibelkommission vom 24. Mai 2001 „Das jüdische Volk und seine Heilige Schrift in der christlichen Bibel" skizziert die bundestheologischen Aussagen der Bibel Israels und des Neuen Testaments und kommt zu folgendem Ergebnis:

[41] „Die Folgerung, die sich aus diesen Texten ergibt, lautet, dass die ersten Christen das Bewusstsein besaßen, sich in einer tiefen geschichtlichen Übereinstimmung mit dem Plan eines Bundes zu befinden, den der Gott Israels im Alten Testament geoffenbart und ver-

---

[10] Vgl. dazu RENDTORFF/HENRIX (Hg.), Kirchen (s. Anm. 2), S. 321-621; HENRIX/KRAUS (Hg.), Kirchen (s. Anm. 8), S. 429-942; detaillierte Reflexionen bieten die drei von der Evangelischen Kirche in Deutschland herausgegebenen Studien Christen und Juden I (Eine Studie des Rates der Evangelischen Kirche in Deutschland, Gütersloh 1975), Christen und Juden II (Zur theologischen Neuorientierung im Verhältnis zum Judentum, Gütersloh 1991), Christen und Juden III (Schritte zur Erneuerung im Verhältnis zum Judentum, Gütersloh 2000).

wirklicht hat. Israel steht weiter zu Gott in einer Bundesbeziehung, denn der Verheißungs-
bund ist endgültig und kann nicht außer Kraft gesetzt werden. Doch hatten die ersten
Christen das Bewusstsein, in einer neuen Phase dieses Planes zu leben, die durch die Propheten angekündigt worden war und durch das Blut Christi heraufgeführt wurde, das ‚Bundesblut‘, das seinen Namen dadurch verdiente, dass es aus Liebe vergossen war (vgl. Offb
1,5b-6)."[11]

Inwieweit diese Aussagen wirklich bibelgemäß sind und ob hier insbesondere die Eigen-
botschaft der Bibel Israels hinreichend bedacht ist, soll im Folgenden untersucht werden.

2. Die Bundestheologie der Bibel Israels/des Ersten Testaments als Fundament einer neuen christlichen Würdigung des Judentums

Es ist hier weder möglich noch nötig, die Bundestheologie des Ersten Testaments in ihrer
literarhistorischen und konzeptionellen Komplexität nachzuzeichnen.[12] Grundlegend ist die
Beobachtung, dass in der Tora, also im Pentateuch, „Bund" ein zentrales geschichtstheologi-
sches Konzept ist, um in der kanonischen Darstellung der „Anfangsgeschichte" das besondere
Gottesverhältnis Israels und die sich daraus ergebende spezifische Identität Israels für seine
Geschichte inmitten der Völker zu kennzeichnen. Kontrovers diskutiert wird, wann und unter
welchen religionsgeschichtlichen Vorgaben dieses Bundeskonzept erstmals auftritt. Konsens
besteht heute darüber, dass es weder ein „altes" noch ein exklusives Deutungsmuster ist. Darauf
weist schon das sog. Bundesschweigen der vorexilischen Prophetie hin. Konsens besteht auch
dar-[42]über, dass es im Einzelnen sehr unterschiedliche Bundeskonzepte gibt und dass deren
„Blütezeit" besonders die exilische und die frühnachexilische Zeit war, als es darum ging, die
Katastrophe des Exils und den nachexilischen Neuanfang bzw. die nachexilische Restitution
theologisch zu deuten. Im Kontext dieser theologischen Deutungen sind auch die bundestheologischen Verheißungen der drei Prophetenbücher Jesaja (bzw. Deuterojesaja), Ezechiel und
Jeremia zu verstehen, die ebenfalls geschichtstheologisch ansetzen, um die Rolle Israels als
„Bundesvolk" JHWHs im Horizont der Geschichte JHWHs auch mit der Völkerwelt zu reflektieren, und die eine geradezu eschatologische Dimension der „Bundesgeschichte" entwerfen.

Bei einem zugegebenermaßen vereinfachenden Versuch, die Essentials der „Bundesgeschichte" Israels zu formulieren, müssen folgende Aspekte festgehalten werden:

2.1 Der Sinaibund

Jenseits aller semantischen und theologiegeschichtlichen Probleme, die die Vorkommen
des Wortes Berit zur Deutung der Beziehung JHWHs zu seinem Volk Israel stellen, ist die

---

[11] PÄPSTLICHE BIBELKOMMISSION, Das jüdische Volk und seine Heilige Schrift in der christlichen Bibel (24. Mai
2001) (Verlautbarungen des Apostolischen Stuhls 152), Bonn o. J. (2002), S. 80.
[12] Die neueren Publikationen zu den biblischen Bundeskonzepten sind inzwischen unüberschaubar. Die theologische Skizze, die hier vorgelegt wird und die auf exegetische Einzeldiskussionen verzichtet, stützt sich vor
allem auf folgende Studien: F. AVERMARIE/H. LICHTENBERGER (Hg.), Bund und Tora. Zur theologischen Be-
griffsgeschichte in alttestamentlicher, frühjüdischer und urchristlicher Tradition, Tübingen 1996; C. DOH-
MEN/C. FREVEL (Hg.), Für immer verbündet. Studien zur Bundestheologie der Bibel (SBS 211), Stuttgart
2007; H. FRANKEMÖLLE (Hg.), Der Ungekündigte Bund? Antworten des Neuen Testaments (QD 172), Freiburg 1998; W. GROß, Zukunft für Israel. Alttestamentliche Bundeskonzepte und die aktuelle Debatte um den
Neuen Bund (SBS 176), Stuttgart 1998; N. LOHFINK, Der niemals gekündigte Bund. Exegetische Gedanken
zum christlich-jüdischen Dialog, Freiburg 1989; DERS., Ein Bund oder zwei Bünde in der Heiligen Schrift?,
in: L'interpretazione Bibbia nella Chiesa. Atti del Simposio promosso dalla Congregazione per la Domina
della Fede, Vaticano 1999, S. 273-303; M. VOGEL, Das Heil des Bundes. Bundestheologie im Frühjudentum
und im Frühen Christentum (TANZ 18), Tübingen - Basel 1996; E. ZENGER (Hg.), Der Neue Bund im Alten
(QD 146), Freiburg 1993.

Einsicht grundlegend, dass es dabei immer um eine voraussetzungslose Selbstfestlegung Gottes geht, deren Initiative bei Gott liegt und die in ihrer Gott bindenden Wirkung über eine eidliche Zusage hinausgeht, insofern die Bundessetzung im „Wesen" Gottes selbst gründet. Der „Bundesschluss" ist ein Handeln Gottes, durch das er eine „Bundesbeziehung" zu seinem Bundesvolk Israel schafft. Auch in jenen Texten, in denen der Gottesbund ausdrücklich eine Bindung Israels an seinen Gott impliziert, sodass es um eine zweiseitige bzw. wechselseitige Bindung geht, besteht eine grundlegende Asymmetrie: Das Volk Israel kann den Gottesbund weder konstituieren noch zerstören, weil Gott allein in seiner Souveränität und Liebe Stifter und Garant dieses Bundes ist. Israel ist dabei einerseits Empfänger und Nutzießer des Bundes, d.h. der konkreten Bundesgaben und des im Bund durch Gott zugesagten Fortgangs seiner Geschichte mit Gott, und Israel ist andererseits von Gott durch den Bund in Dienst und Pflicht genommen, bundesgemäß zu leben, indem Israel die Bundesweisungen beachtet. Wie das Zustandekommen hängt auch das Fortbestehen des Gottesbundes nicht von Israel ab. Israel kann den Bund brechen, d.h. die Bundesverpflichtungen bzw. die Bundesversprechen übertreten, aber Israel kann den Bund nicht zerbrechen, d.h. aufhören lassen oder ungültig machen, weil er in Gott selbst gründet. Mit der Kategorie Gottesbund drückt die Bibel Israels gerade aus, dass JHWHs erwählende Liebe zu seinem Volk sich als „ewige" Bundestreue erweist, weil der Bund eine Gnadengabe JHWHs an sein Volk ist, die er nicht widerruft (vgl. auch Röm [43]11,29). Deshalb kann auch die Bezeichnung „neuer Bund" in Jer 31,31 nicht die „Ablösung" oder „Ersetzung" des mit Israel beim Exodus bzw. am Sinai geschlossenen Bundes (vgl. Jer 31,32) meinen, zumal in Jer 31,31-34 dem „neuen" Bund nicht ein „alter" Bund entgegengesetzt ist (s.u.).

In überlieferungs- und religionsgeschichtlicher Hinsicht wird nach derzeitiger Forschungsmehrheit die systematisch entfaltete Vorstellung vom Bund Gottes mit seinem Volk frühestens erstmals in der deuteronomischen Theologie des 7. Jahrhunderts im Horeb- und Moabbund des Buches Deuteronomium und in einem analogen Konzept des Sinaibundes im Buch Exodus greifbar. Dieses Bundeskonzept inspiriert sich an der neuassyrischen Vertragspraxis, in der der Großkönig seine Vasallen vertraglich an sich bindet, diesen seinerseits seinen Schutz zusichert und von diesen als „Gegenleistung" absolute Loyalität fordert und den Vertragsbruch der Vasallen mit Sanktionen bestraft. Durch die Verträge, die nicht nur eine juristische, sondern zugleich eine religiöse Dimension haben, weil sie bei den Göttern der Vertragspartner beschworen werden, stabilisiert der Großkönig seine Macht, zumal die Verträge ihm weitgehende Rechte über die Vasallen einräumen. Die deuteronomischen Theologen nehmen diese Vertragsidee auf und gestalten damit als eine Art Gegenentwurf das Konzept eines Vertragsbundes zwischen JHWH und seinem Volk Israel, um Israel die politische Kraft und das religiös motivierte Vertrauen zu geben, auf JHWH als seinen „Großkönig" zu setzen und der von ihm Israel gegebenen Rechtsordnung zu folgen und so JHWHs Schutz und Rettung in der bedrohlichen Situation der 7./6. zu erhalten.[13] Das so entwickelte Bundeskonzept, das als eine Art zweiseitiger Vertrag zwischen JHWH und seinem Volk verstanden wurde, unterscheidet sich aber – trotz zahlreicher semantischer Gemeinsamkeiten – in wesentlichen Punkten von der neuassyrischen Vertragspolitik. Diese Differenzen müssen beachtet werden, um das Proprium der biblischen Bundestheologie zu erfassen:

---

[13] Vgl. dazu besonders: E. OTTO, Die Ursprünge der Bundestheologie im Alten Testament und im Alten Orient, in: Zeitschrift für Altorientalische und Biblische Rechtsgeschichte 4 (1998), S. 1-84; DERS., Das Deuteronomium. Politische Theologie und Rechtsreform in Juda und Assyien (BZAW 284), Berlin 1999; DERS., Gottes Recht als Menschenrecht. Rechts- und literaturhistorische Studien zum Deuteronomium (BZAR 2), Wiesbaden 2002 (besonders: S. 128-166). In jüngster Zeit mehren sich allerdings die Stimmen, die die Entstehung dieses Bundeskonzepts erst in die exilische Zeit ansetzen.

(a) Die Verträge zwischen dem neuassyrischen Großkönig und seinen Vasallen waren Instrumente der neuassyrischen Machtpolitik und wurden den Vasallen letztlich aufoktroyiert. Die Verträge werden zwar wechselseitig beeidet, aber sie finden nicht „auf gleicher Augenhöhe" statt.

(b) Es waren Verträge zwischen dem Großkönig und den Vasallenkönigen, aber nicht mit den Völkern dieser Könige. Dementsprechend bestanden die Verpflichtungen vor allem in der politischen Loyalität dieser Könige und in [44] den als Vasallitätstreue deklarierten Ablieferungen von Tributen und sonstigen Hilfeleistungen.

(c) Die vertraglich beschworenen Sanktionen banden letztlich nur die Vasallen und nicht den Großkönig, der ja die Macht hatte, je nach eigener Interessenlage zu handeln.

(d) Durch die Verträge entsteht keine „personale" Sonderbeziehung zwischen dem Großkönig und seinen Vasallen, zumal der gleiche Vertrag mit mehreren Vasallen abgeschlossen werden konnte bzw. wurde.

Zwischen diesem Vertragskonzept und dem deuteronomischen/deuteronomistischen Bundeskonzept gibt es durchaus Gemeinsamkeiten, aber vor allem fundamentale Unterschiede:

(a) Der Gottesbund mit Israel steht – analog den assyrischen Verträgen – in einem realpolitischen Kontext. Im Bund sichert JHWH Israel inmitten der Völkerwelt, vor allem angesichts der politischen Bedrohungen, den Schutz der Existenz und seine Fürsorge zu.

(b) Zwar gibt es in der Bibel Israels auch das Konzept des Davidbunds, durch den JHWH ein besonderes Schutz- und Treuverhältnis mit David und seiner Dynastie eingeht (s.u.), aber der Sinai-, Horeb-, Moabbund wird mit dem Volk geschlossen und gilt der Existenz Israels *als Volk*; konzeptionell kann man den Davidbund als Teilaspekt dieses Gottesbundes mit dem Volk begreifen.

(c) Die Loyalitätspflichten des Volkes gegenüber JHWH als dem „Bundesstifter" beziehen sich nicht nur auf die Beziehung zu JHWH, sondern vor allem auf das Zusammenleben Israels als „Volk JHWHs". Schon die im Bund gegebene Zusage JHWHs, er wolle „Gott Israels" sein, bezieht sich ja auf JHWHs spezifisches Gott-Sein als Gott des Exodus und des Sinai, d.h. auf sein befreiendes sowie Recht und Gerechtigkeit stiftendes Handeln. Als der Gott, der sich als Retter seines Volkes aus der politischen Unterdrückung sowohl durch Fremdmächte als auch durch Frevler im eigenen Volk erwiesen hat und erweisen wird, ist JHWH als Bundesgott gerade das „Gegenbild" zu den neuassyrischen Großkönigen und ihrer Vertragspolitik.

(d) Einerseits konstituiert der Bund eine Sonderbeziehung zwischen JHWH als Gott Israels und Israel als Volk JHWHs, die in der sog. Bundesformel, wonach JHWH der Gott Israels sein/werden will und Israel das Volk JHWHs sein/werden soll (vgl. u.a. Ex 6,7; Lev 26,12; Dtn 26,17; 29,12; Jer 24,7; 30,22; 31,33; 32,38; Ez 11,20; 14,11; 36,28), klassisch formuliert ist, doch geht JHWHs Gott-Sein darin nicht auf, sondern durch die Erwählung Israels als „Bundesvolk" will JHWH auch die Geschichte der Völker gestalten, da er der Schöpfer und Herr der Welt ist. „Das Verhältnis zwischen Israel und seinem Gott ist nicht das exklusive Verhältnis eines Nationalgottes zu seiner Nation, in dem beide Seiten geradezu naturnotwendig aufeinander bezogen sind, sondern auch wenn – und gerade weil – JHWH die ganze Welt eigen ist, will er Israel eine [45] Möglichkeit geben, sein besonderes Eigentum zu sein".[14] Diese Perspektive steht programmatisch am Anfang der Sinaibund-Erzählung Ex 19-34:

> Ihr selbst habt gesehen, was ich Ägypten getan habe. Dann habe ich euch auf Adlers/Geiersflügeln getragen und euch zu mir gebracht. Jetzt aber, wenn ihr wahrhaftig auf meine Stimme hören und meinen Bund bewahren werdet, dann werdet ihr mein eigenes Volk unter allen Völkern sein; wengleich mir die ganze Erde gehört, werdet ihr mir aber ein priesterliches Königreich, ein heiliges Volk sein (Ex 19,4-6).

---

[14] C. DOHMEN, Exodus 19-40 (HThKAT), Freiburg 2004, S. 61.

(e) Die Israel im Gottesbund geschenkte Sonderstellung inmitten der Völkerwelt ist ein fortwährendes Geschehen, dass sich im Hören auf die Stimme des Bundesgottes und in einem dessen Willen entsprechenden Leben realisiert. Deshalb betont Ex 19,8 ausdrücklich die freiwillige und gemeinsame Annahme der Bundessetzung Gottes durch das Volk.

> Da antwortete das ganze Volk gemeinsam und sie sagten: Alles, was JHWH geredet hat, wollen/werden wir tun (Ex 19,8).

Auch dies unterscheidet den biblischen Gottesbund von den Vasallenverträgen. Der Gottesbund wird vom Volk angenommen *als Gabe* einer besonderen Identität, die es in der Geschichte der Generationen im Hören auf Gottes Stimme immer neu suchen muss. Schalom Ben-Chorin bezeichnet diese dynamische, auf Zukunft angelegte Perspektive des Gottesbundes als „kategorischen Imperativ Israels",[15] der Israel auffordert: „Werde, der du bist!" Das haben besonders die Bücher Jesaja und Jeremia im intertextuellen Diskurs mit Ex 19,4-8[16] betont:

> Ihr werdet Priester JHWHs genannt werden,
> Diener unseres Gottes wird zu euch gesagt werden ...
> In Treue werde ich ihnen ihren Lohn geben,
> ich werde mit ihnen einen *ewigen* Bund schließen (Jes 61,6.8).
> Hört auf meine Stimme und tut gemäß allem, was ich euch geboten habe,
> dann werdet ihr mein Volk sein und ich werde euer Gott sein (Jer 11,4).

(f) Worum es im Bundeskonzept zutiefst geht, wird in der (mehrschichtigen) Erzählung Ex 24,1-11 über den Bundesschluss entfaltet. Vor allem in dem singulären Blutritus von Ex 24,6-8 zeigt sich die Mehrdimensionalität und die Zukunftsgerichtetheit des Bundes, den Gott mit seinem Volk geschlossen hat und als Bundesverhältnis am Leben hält und revitalisiert:

> [46] Dann nahm Mose die Hälfte des Blutes und tat es in Schalen, die andere Hälfte des Blutes sprengte er auf den Altar.
> Dann nahm er das Buch des Bundes und las es dem Volk vor. Und sie sprachen: Alles, was JHWH geredet hat, wollen/werden wir tun und wir wollen/werden hören.
> Dann nahm Mose das Blut und sprengte es auf das Volk und sprach: Siehe, das ist das Blut des Bundes, den JHWH mit euch schließt aufgrund all dieser Worte (Ex 24,6-8).

Wegen der Rückbezüge nach Ex 19 (vgl. Ex 24,7 mit 19,8 sowie das Motiv von Israel als „priesterlichem Königreich") wurde vorgeschlagen, diesen singulären Ritus der Besprengung des Volkes mit Blut als Weiheritus zu verstehen, durch den die Israeliten *zu Priestern* geweiht werden.[17] Beachtet man allerdings genauer die einzelnen Handlungen und ihren dreitaktigen (s.o.) Ablauf sowie insbesondere die Betonung des Bundesthemas, legt sich eine andere Deutung nahe.[18] Für das Verständnis ist zunächst bedeutsam, dass die beiden Blutbesprengungen einerseits parallelisiert sind und dass sie andererseits durch die Verlesung des Bundesbuchs sowie die darauf folgende Erklärung des Volkes in ihrem Geschehenszusammenhang unterbrochen werden. Die Parallelisierung der Bluthandlungen am „Altar" und am „Volk" in Ex 24,6.8 weist daraufhin, dass Altar und Volk zu äußeren Zeichen der Gottesnähe „geweiht" werden: „Hier ... ist das Volk selbst ein zweiter Altar und das Blut erhalten beide *zu gleichen*

---

[15] S. BEN-CHORIN, Die Tafeln des Bundes und das Zehnwort vom Sinai, Tübingen ²1987, S. 19.

[16] Vgl. G. STEINS, Priesterherrschaft oder Volk von Priestern? Zu einem exegetischen Problem in Ex 19,6, in: Biblische Zeitschrift 45 (2001), S. 20-36.

[17] Zwar wird in Lev 8,22f in Ausführung von Ex 29,20f bei der Weihe Aarons und seiner Söhne ein Blutritus sowohl an Aaron und seinen Söhnen als auch am Altar vollzogen, aber die Differenzen zu Ex 24,6-8 dürfen nicht übersehen werden.

[18] So im Anschluss an DOHMEN, Exodus (s. Anm. 14), S. 203-205.

Teilen mit demselben Wort זרק [besprengen]".[19] Allerdings ist wichtig: Die Besprengung des Volkes mit dem Bundesblut erfolgt erst, nachdem Mose das von ihm niedergeschriebene (vgl. Ex 24,4) Bundesbuch vorgelesen und das Volk die Annahme dieser Bundesurkunde als künftige Lebensgrundlage erklärt hat: „Alles, was JHWH geredet hat, wollen wir tun und wollen wir hören." Diese eigenartige Reihenfolge der Verben (1. „tun", 2. „hören") unterstreicht abermals die dynamische Offenheit und Zukunftsgerichtetheit des Lebens Israels in und aus der ihm im Bund gewährten besonderen Gottesnähe. Die Bereitschaftserklärung Ex 24,7

> „geht ... weit über die bloße Annahme der Bundesurkunde hinaus. Mit dem ‚wir wollen tun und wir wollen hören' gibt das Volk zu verstehen, dass es das sein bzw. werden will, was Ex 19,4-6 für das Bundesverhältnis verheißen hat. Die bildreiche Rede in Ex 19,4-6 zielt letztlich darauf ab, dass die ansonsten Priestern eigene – und ihnen vorbehaltene – besondere Nähe zu Gott hin dem ganzen Volk zugesagt wird. Die Antwort aus [47] V 7 bedeutet also: Wir wollen ein heiliges Volk im Sinne der göttlichen Zusage sein, wir wollen in jener besonderen Nähe zu Gott leben. Diesem Gedanken entspricht die symbolträchtige Blutritus, der das Volk Israel – wie den Altar – zum ‚Wahrzeichen der Nähe Gottes' macht".[20]

Diese Dimension des Bundes, der Israel in seinem bundesgemäßen Tun und Hören der Stimme JHWHs zum „Ort" der besonderen Gottesnähe in dieser Welt macht, wird in der in Ex 24,9-11 folgenden Szene von der Gottesschau der Repräsentanten Israels und der Feier der dabei erlebten Gottesnähe auf dem Berg noch gesteigert:

> Dann stiegen Mose und Aaron, Nadab und Abihu und siebzig von den Ältesten Israels hinauf. Und sie sahen den Gott Israels. Unterhalb seiner Füße war ein Gebilde wie aus einer Platte von Lapislazuli und so klar wie der Himmel selbst. Gegen die Edlen der Israeliten streckte er seine Hand nicht aus. Und sie schauten Gott und sie aßen und sie tranken (Ex 24,9-11).

Während Ex 24,6-8 priesterlich-kultische Traditionen verwendet, um die Gottesnähe als die sich im Gottesbund realisierende spezifische Identität Israels zu charakterisieren, greift Ex 24,9-11 Motive der prophetischen Berufungsvisionen auf und überträgt sie auf die Repräsentanten Israels bzw. auf das Volk insgesamt. Der Abschnitt betont das Motiv der auf dem Berg als Folge der Bundesheiligung in der Gottesschau erfahrenen Gottesnähe durch die Notiz, dass JHWH seine Hand nicht gegen die „Gottesvisionäre" ausstreckte. Diese Notiz muss vor dem Hintergrund der Tradition verstanden werden, wonach niemand JHWH sehen könne, ohne zu sterben. Im Horizont des Gottesbundes gilt dies offensichtlich nicht. Im Gegenteil: Die Repräsentanten des Bundesvolks feiern die Zusage *und* die Erfahrung der Gottesnähe mit Essen und Trinken, d.h. mit einem festlichen Mahl, das die im Bund gestiftete Gemeinschaft des Bundesvolks darstellt und feiert.

(g) Die für den Gottesbund konstitutive Selbstbindung des Gottes JHWH, an der er auch festhält, wenn Israel nicht bundesgemäß lebt, wird in der dreiteiligen Großkomposition der Sinaiperikope Ex 19-34 sichtbar, die als Gesamtkonzept gelesen werden muss. Gerade dann wird die tiefe Differenz zu den (altorientalischen) Vertragskonzepten deutlich. Nach dem in Ex 19-24 breit dargestellten Bundesschluss Gottes mit seinem Volk folgt in Ex 32,1-29[21] mit [48] der Erzählung von der Anfertigung und Verehrung des Goldenen Kalbs der „Bundesbruch"

---

[19] B. JACOB, Das Buch Exodus, Stuttgart 1997, S. 749.

[20] DOHMEN, Exodus (s. Anm. 14), S. 205.

[21] Ich schließe mich der von DOHMEN, Exodus (s. Anm. 14), S. 281-378 vorgeschlagenen Kompositionsstruktur von Ex 32-34 an, lese aber die beiden von ihm unterteilten Abschnitte Ex 32,30-34,9 und Ex 34,10-35 wegen ihrer engen geschehensmäßigen und thematischen Zusammenbindung als eine kompositionelle Einheit. Eine sehr gründliche neue Analyse und Interpretation von Ex 32-34 bietet M. KONKEL, Sünde und Vergebung. Eine Rekonstruktion der Redaktionsgeschichte der hinteren Sinaiperikope (Exodus 32-34) vor dem Hintergrund aktueller Pentateuchmodelle (FAT 58), Tübingen 2008.

Israels. Er besteht in der *Abwendung vom Bundesgott* (also in der Übertretung des „Hauptge-
botes" und nicht in einer „moralischen" Einzelverfehlung) und damit im Verlassen jener Gottesbeziehung, die nach Ex 19-24 Israels spezifische Identität und Sendung, „Ort" der Gottesnähe zu sein, ausmacht. In dieser Erzählung verdichtet sich die vor allem in der prophetischen
Anklage immer wieder konstatierte Untreue Israels gegenüber seinem Gott. In Ex 32,15.30.31
wird diese Fremdgötterverehrung als „große Sünde" bezeichnet, was nach Ausweis von Gen
20,9 sowie der altorientalischen Parallelen die Konnotation „Ehebruch" hat (vgl. auch Hos 1-
3). Der „Bundesbruch" wird hier als Verletzung einer festen personalen und sozialen Beziehung gedeutet. In Ex 32,10 konstatiert JHWH, dass er darauf mit der Vernichtung Israels antworten müsste – wenn er, wie der Fortgang der Erzählung zeigt, nicht JHWH, der gnädige,
barmherzige und die Sünde vergebende Bundesgott (vgl. Ex 34,6-9) wäre. Der dritte Teil der
Sinaibunderzählung, Ex 32,30-34,35 ist der Höhepunkt der Sinaibundestheologie. Er hält
gleich zu Beginn fest, dass Israels Verstoß gegen die Bundesverpflichtung eine „große Sünde"
ist (Ex 32,30.31), auf die JHWH mit seinem strafenden, aber Israel nicht vernichtenden Gericht
antwortet (Ex 32,33-35). Erzähldramaturgisch ist die Sündengeschichte von Ex 32 die Voraussetzung dafür, JHWH als einen Bundesgott zu präsentieren, der entschlossen ist, den von ihm
geschenkten Bund trotz bzw. gerade wegen des Bundesbruchs des Volks zu bekräftigen und
zu erneuern, um seine mit Israel inmitten der Völkerwelt begonnene „Bundesgeschichte" weiterführen zu können, wie die in Ex 34,10 von JHWH auf die vorangehende Bitte des Mose um
Vergebung der Sünde des Bundesbruchs gegebene Antwort betont:

> Mose beeilte sich, neigte sich zur Erde und warf sich nieder. Und er sagte: Wenn ich
> Gnade gefunden habe in deinen Augen, mein Herr, so gehe doch, mein Herr, in unserer
> Mitte. Fürwahr, dies ist ein Volk mit steifem Nacken, aber du kannst unsere Schuld und
> unsere Sünde vergeben und uns als dein Eigentum behalten.
> Da sagte er [JHWH]: Siehe, ich bin dabei einen Bund zu schließen. Vor deinem ganzen
> Volk werde ich Wunderwerke tun, wie sie nicht erschaffen worden sind auf der ganzen
> Erde und unter allen Völkern (Ex 34,9-10).

Die Bitte des Mose um Sündenvergebung greift die mit der sog. Gnadenformel in Ex
34,6-7 von JHWH selbst proklamierte Offenbarung seines Namens auf, die die dialektische
Spannung von barmherziger, Sünden vergebender Liebe und strafender, aber nicht vernichtender Gerechtigkeit JHWHs sowie die ungleiche Wirkmächtigkeit dieser beiden „Wesenszüge"
JHWHs betont. Die Bitte des Mose steht durch das Motiv des Volkes mit steifem Nacken in
ausdrücklicher Beziehung zur vorangehenden Erzählung vom Bundesbruch Ex [49]32, wo
JHWH in Ex 32,9 mit der Konstatierung „Ich habe dieses Volk gesehen, siehe: es ist ein Volk
mit steifem Nacken" sogar seinen Entschluss, es zu vertilgen, begründet hatte. Diesem We-
senszuge Israels, den das Volk in Ex 33,4-6 mit dem Ablegen des Schmuckes als Sünde bekannt und bereut hat, stellt Mose das Bekenntnis entgegen, dass JHWH doch Israel die Sünde
vergeben kann, um sich so als jener Bundesgott zu erweisen, als der er sich in Ex 19-24 geoffenbart hat. Das letzte Element der Mosebitte Ex 32,9 erinnert JHWH daran, dass er durch die
Vergebung der Sünde gerade Israels spezifische Identität revitalisieren könne, die er in Ex 19,5
als Folge des Bundes zugesagt hatte, nämlich dass Israel Gottes besonderes Eigentumsvolk
sein solle. Die singuläre Bundes-Ankündigung in Ex 34,10a, die zwar die typisch zweiseitige
Wendung „ich schließe/schneide eine Berit" verwendet, aber keinen „Bundespartner" JHWHs
nennt, hat im Textzusammenhang eine doppelte Funktion: Sie ist zum einen die Antwort Gottes
auf die vorangehende Bitte des Mose und stellt den Zusammenhang zwischen Gottesbund und
Sündenvergebung her. Zum anderen ist sie die Überschrift für den folgenden privilegrechtli-
chen „Gesetzesabschnitt" Ex 34,10b-28, der eine bundesgemäße Lebensordnung für Israels
Leben im Land der Verheißung skizziert. Der Rückbezug von Ex 34 auf Ex 19-24 ist offensichtlich, aber es geht in Ex 34 nicht um einen weiteren, anderen Bund, sondern um den *erneuerten* Sinaibund von Ex 19-24. Obgleich Gott in Ex 34 „sogar zweimal vom Bundesschluss

spricht (V 10.27), wird kein Bundesschlussritual wie in Ex 24 mitgeteilt. Dies deutet darauf hin, dass der ‚Bundesschluss' in Ex 34 keine Alternative zu dem von Ex 24 darstellt, sondern eine bestätigende Erneuerung, die durch die Abwendung des Volkes nötig geworden ist. Im Blick auf die Gesetzeskorpora, die sowohl in Ex 24 als auch in Ex 34 von Mose verschriftet werden sollen, bedeutet es, dass sie miteinander in Beziehung stehen. Wenn die zum ‚Bundesbuch' gewordene große Gottesrede von Ex 20,22-23,33 aufgrund der Vermittlungsbitte des Volkes in Ex 20,19 als ‚vermittelter Dekalog' … erscheint, dann muss man – auf dieser Linie der Fortsetzung der Erzählung in der Sinaitheophanie – die als ‚Privilegrecht' charakterisierte Rede in Ex 34 als ‚Kurzfassung des Bundesbuchs' … lesen".[22]

Das Neue am „Bundesrecht" Ex 34,10-26 gegenüber dem „Bundesbuch" Ex 20,22-23,33 besteht darin, dass es nun als Folge der Sündenvergebung bzw. in direkter Verbindung mit ihr gegeben wird – um das Bundesverhältnis auch in Zukunft am Leben zu erhalten: „Das ‚Gesetz' ist Israel gegeben – als Hilfe, um im Gottesbund, d.h. vor JHWH, leben zu können, trotz und mit aller menschlichen Schwäche. Das Gesetz, das macht Ex 34 ganz klar, ist folglich Evangelium".[23] Die Tora ist nicht Voraussetzung, sondern Gabe des Bundes. Sie ist die [50] Lebensgestalt der Bundesbeziehung und die Einweisung in die alltägliche Gottesnähe. Der in Ex 19-34 erzählte Geschehenszusammenhang macht deutlich: Als Bundesgott tut JHWH alles, um sein Bundesverhältnis mit Israel zu erhalten und zu erneuern, zumal es seinem „Wesen" entspricht, immer wieder „Neues" zu schaffen (vgl. Jes 42,9; 48,6). Das zeigt sich auch in der „Revision" der deuteronomischen Horeb/Moab-Bundestheologie, wenn in Dtn 4 und in Dtn 30 durch das Zusammenwirken von Umkehr Israels und Barmherzigkeit JHWHs – trotz bzw. mitten in der Untreue Israels – der Fortbestand des Bundesverhältnisses zwischen JHWH und Israel bekräftigt und als Zukunft gewährende Verheißung verkündet wird. Im Horizont dieser Bekräftigung bzw. Erneuerung des Sinaibundes als Erweis der Vergebungswilligkeit und der Barmherzigkeit des Bundesgottes muss auch die Verheißung des neuen Bundes in Jer 31,31-34 verstanden werden.

2.2 Der neue Bund nach Jer 31,31-34

Entgegen der vielfach vertretenen Auffassung, der in Jer 31,31-34 *dem Haus Israels* und *dem Haus Juda* von JHWH verheißene „neue" Bund setze das Ende des am Sinai konstituierten Bundesverhältnisses voraus und sei „etwas völlig Neues",[24] muss – nicht zuletzt aufgrund der in Ex 19-34 entfalteten Theologie der Bundeserneuerung – betont werden, dass nach der Aussage von Jer 31,31-34 JHWH durch den hier angekündigten „neuen Bundesschluss" bewirken wird, dass das von ihm mit seinem Volk gewollte Bundesverhältnis und die damit konstituierte Berufung Israels besonderer „Ort" der Gegenwart JHWHs inmitten der Völkerwelt zu sein, ihre endgültige Vollgestalt erhält. Zum tieferen Verständnis von Jer 31,31-34 erscheinen mir folgende Beobachtungen wichtig:

(a) Das Ziel dieses neuen Bundesschlusses ist kein anderes als das des Sinaibundes, wie Jer 31,33 mit dem Zitat der sog. Bundesformel bekräftigt: „Ich werde ihnen Gott sein und sie werden mir Volk sein." Die Bundesbeziehung soll Israel, wie auch im Sinaibundeskonzept breit entfaltet wird, durch ein Leben mit und in der Tora JHWHs verwirklichen.

(b) Zu diesem Leben im Bundesverhältnis will JHWH sein Volk durch ein neues Bundesschlussritual befähigen: „Ich werde meine Tora in ihr Inneres geben und auf ihre Herzen werde ich sie schreiben." Es ist dieselbe Tora, wie die vom Sinai, aber sie wird nun abermals „geschrieben", nicht mehr von einem „Bundesmittler" wie Mose, sondern von JHWH selbst –

---

[22] DOHMEN, Exodus (s. Anm. 14), S. 365.
[23] Ebd.
[24] GROß, Zukunft für Israel (s. Anm. 12), S. 152.

und zwar auf ihr Herz, also auf bzw. in das Organ ihres Erkennens und Wollens. Die Tora wird durch diesen neuen Bundesschluss zum absoluten Lebensprinzip Israels und [51] der einzelnen Israeliten werden, sodass sie sich nicht mehr von JHWH abwenden und den Bund brechen können. Sie brauchen nicht mehr von außen belehrt zu werden, sondern die in ihr Inneres gelegte und auf ihr Herz geschriebene Tora JHWHs (31,33: *„meine* Tora") wird sie erkennen lassen, wer JHWH ist und was er von Israel als seinem Bundesvolk will: *„sie alle* werden mich erkennen von ihrem Kleinsten bis zu ihrem Größten" (31,34). Der „neue Bund" von Jer 31,31-34 wird „kollektiv gedacht und individuell verinnerlicht".[25]

(c) Vom Textzusammenhang her ist klar, warum es diese „neue" Bundessetzung braucht: weil Israel nicht nach der ihm beim Sinaibundesschluss gegebenen Tora gelebt, sondern den Bund immer wieder gebrochen hat und bricht. Das wird JHWH durch die Implantation der Tora in alle Herzen ausschließen. Er will dem Bundesverhältnis und der Tora damit eine „neue" und endgültige Lebenskraft geben. Der Gegensatz, von dem Jer 31,31-34 redet, ist nicht „alter Bund" versus „neuer Bund", sondern „Bund, der gebrochen wird bzw. werden kann" versus „Bund, der nicht mehr gebrochen werden kann".

(d) Die Bereitschaft JHWHs zu diesem tiefgreifenden, die Herzen Israels verwandelnden neuen Bundesschluss entspringt seiner am Sinai geoffenbarten Vergebungswilligkeit: „denn/ja ich werde ihre Schuld vergeben und ihrer Sünde werde ich nicht mehr gedenken" (31,34). Der neue Bundesschluss bewirkt eine Vergebung, die einen Neuanfang ermöglicht und einer Neuschöpfung gleichkommt.

(e) Jer 31,31-34 ist direkte Gottesrede. Gleich viermal steht in dem kurzen Abschnitt die Gottesspruchformel („Spruch JHWHs"). Die Zeitperspektive ist eine unbestimmte Zukunft: „Siehe, Tage sind am Kommen" (31,31) bzw. „nach jenen Tagen". Diese Angaben machen den Text zu einer Verheißung, deren „Erfüllung" noch aussteht. Gerade dies aber unterstreicht, dass die im Sinaibund eröffnete Bundesgeschichte JHWHs mit Israel weitergehen muss, bis sie durch JHWH ihre in Jer 31,31-34 verheißene (eschatologische) Vollendung erhält. Die Verheißung von Jer 31,31-34 suspendiert nicht den Sinaibund, sondern will Israel dazu bewegen, aus und mit dem Sinaibund zu leben. Auch wenn es diesen Bund immer wieder bricht, kann Israel auf die in Ex 34 verkündete „Bundeserneuerung" durch den Sünde vergebenden Bundesgott vertrauen – und auf die in Jer 31 verheißene Vollendung hoffen.

2.3 Abrahambund und „Schöpfungsbund"

Auch der mit der Erwählung Abrahams bewirkte spezifische Anfang der Geschichte JHWHs mit Israel wird bundestheologisch gedeutet. In Gen 15,7-18 [52] wird im Vollzug eines archaischen Bundesschlussrituals, bei dem Gott selbst (mit/in den Theophaniesymbolen Feuer und Rauch) zwischen gegenüberliegenden Tierhälften hindurchgeht, die zuvor in Gen 12,7 gegebene Landverheißung in eine eidlich zugesicherte Landschenkung transformiert: „An jenem Tag schloss JHWH mit Abraham einen Bund, wobei er sprach: Deinen Nachkommen gebe ich dieses Land" (Gen 15,17). Das Land ist hier die explizite und die Nachkommenschaft ist die implizite (vgl. dazu Gen 15,1-6 als Eröffnung der Gesamtkomposition) Bundesgabe.

Dass die Geschichte Israels mit einem Bund Gottes mit Abraham beginnt, wird besonders von der priesterschriftlichen Theologie betont. In Gen 17 ist von zwei Bundessetzungen die Rede, wobei die priesterliche Theologie bekanntlich das Nomen Berit/Bund nicht mit dem Verbum „schneiden/schließen" (*kārat*) verbindet, sondern mit den Verben „geben" (*nātan*) und „aufrichten, hinstellen" (*heqīm*). Dadurch wird nicht nur die Initiative Gottes unterstrichen, sondern der Bund wird als Gabe bzw. Gnade Gottes und als durch Menschen nicht zerstörbar

---

[25] B. JANOWSKI, Art. Bund I. AT, in: A. Berlejung/C. Frevel (Hg.), Handbuch theologischer Grundbegriffe zum Alten und Neuen Testament, Darmstadt 2006, S. 124.

charakterisiert. Deshalb erhält er auch die Näherbestimmung „ewiger Bund" (vgl. Gen 17,7.13). Die erste Bundessetzung „Ich *gebe* meinen Bund ..." (Gen 17,2-6) gilt Abraham allein und hat als Inhalt die Verheißung zahlreicher Nachkommenschaft bzw. der Volkwerdung; dies entspricht der dem Abraham in Gen 15,1-6 gegebenen Verheißung. Die zweite Bundessetzung „Ich *richte* meinen Bund *auf* ..." (Gen 17,7-14) gilt Abraham und seinen Nachkommen nach ihm und hat als Inhalt die Gabe des Landes (dies entspricht der dem Abraham in Gen 15,7-18 gegebenen Zusage) sowie – gleich zweimal betont – das Gottesverhältnis, das mit einem Element der „Sinaibundesformel" formuliert ist: „Ich richte meinen Bund auf zwischen mir und dir und deinen Nachkommen nach dir nach ihren Geschlechtern als einen ewigen Bund, des Inhalts: dir und deinen Nachkommen nach dir Gott zu sein und dir und deinen Nachkommen nach dir das Land deiner Fremdlingsschaft, das ganze Land Kanaan, zu ewigem Besitz zu geben und ihnen Gott zu sein" (Gen 17,7-8). Dass hier nicht von der Tora als Lebensgestalt des Bundes die Rede ist, ist nach der der priesterschriftlichen Theologie vorgegebenen Tradition, wonach die Tora erst am Sinai gegeben wird, nicht weiter verwunderlich und darf nicht als Abwertung der Sinaitora und schon gar nicht als Sinaiberit missverstanden werden.[26] Es darf nicht übersehen werden, dass die P-Erzäh-[53]lung Gen 17 mit der von JHWH an Abraham gerichteten Aufforderung beginnt: „Wandle vor meinem Angesicht und sei vollkommen!" Noch bedeutsamer ist, dass die Bundessetzung zur Aufforderung an Abraham und seine Nachkommen führt: „Du sollst meinen Bund bewahren/halten, du und deine Nachkommen nach dir nach deinen Geschlechtern. Dies ist mein Bund ... Es soll sich bei euch beschneiden lassen alles, was männlich ist ... Das soll geschehen zum Zeichen des Bundes zwischen mir und euch" (Gen 17,9-11). Die Beschneidung konstituiert nicht das Bundesverhältnis, aber sie signalisiert seine Annahme und die Teilhabe an ihm. Auch in der priesterschriftlichen Theologie ist der Bund eine geschichtstheologische Kategorie. Dies zeigt sich sowohl am Beginn der Exoduserzählung, wenn das Gedenken an den Bund mit Abraham, Isaak und Jakob JHWH dazu bewegt, die Kinder Israels aus der Sklaverei herauszuführen und sie in das im Bund verheißene Land zu bringen (vgl. Ex 2,24; 6,2-8). In Ex 6,7 wird von der priesterschriftlichen Theologie auch die „Sinaibundesformel" mit ihren beiden Elementen zitiert: „Und ich werde euch mir zum Volk nehmen und ich werde euch Gott sein/werden". Die Erfüllung dieser Bundesverheißung wird dann in der priesterschriftlichen Sinaidarstellung mit dem Bau des Heiligtums, bei dem JHWH „mitten unter dem Volk wohnen will" verwirklicht, wie JHWH dem Mose im Kontext der Beauftragung zum Bau des Heiligtums ankündigt:

---

[26] Das ist beispielsweise die Position von GROß, Zukunft für Israel (s. Anm. 12), S. 46f.: „P schreibt nach der Katastrophe von 586 und deren Deutung als Folge des *Berit*-Bruchs Israels durch die dtn-dtr Autoren. Als Theologe ewiger göttlicher Setzungen kann er eine *Berit* nicht akzeptieren, die durch ihrem Bestand unverzichtbare kollektive menschliche Partner brechen kann bzw. gebrochen hat. Israel konnte die Sinai-*Berit* brechen und hat sie gebrochen, weil sie an die Bedingung menschlichen Gehorsams geknüpft wurde. Auch den darin beschlossenen Aspekt der Gegenseitigkeit zwischen Gott und Mensch anerkennt P nicht. Die Sinai-*Berit* ist für P von ihrer Struktur her unheilbar falsch. Deswegen wagt er es, zwar *Berit*-Theologie zu treiben, aber dennoch die ursprüngliche und fundamentale Sinai-*Berit* zu streichen." Diese Position hat mehrere Voraussetzungen und Implikationen, die problematisch seien: (1) Der „Bruch" des Bundes durch Israel bewirkt keine Zerstörung des Bundes, sondern löst das Gericht Gottes als Strafe aus. (2) Die Sinai-Berit nimmt das Volk in die Pflicht, aber JHWH macht davon nicht seine „Selbstbindung" abhängig. (3) Das „Wohnen JHWHs" mitten in seinem Volk, um Israels Gott zu sein, ist eine Sinaibund-Vorstellung. (4) Die Diskussion über das Bundeskonzept von P hängt stark von der Frage ab, ob P ein eigenständiges Werk ist und ob es als solches gar ein Gegenentwurf zum nichtpriesterlichen Geschichtswerk ist – oder ob es eine „Leseanweisung" für die nichtpriesterlichen Texte oder gar „nur" als deren Bearbeitung lesbar ist. (5) Zumindest im Horizont von Lev 16 zeigt die priesterliche (freilich nicht P[G]) Überlieferung, dass sie einerseits um die kollektive Sünde der Störung des Gottesverhältnisses weiß und dass sie andererseits um den gottgegebenen (rituellen) Weg der Erneuerung dieses Gottesverhältnisses weiß.

„Das Zelt der Begegnung und den Altar werde ich heiligen […] Ich werde mitten unter den Kindern Israels wohnen und werde ihnen Gott sein, so dass sie erkennen werden, dass ich, JHWH, ihr Gott bin, der ich sie aus dem Land Ägypten herausgeführt habe, um in ihrer Mitte zu wohnen, ich, JHWH, ihr Gott" (Ex 29,44-46).

Wenn in der priesterlichen Sinaierzählung der Begriff „Bund" nicht steht (er begegnet immerhin in Ex 31,12-17, wo der Sabbat als Zeichen des Bundes präsentiert wird), hat dies nichts mit einer Abwertung des „Sinaibundes" zu tun, wie er in den nichtpriesterlichen Texten von Ex 19-34 (s.o.) entfaltet wird. Auch in der Sicht der priesterlichen Theologie ist für Israels Identität die „klassische" Bundesformel und die damit konkretisierte Erwählung Israels, Ort der besonderen [54] Gottesnähe, ja Gottesgegenwart zu sein, gültig. Das ist auch nach P das Ziel der mit Abraham begonnenen Geschichte JHWHs mit seinem Volk: das fortwährende Wohnen Gottes *mitten in Israel* – bis zum Ende der Weltzeit, wie die Wortverbindung „ewiger Bund" ausdrücklich betont.

Durch die Kategorie „Bund" wird in der priesterlichen Theologie die Geschichte Israels sogar explizit mit der Geschichte der Welt als einer Schöpfung Gottes in Verbindung gebracht, insofern die Sintfluterzählung im Bund Gottes mit Noach, ja sogar mit allen Lebewesen, also mit dem Leben überhaupt, kulminiert (Gen 6,18; 9,8-17). Dieser „Schöpfungsbund", der den Inhalt hat, dass Gott die Welt, die er erschaffen hat, nicht vernichten, sondern im Heil vollenden wird, ist eine Voraus-Setzung des „Israel-Bundes". Und umgekehrt gilt: Der Israel-Bund „sichert" den Schöpfungsbund. Beide Bünde bzw. Bundesverhältnisse stehen nicht unverbunden nebeneinander, sondern sind Setzungen ein- und desselben Gottes – zur Rettung Israels und der Völkerwelt.

2.4 Der Davidbund

Neben den Bundesschlüssen mit Israel als dem Volk Gottes sowie mit Abraham und seinen Nachkommen gibt es in der Bibel Israels den Bundesschluss/Bund Gottes mit David. Auch dieses Bundeskonzept entwirft eine geschichtstheologische Perspektivierung, insofern es dem David bzw. seiner Dynastie eine von Gott gegebene „ewige" Verheißung verkündet.

Ich habe David gefunden als meinen Knecht,
ihn gesalbt mit dem Öl meiner Heiligung …
Auf ewig werde ich ihm meine Liebe bewahren,
mein Bund hat für ihn Bestand …
Wenn seine Söhne meine Tora verlassen
und nicht gehen nach meinen Rechtsentscheiden, …
werde ich ihre Untreue ahnden mit dem Stock
und ihre Schuld mit Schlägen.
Doch meine Liebe werde ich ihnen nicht entziehen
und meine Treue werde ich nicht brechen.
Ich werde meinen Bund nicht entweihen,
den Spruch meiner Lippen werde ich nicht ändern (Ps 89,21.29.31.33-35)

Der Davidbund hat den Fortbestand des davidischen Königtums zum Inhalt und begründet in der Bibel Israels einerseits die Hoffnung auf das Wiederaufleben des davidischen Königtums – sogar aus dem abgehauenen Baumstumpf (vgl. besonders Jes 11,1-9). Zugleich sollen die königlichen „Nutznießer" des Davidbunds, wie Ps 89,31 betont, den Sinaibund vorbildhaft leben, um „gute" [55] Könige zu sein.[27] Andererseits wird mit der Kategorie Davidbund

---

[27] Zum Verständnis der auf den ersten Blick überraschenden Aussage von Ps 89,40, JHWH habe den Davidbund beendet, vgl. zuletzt: Johannes SCHNOCKS, „Verworfen hast du den Bund mit deinem Knecht" (Ps 89,40). Die Diskussion um den Bund in Ps 89 und dem vierten Psalmenbuch, in: C. Dohmen/C. Frevel, Für immer verbündet (s. Anm. 12), S. 195-210.

in Jes 55,3 die Rettung Israels im und aus dem Exil als Erweis der Bundestreue JHWHs gefeiert: „Ich schließe mit euch einen *ewigen* Bund: die Treueerweise aus David sind beständig" (Jes 55,3).

3. Reflexionen über den biblischen Befund im Anschluss an Herbert Vorgrimler

Ein Hauptproblem, den skizzierten biblischen Befund für die aktuelle Diskussion über das christlich-jüdische Verhältnis fruchtbar zu machen,[28] besteht darin, dass die biblischen Texte, auch die neutestamentlichen Texte, Judentum und Christentum als zwei eigenständige und gleichwohl miteinander in Beziehung stehende Glaubens- und Lebensgemeinschaften („Religionen") noch nicht kennen. Deshalb ist z.b. auch das in der Bibel Israels bzw. im Ersten Testament vorhandene Denkmodell „Israel – Völkerwelt" (bzw. Israel – Heidenvölker) nicht einfach auf das Verhältnis Judentum – Christentum übertragbar, weil die Christen – auch in der Perspektive der Bibel Israels – nicht „Heidenvölker" sind, sondern jene Menschen aus der Völkerwelt, die den Gott Israels, der der Schöpfer von Himmel und Erde und der Weltenkönig ist, anbeten und in seiner Gerechtigkeitsordnung leben wollen. Als Christen tun sie dies dezidiert in der Nachfolge des Juden Jesus von Nazaret, der für sie zugleich „Sohn Gottes" ist. Aber auch das Judentum ist nicht einfach identisch mit dem Israel seiner Bibel, sondern „definiert" sich mindestens ebenso stark von seiner „mündlichen Tora", der Mischna und der Lehre der Rabbinen, her. Trotzdem muss festgehalten werden: Beide „Religionen" haben in der Bibel Israels ein gemeinsames Fundament, das sie – ob sie es wollen oder nicht – miteinander verbindet und das zur Klärung ihres gegenseitigen Verhältnisses beitragen kann. Ich will dies im Folgenden versuchen und greife dabei Überlegungen von Herbert Vorgrimler auf.

3.1 Der grundlegende Gottesbund mit Israel

[56] Zu Recht betont Herbert Vorgrimler: „Was im Ersten Testament in Gestalt mehrerer Bundesschlüsse vor Augen tritt, meint m.E. in Wahrheit immer ein und denselben liebenden und vergebenden Bundeswillen Gottes. Dieser Bundeswille Gottes ist vom Wesen Gottes her unaufhebbar und unkündbar".[29] Diese These ergibt sich zweifellos aus unseren vorangehenden Beobachtungen.

Zunächst ist festzuhalten: Zwar redet die Bibel von einer Berit mit Abraham und seinen Nachkommen, von einer Berit mit dem Volk Israel und mit Mose, von einer Berit mit David, von einer neuen Berit mit dem Haus Israel und mit dem Haus Juda. Aber das sind nicht mehrere „Bünde", sondern es handelt sich um einen einzigen Bund Gottes mit Volk Israel.[30] Die einzelnen Bundesschlüsse konstituieren die Bundesgeschichte des Gottes JHWH mit Volk Israel, das eine Sonderbeziehung mit diesem seinem Gott hat, der zugleich als Schöpfer von Himmel und Erde der Gott der ganzen Welt und als Gestalter der Menschheitsgeschichte auch der König aller Völker ist, zu denen er aber kein „Bundesverhältnis" wie zu seinem Bundesvolk Israel hat. Die Exklusivität und Partikularität des Bundes als eines Spezifikums Israels zeigt sich sowohl in der sog. Bundesformel, wonach JHWH sich an „seinem Volk Israel" als „Gott für Israel" erweisen will, als auch in den spezifischen Bundesgaben „des Landes Kanaan", der fortwährenden leiblichen Nachkommenschaft Abrahams bzw. Jakobs und der Tora

---

[28] Eine detaillierte Präsentation und kritische Hinterfragung der unterschiedlichen Versuche, das Verhältnis von Christen und Juden bzw. Kirche und Israel mit der biblischen Kategorie „Bund" zu bestimmen, bietet R. AHLERS, Der „Bund Gottes" und der Menschen. Zum Verhältnis von Christen und Juden (Theologische Texte und Studien 11), Hildesheim-Zürich-New York 2004, S. 114-167.

[29] H. VORGRIMLER, Der ungekündigte Bund. Systematische Aspekte, in: ders., Wegsuche, Bd. I (s. Anm. 3), S. 550.

[30] Vgl. dazu LOHFINK, Ein Bund oder zwei Bünde (s. Anm. 12), S. 279-285.

als Lebensgestalt des Bundes. Ebenso bezieht sich der in Jer 31,31-34 verheißene „neue Bund" auf das Haus Israel und das Haus Juda, also auf das dann als Einheit wiederhergestellte Gottesvolk. Auch die prophetische Zeichenhandlung des Ezechiel mit Blick auf die Wiederherstellung der Einheit des Gottesvolks und die darauf folgende Deutung kulminiert in einer Bundesverheißung, die als Bundesgaben bzw. Bundesinhalt die bekannten israelspezifischen Inhalte nennt und am Schluss die Reaktion der Völker explizit abhebt:

> Ich werde mit ihnen einen Friedensbund schließen, es wird ein ewiger Bund mit ihnen sein. Und dazu mache ich sie: Ich mache sie zahlreich. Und ich gebe mein Heiligtum in ihre Mitte auf ewig. Und meine Gegenwart wird über ihnen sein. Ich werde ihnen Gott sein und sie werden mir Volk sein. Und die Völker werden erkennen, dass ich JHWH bin, der Israel heiligt, dadurch dass mein Heiligtum in ihrer Mitte ist auf ewig (Ez 37,26-28).

3.2 Ein ewiger Gottesbund

[57] Das Bundesverhältnis ist als die Israel geschenkte besondere Beziehung zu Gott als „seinem Gott" Ausdruck der Liebe und Treue Gottes zu Israel, die dieser Gott um seiner eigenen Identität willen nicht aufkündigt, auch wenn Israel nicht bundesgemäß lebt. Der Bundesbruch Israels hebt den Bund als Selbstbindung JHWHs an Israel auch deshalb nicht auf, weil JHWH von seinem tiefsten Wesen her ein Gott der Vergebung ist (vgl. auch Ps 130,4), der Umkehr fordert und ermöglicht und die verletzte Lebenskraft des Bundes immer wieder erneuert, wie die Großkomposition von Ex 19-34 zeigt. Mit Blick auf das (nachbiblische) Judentum sagt H. Vorgrimler deshalb zu Recht: „Der Vorgang der Vergebung hat nicht nur eine individuelle Innenseite, bei der ein einzelner Mensch in der Einsamkeit seines Herzens seine Gottesbeziehung realisiert und erneuert. Er hat auch eine kollektive Seite, einen Gemeinschaftsaspekt. So erneuert Israel seinen ungekündigten Bund mit Gott in vorzüglicher Weise an jedem Yom Kippur zu einem neuen und ewigen Bund".[31] Gerade der in den „Bundestexten" der Bibel Israels sich immer wieder aussprechende „Bundeswille" Gottes unterstreicht eine Zukunftsperspektive, die als göttliche Verheißung die Zusage gibt, dass JHWH „seine" Bundesgeschichte mit Israel vollenden will. Deshalb wird das Wort Berit, vor allem angesichts und trotz des immer wieder beklagten Bundesbruchs Israels, mit der Charakterisierung „ewiger Bund" gekennzeichnet. Das ist bekanntlich auch die Auffassung des Paulus im Römerbrief, wo es unmissverständlich heißt: „Sie sind Israeliten; ihnen gehören die Sohnschaft, die Herrlichkeit, die Bundesschlüsse; ihnen ist die Tora gegeben, der Gottesdienst und die Verheißungen; ihnen gehören die Väter ... Von ihrer Erwählung her sind sie von Gott geliebt um der Väter willen. Unwiderruflich sind die Gnadengaben und die Berufung Gottes" (Röm 9,4-5; 11,28-29).

Auch der Hebräerbrief vertritt nicht die Auffassung, der Bund Gottes mit Israel sei aufgehoben, wie vielfach noch immer gesagt wird – und wie die Kirche diesen Brief unter dem Einfluss einer massiv judenfeindlichen „Eisegese" durch den Barnabasbrief und durch Justin den Märtyrer jahrhundertelang verstanden hat. Neuere Studien zum Hebräerbrief haben überzeugend herausgearbeitet, dass es hier nicht um den grundlegenden Gottesbund selbst und um das Bundesverhältnis Gottes zu den Juden geht, sondern um die als Bundesgabe zugesagte Sündenvergebung – durch den „alten" Tempelkult bzw. durch Jesus Christus. In der Tat galt Hebr 8,13 bis in die Mitte des 20. Jahrhunderts als Schriftbeweis für die Lehre von der Substitution des „alten" Bundes Gottes mit Israel durch den „neuen" Bund Gottes mit der Kirche. In Hebr 8,8b-12 [58] wird die bekannte Passage Jer 31,31-34 über die Verheißung des neuen Bundes wörtlich zitiert. Zugleich wird das Jeremia-Zitat mit einem deutenden Rahmen umgeben, der nicht nur massiv israelkritisch ist, sondern das theologische Ende des Judentums zu

---

[31] Vorgrimler, Der ungekündigte Bund (s. Anm. 29), S. 550.

verkünden scheint. *Vor* dem Jeremia-Zitat steht in 8,6-8a eine komparativische Aussage über Christus als Mittler eines „besseren Bundes":

> „Jetzt aber ist ihm (d.h. Christus) ein um so erhabenerer Priesterdienst übertragen worden, weil er auch Mittler eines *besseren Bundes* ist, der auf bessere Verheißungen gegründet ist. Wäre nämlich jener *erste Bund* ohne Tadel, so würde man nicht einen *zweiten* an seine Stelle zu setzen suchen. Denn er (d.h. der Prophet Jeremia) tadelt sie (d.h. die Israeliten) wenn er sagt: (nun folgt Jer 31,31-34)."

Und *nach* dem Zitat heißt es dann:

> „Indem er (d.h. der Prophet Jeremia) von einem *neuen Bund* spricht, hat er den *ersten* für veraltet erklärt. Was aber veraltet und überlebt ist, das ist dem Untergang nahe" (8,13).

Entgegen dem früher verbreiteten Verständnis von Hebr 8 geht es bei der Antithetik „erster Bund" (πρώτη διαθήκη) und „neuer Bund" (καινὴ διαθήκη) nicht um einen heilsgeschichtlichen Gegensatz zwischen der vorchristlichen Heilsepoche und der mit Christus eröffneten neuen Heilsepoche und es geht schon gar nicht um eine Entgegensetzung von einem als veraltet erklärten Judentum und einem demgegenüber besseren Christentum. Im Horizont der für den Hebräerbrief spezifischen Christologie geht es vielmehr um den Gegensatz zwischen der an das Tempelritual gebundenen Sündenvergebung und der durch Christus ein für allemal gewirkten Versöhnung aller Menschen mit Gott. Der Hebräerbrief greift die aus der Sinaibundestheologie entwickelte kultische Sühne, insbesondere am Großen Versöhnungstag (vgl. Lev 16), auf und beurteilt sie als ein irdisch-menschliches „Sühnestreben, das am Kreuz von Gott her ein für allemal eingeholt worden ist und sich deshalb als heilsgeschichtlich veraltet erweist. Das – in der Auslegung immer wieder behauptete – Motiv des Bundesbruchs Israels oder der Verwerfung des alten Bundesvolkes macht sich der Verfasser dagegen an keiner Stelle zu eigen. Nicht um theologische Polemik gegen das Jüdische geht es dem Hebräerbrief, sondern um ontologische Relativierung des Irdischen. Der Gegenbegriff zum neuen Bund ist daher nicht ‚alter Bund' im heilsgeschichtlichen, sondern ‚irdischer Kult' im metaphysischen Sinne".[32] Dabei ist wichtig: Der im letzten Drittel des 1. Jh.s (nach der Tempelzerstörung) verfasste Hebräerbrief, der als einzige neutestamentliche [59] Schrift eine systematische „Bundestheologie" entwirft, greift das in Jer 31 vorgegebene Konzept des „neuen Bundes" zur Vergebung der Sünden auf, um das Selbstverständnis seiner, wie die (vermutlich erst später hinzugefügte) Briefüberschrift „An die Hebräer" nahelegt, *judenchristlichen* Gemeinde im Horizont der Bibel Israels systematisch zu formulieren. Er bietet „seinen Lesern das Konzept eines ‚neuen Bundes' an, um den eigenen Heilsstatus, die eigene heilsgeschichtliche Legitimität des Christentums theologisch zu definieren."[33] Diese christliche Identität wird im Hebräerbrief nicht gegen das übrige zeitgenössische Judentum abgegrenzt. Im Gegenteil: Die christliche Gemeinde, an die sich der Brief richtet, wird vielmehr in Kontinuität mit Israels Heilsgeschichte gesetzt. Der Begriff „neuer Bund" ist im Hebräerbrief kein ekklesiologischer, sondern ein soteriologischer Begriff; mit ihm wird weder die Bibel Israels als veraltet abgewiesen noch das jüdische Volk aus dem Bundesverhältnis ausgeschlossen. Vielmehr geht es darum, dass diese christliche Gemeinde positiv als Ort der Erfüllung der Verheißung von Jer 31,31-34 proklamiert wird. Hebr 8,8-13 blendet bei der „Auslegung" von Jer 31,31-34 die eigentliche Bundestheologie, also das Bundesverhältnis „Gott Israels – Volk Gottes", aus und konzentriert sich auf die in Jer 31,34 als Fundament bzw. als Folge genannte Vergebung der Sünden. Bei dem hier konstatierten Gegensatz geht es nicht um den Gegensatz zwischen Judentum und Christentum, sondern um den

---

[32] K. BACKHAUS, Gottes nicht bereuter Bund, Alter und Neuer Bund in der Sicht des Frühchristentums, in: R. Kampling/T. Söding (Hg.), Ekklesiologie des Neuen Testaments (FS K. Kertelge), Freiburg 1996, S. 44.
[33] BACKHAUS, Gottes nicht bereuter Bund (s. Anm. 32), S. 45.

Gegensatz zwischen „Sündenvergebung vermittelt durch kultische Sühne" und „Sündenvergebung vermittelt durch Jesus Christus". Aber auch die durch Jesus Christus vermittelte Sündenvergebung wird als Gabe des Gottes Israels verstanden.

3.3 Die neue Bundessetzung des Gottes Israels in Jesus dem Christus

Im Neuen Testament insgesamt ist „Bund" keine zentrale Kategorie. Immerhin ist in den Abendmahlstexten beim Becherwort in allen vier Belegen (Mk 14,24 par Mt 26,28 bzw. Lk 22,20 par 1 Kor 11,25), in Anspielung auf Ex 24,3-8 und auf Jer 31,31-34, vom „Bund" bzw. vom „Blut des Bundes" die Rede. Jenseits der Diskussion, wie diese Belege mit dem historischen Jesus in Verbindung zu bringen sind und welche der beiden Traditionen die ältere ist, genügt für unseren Zusammenhang die Feststellung: Hier wird der Tod Jesu als weitere Bundessetzung des Gottes Israels und als von ihm gewirkte Vergebung der Sünden „der Vielen", d.h. (auch) der Völkerwelt, gedeutet. Es wird nicht gesagt, dass „die Vielen" damit in den Bund Gottes *mit Israel* hineingenommen würden. Da sind weder die für den Bund Gottes mit Israel konstitutiven Heilsga-[60]ben „Land" und „Nachkommenschaft" im Blick noch die exklusive Beziehung „JHWH als Gott *Israels*" und „Israel als Volk JHWHs". Aus der ersttestamentlichen Bundestheologie wird das Thema „Vergebung der Sünden" als Rettung aus dem Tode aufgenommen, um damit einerseits das Heilshandeln Gottes in und durch Jesus den Christus in einen Zusammenhang mit der Bundesgeschichte Israels zu bringen und um damit andererseits die eschatologische, d.h. Gott allein vorbehaltene, Vollendung dieses Handelns zu unterstreichen, nämlich die *universale* Königsherrschaft Gottes. Um *sowohl* das Proprium des Judentums *als auch* das Proprium des Christentums festzuhalten, empfiehlt es sich nicht, wie u.a. auch ich selbst früher vorgeschlagen habe, davon zu reden, dass durch Jesus Christus der Bund Gottes mit Israel einfach auf die Völkerwelt „ausgeweitet" worden sei – gar zu Lasten Israels. Stattdessen kann man mit Herbert Vorgrimler sagen: Es empfiehlt sich,

> „den allgemeinen Heilswillen Gottes und seine geschichtliche Bundesoffenbarung zu unterscheiden und im Bewusstsein der vielfältigen biblischen Aspekte beim Thema ‚Bund' doch nur von *einem* Bund zu sprechen. Eine begründbare Bezugnahme der Christen auf den Bund Gottes mit Israel muss nicht auf das überlieferte Abendmahlswort vom neuen (oder neuen und ewigen) Bund zurückgehen und braucht sich schon gar nicht auf es zu beschränken. Durch den Juden Jesus von Nazaret sind die Jesusanhänger unaufgebbar auf die von ihm radikalisierten Bundesweisungen der Tora verpflichtet. Sie beten die Psalmen Israels und nützen Strukturelemente der jüdischen Liturgie. So hat das Christentum seine Wurzeln im Sinaibund; Israel und die Kirche haben den gemeinsamen Bundesgott ... Die verbindenden Elemente der Bundestradition: der Bundesgott, der Jude Jesus, die Bundesweisungen und die Liturgie (also der engste und unlösbare Zusammenhang mit der ‚Wurzel' Israel) genügen m.E. nicht für eine volle Bundeszugehörigkeit der Christen ... Es gibt in der Geschichte Gottes mit der Menschheit nur einen Bund, den mit Israel unkündbar geschlossenen, aber unterschiedliche Heilswege, die auf unterschiedliche Weise mit dem einen Bund verknüpft oder auch von ihm unabhängig sind."[34]

Das erneute Bundeshandeln Gottes in Jesus dem Christus ersetzt nicht den Israelbund, sondern bekräftigt ihn und eröffnet die Heilsgeschichte Gottes mit allen Völkern erneut und endgültig – als Erweis der universalen Liebe und Treue des Gottes Israels. Ob man dann von einem einzigen Gottesbund oder von zwei Gestalten des Gottesbundes reden soll, hängt davon ab, ob man stärker die Unterschiede zwischen dem Bundesvolk Israel und der Kirche oder die Gemeinsamkeiten betonen will. Auf jeden Fall bejaht und vollzieht die Kirche in der Feier der Eucharistie, wie vor allem die Rezitation des Becherwortes zeigt, ihre tiefe Verwurzelung in

---

[34] Vorgrimler, Der ungekündigte Bund (s. Anm. 29), S. 550.

der Bundesgeschichte Gottes mit Israel und ihre bleibende [61] Verbundenheit mit dem jüdischen Volk als Träger seines ungekündigten Gottesbundes. Zugleich hofft die Kirche dabei auf die Vollendung der Bundesgeschichte Israels und des in Jesus dem Christus offenbar gewordenen universalen Erlösungshandelns Gottes.

Judentum und Christentum sind zwei unterschiedliche, aber miteinander eng verbundene Lebens- und Glaubensweisen, durch die der Juden und Christen gemeinsame Gott die Heilung und das Heil der Welt als seiner Schöpfung (vgl. den „Schöpfungsbund") wirken will. Nicht zuletzt dadurch, dass Juden und Christen in respektvoller und guter Nachbarschaft sich vom Gott der Gerechtigkeit und der Liebe in Dienst nehmen und leiten lassen, wie unterschiedliche Geschwister einer einzigen Familie. Soweit es auf uns Christen ankommt, sollen wir dies in der Nachfolge Jesu tun – in der vom Gott Israels geforderten und ermöglichten täglichen Umkehr (*teschuva/metánoia*), aber noch mehr im Vertrauen auf die Bundestreue Gottes.

Hermeneutische Überlegungen (AT-NT)

Zum Versuch einer neuen jüdisch-christlichen Bibelhermeneutik. Kleine Antwort auf Horst Seebass[*]

[273] Christliche Theolog(inn)en, die sich um eine Erneuerung des christlich-jüdischen Verhältnisses und insbesondere um eine „Theologie nach Auschwitz" mühen, haben es in vielfacher Hinsicht nicht leicht. Sie stehen, zumal in Deutschland, christlicherseits schnell unter dem Vorwurf, den 13 Professoren und Professorinnen der Göttinger Ev.-Theol. Fakultät 1992 in einer Erklärung [274] unter der Überschrift „Christliches Zeugnis gegenüber Juden" so formuliert haben: „Die deutsche Schuld an der Judenvernichtung wird nicht dadurch gemindert, daß Christen die Botschaft des Neuen Testaments verändern und verschweigen." Noch schärfer war die Kritik, die 13 Professoren der Ev.-Theol. Fak. Bonn an der von der Rheinischen Synode 1980 verabschiedeten Erklärung und [275] Handreichung zur Erneuerung des Verhältnisses von Christen und Juden übten:

> „Das Bekenntnis zu Schuld oder Mitschuld an der mörderischen Judenverfolgung und das Entsetzen über das Geschehen sollten den Blick für klare theologische Erkenntnisse und Distinktionen nicht verwirren, wie es in der Handreichung geschieht."

Aber auch jüdischerseits melden sich zunehmend Bedenken und Kritik zu Wort, und zwar in doppelter Weise: Zum einen wird der Vorwurf erhoben, hier werde das Judentum abermals und neu für christliche Theologie und christliche Schuldbewältigung instrumentalisiert. Und zum anderen wird darauf insistiert, Judentum und Christentum seien zwei verschiedene Religionen, die zwar gemeinsame biblische „Wurzeln" hätten; doch käme es gerade im Interesse des Judentums daran an, die jeweilige Eigenständigkeit zu respektieren.

Um vor diesem Horizont meine jüdisch-christlich engagierten Publikationen vor Mißverständnissen zu schützen, möchte ich angesichts mehrerer „Zwischentöne" in der voranstehenden Rezension von H. Seebass einige kurze Klarstellungen formulieren:

1. Theologie ist Glaubensreflexion unter den „Zeichen der Zeit", die es im Licht des Glaubens wahrzunehmen und in der Kraft der Gnade Gottes zu bearbeiten gilt. Ein solches „Zeichen der Zeit" ist für mich (wie für viele andere) „Auschwitz" als „die Signatur eines epochalen Einschnitts: Christliche Theologie, die mehr und anderes ist als situations- und gedächtnislose Heilslehre, ist fortan ‚Theologie nach Auschwitz'"(J. B. Metz). Eine Exegese des sog. Alten Testaments, die nicht nur historisch-deskriptiv, sondern kirchlich-theologisch sein will, muß als „Bibelhermeneutik nach Auschwitz" bedenken, daß Juden in und über Auschwitz hinaus ihre jüdische Identität nicht zuletzt in der Treue zu ihren „Buch", das auch der erste Teil der christlichen Bibel ist, bewahrt haben.

2. „Ohne den Aufbau einer ‚Theologie nach Auschwitz' gibt es keinen wirklichen Abbau des christlichen Antijudaismus" (F. Mußner). Gerade die „kritische" alttestamentliche Bibelwissenschaft hat, geleitet von unreflektierten pseudo-christlich inspirierten Klischees, bei der Auslegung alttestamentlicher Bücher zahlreiche Antijudaismen hervorgebracht oder hervorgerufen. Deshalb brauchen wir auf diesem Feld eine neue Sensibilität.

3. Theologisch engagierte Kommentierung des Alten Testaments im Versuch, die bleibende Bindung der Kirche an das Judentum mit einzubeziehen, ist zumindest nach katholischem Verständnis seit der Erklärung *Nostra Aetate* des Vatikanum II von 1965 gut kirchlich.

---

[*] Anm. d. Hg: H. SEEBASS hatte in dem Artikel *Hat das Alte Testament als Teil der christlichen Bibel für christliche Theologie und Kirchen grundlegende Bedeutung?*, in: ThRv 90/1994, 265-274 u.a. Zengers Monographie „Am Fuss des Sinai" rezensiert.

Johannes Paul II. hat 1985 die Bedeutung dieser Erklärung in einer Rede am 20. Jahrestag ihrer Promulgation folgendermaßen bewertet:

> „Die katholische Kirche ist immer bereit, mit Hilfe der Gnade Gottes alles in ihren Haltungen und Ausdrucksmöglichkeiten zu revidieren und zu erneuern, von dem sich herausstellt, daß es zuwenig ihrer Identität entspricht, die sich auf das Wort Gottes gründet, auf das Alte und Neue Testament, wie es in der Kirche gelesen wird. Sie tut das nicht aus einer Zweckmäßigkeit noch um irgendeinen praktischen Vorteil zu gewinnen, sondern aus einem tiefen Bewusstsein von ihrem eigenen ‚Geheimnis‘ und aus einer erneuerten Bereitschaft, dieses Geheimnis in die Tat umzusetzen. Die Konzilserklärung sagt mit großer Exaktheit, daß sie, die Kirche, bei ihrer Besinnung auf dieses ‚Geheimnis‘ des ‚Bandes gedenkt‘, durch das sie ‚mit dem Stamm Abrahams geistlich verbunden ist‘. Dieses ‚Band‘, das die Erklärung weiter anschaulich erläutert, ist das eigentliche Fundament unserer Beziehung zum jüdischen Volk. Eine Beziehung, die man wohl als eine tatsächliche ‚Abstammung‘ bezeichnen könnte und die wir nur zu dieser Religionsgemeinschaft haben, trotz unserer vielfältigen Kontakte und Beziehungen zu anderen Religionen, besonders zum Islam, die von der Erklärung in eigenen Abschnitten behandelt werden. Dieses ‚Band‘ muss als ein ‚geheiligtes‘ Band bezeichnet werden, da es vom geheimnisvollen Willen Gottes herstammt.“

4. Als bibelwissenschaftliche Konsequenz aus der Bejahung dieses „geheiligten Bandes“, durch das die „jüdische Religion … für uns nicht etwas ‚Äußerliches‘ ist, sondern in gewisser Weise zum ‚Inneren‘ unserer Religion gehört“ (Johannes Paul II. 1986 in der Großen Synagoge Roms), ergibt sich für mich eine stärkere Berücksichtigung des *jüdischen* Umgangs mit den Texten des Alten Testaments. Daß ich in meinem Büchlein „Am Fuß des Sinai“ deshalb so stark das Gespräch mit dem Judentum gesucht habe „ohne den Vergleich mit dem Christentum zu suchen“ und daß „am Ende, als Nachwort, zwei jüdische Geschichten stehen, aber keinesfalls ein zu Herzen gehendes Wort des Neuen Testaments“ (H. Seebass), kann eigentlich nur einem Leser „den Appetit verderben“ (H. Seebass), der dieses besondere Anliegen nicht akzeptiert. Ich halte es da [276] mit dem Wort Dietrich Bonhoeffers, das er am 2. Advent 1943 in seiner Zelle niederschrieb (wohlwissend, daß er selbst, in einer anderen Zeit und in einem anderen Kontext, das Alte Testament sehr stark christologisch gelesen hat):

> „Ich spüre übrigens immer wieder, wie alttestamentlich ich denke und empfinde; so habe ich in den vergangenen Monaten auch viel mehr Altes Testament als Neues Testament gelesen … Wer zu schnell und zu direkt neutestamentlich sein und empfinden will, ist m. E. kein Christ.“

Um es klar zu sagen: „Ich schäme mich des Evangeliums Jesu Christi nicht“ (Röm 1,16), aber ich sehe das Defizit christlicher Exegese des Alten Testaments, so sie (leider viel zu selten) theologisch sein wollte, nicht primär darin, daß sie die alttestamentlichen Texte zu wenig mit dem Neuen Testament in Verbindung brachte (typologisch, offenbarungsevolutionistisch, christologisch u. a.), sondern daß sie dabei die jüdischen Implikationen praktisch völlig ausgeblendet hat. Nicht weil ich ein Christsein ohne Neues Testament propagieren möchte, lege ich *derzeit* so starkes Gewicht auch auf die nachbiblische jüdische Tradition, sondern weil ich hier den großen (auch meinen eigenen) Nachholbedarf wahrnehme. Im Übrigen weiß ich von zahlreichen Reaktionen auf die von H. Seebass rezensierten Bücher, daß sie *dieses* mein Anliegen richtig verstehen und „mit Appetit“ aufnehmen.

5. Mit meinen Arbeiten wollte und will ich eine Diskussion in Gang setzen; ich habe deshalb „Das Erste Testament“ ausdrücklich als „Streitschrift“ bezeichnet. Mit der Polemik wollte ich auch nicht die namentlich genannten Kollegen diskriminieren, sondern bestimmte Positionen, die mir problematisch erscheinen, plakativ anführen; deshalb habe ich meist wörtliche Zitate gebracht. Gerade von dieser Intention her ist es unangemessen, meine Beiträge so zu systematisieren, daß sie nach dem abgeurteilt werden, was fehlt (z. B. eine Christologie).

Mit der Diskussion stehen wir m. E. erst *am Anfang* und es wäre fatal, sie nun mit Vorwürfen wie „Das Christsein überhaupt erst ermöglichende Zeugnis von Christus Jesus vermisse ich bei Z." zu blockieren bzw. zu beenden. Statt einer langen Erörterung, die hier nicht möglich ist (ich arbeite übrigens an einer jüdisch-christlichen Christologie), zitiere ich aus meiner im Druck befindlichen „Einleitung in das Alte Testament" (Kohlhammer) einen zusammenfassenden Passus, der auch den Vorwurf von H. Seebass beantwortet, ich würde das Neue Testament gegenüber dem Alten Testament abwerten:

> „Das Neue Testament ist für Christen kein bloßer Zusatz oder Anhang zum Ersten Testament und das Erste Testament ist kein bloßes Vorwort oder nur eine (eigentlich unwichtig gewordene) Vorgeschichte des Neuen Testaments, sondern sie bilden ein polyphones, polyloges, aber dennoch zusammenklingendes Ganzes, das nur als solches ‚Wort Gottes' ist, das vom dramatischen Geschehen der Erlösung der ganzen Welt kündet, dessen ‚letzter' Akt mit dem Messias Jesus Christus verbunden ist … Mal 3,22-24 als Schlußtext des Ersten Testaments bildet die Überleitung zum Neuen Testament. Der Text wird im Neuen Testament mehrfach zitiert (vgl. Mt 17,10-13; Mk 9,11f; Lk 1,17), um Johannes den Täufer als den in Mal 3,23 für die Endzeit verheißenen ‚Elija' zu deuten. Durch Johannes als ‚Elija' von Mal 3,23 (wie immer dies im Einzelnen zu interpretieren ist) werden das Neue Testament und seine Botschaft vom Messias Jesus Christus, der das eschatologische Kommen der Gottesherrschaft ‚beschleunigen' soll, eng mit dem Ersten Testament verzahnt. Zum einen wird damit das Neue Testament ‚kanonisch' legitimiert. Zum anderen erhält so das Erste Testament die Aufgabe, die neue Heilsinitiative des Gottes Israels in seinem Sohn Jesus als toragemäß zu deuten und die Christen zu *ihrem* Leben mit der Tora JHWHs in der Jesus-Nachfolge zu motivieren – auf dem Weg zu dem in Mal 3,23 verkündeten Tag JHWHs: nicht gegen, sondern neben und mit den Juden. In der Bildsprache der Bibel könnte man die gemeinsame und doch unterschiedliche Leseweise von Juden und Christen ihrer jeweiligen Bibel so charakterisieren: Die Juden gehen hinter der Feuer- und Wolkensäule des Sinaigottes her; die Christen gehen hinter Jesus her, der nicht die Feuersäule ersetzt, sondern eine Stimme dieser Feuersäule ist. Wenn beide am Ende ihr Ziel erreicht haben werden, wird die Überraschung groß sein: daß Juden und Christen den gleichen Gott hörten, auch wenn dies auf unterschiedliche Weise geschah" (a.a.O. 23).[*]

6. Der Hauptdissens zwischen Seebass und mir liegt gewiss in der fundamentalen Frage nach der angemessenen Bestimmung des Verhältnisses zu Israel. Daß Seebass (in Übereinstimmung mit dem von ihm zitierten U. H. J. Körtner, dessen „Tora-Theologie" und „Kanontheologie" eine kritische Diskussion verlangte!) den Titel „Israel" dem Judentum streitig macht kann sich m. E. neutesta-[277]mentlich *nicht* legitimieren, zumindest nicht von Röm 9-11 her. Das kann man im jüngsten Römerbriefkommentar von M. Theobald nachlesen:

> „Paulus raubt dem jüdischen Volk seinen durch Schrift und Tradition geheiligten Ehrennamen ‚Israel' nicht (vgl. auch 9,4!), um ihn polemisch auf die Kirche (aus Juden und Heiden) zu übertragen (so vielleicht noch in Gal 6,16) sondern definiert ihn im Licht seiner Rechtfertigungsbotschaft (vgl. 9,11f!) nur neu: Nicht Blutsbande und nicht Toratreue (= Werke, vgl. 9,12!) konstituieren Israel, sondern allein Gottes Gnadenwahl. In diesem Sinn repräsentieren Abraham, Isaak und Jakob aber auch die Juden der Gegenwart, die in die endzeitliche Heilsgemeinde Jesu berufen wurden, jenes innere Israel …, das auf Gottes Erwählung zurückgeht. Mag Israel in der Gegenwart auf jenen ‚Rest' geschrumpft sein (9,27.29), Paulus ist sich gewiss …, daß am Ende ‚ganz Israel (und das heißt [278] außer jenem ‚Rest' auch die übrigen jetzt noch abseits stehenden Juden) gerettet werden' … (11,26). Paulus widersteht also im Römerbrief der Versuchung, den Ehrennamen ‚Israel' polemisch für die *Kirche* zu reklamieren (‚Wir sind das *wahre* Israel! Wir sind jetzt das Volk Gottes – nicht mehr ihr!')" (SKKNT/6,1, Stuttgart 1992, 267).

---

[*] Anm. d. Hg.: E. ZENGER, Einleitung in das Erste Testament, Stuttgart 1995, 20.35. (Zengers Seitenangabe ist an dieser Stelle nicht korrekt. In späteren Auflagen findet sich das Zitat in abgewandelter Form wieder.)

7. Eine jüdisch-christliche Bibelhermeneutik, die dem Alten Testament seine relationale *Eigenständigkeit* als Eigenwort mit Eigenwert in der christlichen Bibel belässt und die darüber hinaus das auch für christliche Theologie kanonisierte Faktum bejaht, daß diese Texte die oft vergessene, aber unaufgebbare Bindung des Christentums an das jeweils zeitgenössische Judentum sind, ist ein Projekt, das erst noch vor uns liegt. Dazu brauchen wir noch viel Zeit, aber auch Geduld miteinander.

Bemerkung zur „Kleinen Antwort" von Erich Zenger von Horst Seebass, Bonn

[277] Da ich 1980 mit voller Absicht aus mancherlei hier nicht zu erörternden Gründen die Erklärung der 13 Professoren aus der Bonner Evang.-Theol. Fak. nicht unterschrieben habe, fühle ich mich an keiner Stelle des Beitrags von Herrn Zenger getroffen. Nur der Punkt 6 bedarf einer Richtigstellung. Wie man aus meinem Beitrag [278] ersehen kann, habe ich an keiner Stelle dem Judentum den Titel Israel abgesprochen (Näheres in dem von Ch. Dohmen herauszugebenden Sammelband „Eine Bibel – zwei Testamente"). Im Übrigen sehe ich keinen Anlaß, meinen Beitrag an irgendeiner Stelle zu ändern.

Das Erste Testament zwischen Erfüllung und Verheißung

1. Das Alte Testament im Leben der Kirche

[31] Das sogenannte „Alte Testament" hat es bei den Christen nicht leicht. Das Vorurteil, dieser Teil der christlichen Bibel sei weniger wichtig als das Neue Testament, ja man brauche dieses „alte" Testament eigentlich nicht für das Christsein und die christliche Theologie könne gut ohne es auskommen, ist bei Durchschnittschristen und nicht wenigen Theologen verbreitet. Die weitgehende Bedeutungslosigkeit des Alten Testaments in unserer Kirche hat ihre tiefen Wurzeln in den theologischen Vorbehalten und Relativierungen, die in der christlichen Theologie und Liturgie jahrhundertelang gegenüber dem Alten Testament gehegt und gepflegt wurden. So ist ein kollektives Unbewußtes entstanden, das diesen Teil unserer Bibel bis heute verdrängt, bekämpft, verleumdet und mißverstanden hat – und dies mit scheinbar guten theologischen Gründen. Die lange Leidensgeschichte des Alten Testaments in der christlichen Kirche, auch seine antijüdische Auslegung, kann hier nicht im einzelnen erinnert werden[1]. Stattdessen wähle ich zur Illustration die in seiner Zeit gewiß mutige Adventspredigt des Alttestamentlers *Michael Faulhaber*, die dieser als Kardinal am 3. Dezember 1933 in St. Michael zu München unter dem Thema „Das Alte Testament und seine Erfüllung im Christentum" gehal-[32]ten hat[2]. Die Predigt war keineswegs die Position eines wenig kompetenten Außenseiters. Im Gegenteil, der Kardinal wollte gerade als Antwort auf die Verwerfung und Verleumdung des Alten Testaments durch die Nazis möglichst positiv über diesen Teil der christlichen Bibel reden. Aus dieser Predigt greife ich zwei für unsere Thematik wichtige, weil für damals und bis in jüngste Zeit charakteristische Thesen heraus.

Die *erste These* beschäftigt sich mit der jüdischen Herkunft des Alten Testaments, also mit dem Problem, daß es als vor-christliches Buch entstanden ist. Der Kardinal sagt dazu u.a.:

> „Wir müssen unterscheiden zwischen dem Volke Israel vor dem Tode Christi und nach dem Tode Christi. Vor dem Tode Christi, die Jahre zwischen der Berufung Abrahams und der Fülle der Zeiten, war das Volk Israel Träger der Offenbarung ... Nach dem Tode Christi wurde Israel aus dem Dienst der Offenbarung entlassen. Sie hatten die Stunde der Heimsuchung nicht erkannt. Sie hatten den Gesalbten des Herrn verleugnet und verworfen, zur Stadt hinausgeführt und ans Kreuz geschlagen. Damals zerriß der Vorhang im Tempel auf Sion und damit der Bund zwischen dem Herrn und seinem Volk. Die Tochter Sion erhielt den Scheidebrief, und seitdem wandert der ewige Ahasver ruhelos über die Erde" (S. 4f).

---

[1] Instruktive Überblicke über die unterschiedliche „Beurteilung" des Alten Testaments in der christlichen Theologiegeschichte bieten: A. H. J. GUNNEWEG, Vom Verstehen des Alten Testaments. Eine Hermeneutik (ATD.E 5), Göttingen ²1988; H. D. PREUß, Das Alte Testament in christlicher Predigt, Stuttgart/Berlin/Köln/Mainz 1984; beide Autoren informieren kompetent, vertreten freilich selbst Positionen, die ich nicht akzeptieren kann. – Zum problematischen Umgang mit dem AT in unserem Jahrhundert vgl. u.a.: C. NICOLAISEN, Die Auseinandersetzungen um das Alte Testament im Kirchenkampf 1933-1945, Dissertation Hamburg 1966; DERS., Die Stellung der „Deutschen Christen" zum Alten Testament, in: H. Brunotte (Hg.), Zur Geschichte des Kirchenkampfes. Gesammelte Aufsätze II, Göttingen 1971, 197-220; R. RENDTORFF/E. STEGEMANN (Hg.), Auschwitz – Krise der christlichen Theologie, München 1980, 99-116; W. SCHOTTROFF, Theologie und Politik bei Emanuel Hirsch. Zur Einordnung seines Verständnisses des Alten Testaments, in: KuI 1 (1987) 24-49.137-158; U. KUSCHE, Die unterlegene Religion. Das Judentum im Urteil deutscher Alttestamentler. Zur Kritik theologischer Geschichtsschreibung, Berlin 1991; M. GÖRG, In Abrahams Schoß. Christsein ohne Neues Testament, Düsseldorf 1993, 44-97.

[2] M. FAULHABER, Das Alte Testament und seine Erfüllung im Christentum, München 1933; auf diese Publikation beziehen sich die oben jeweils angegebenen Seitenzahlen.

Als Folge der Verwerfung Israels habe die Kirche aus der Hand Jesu Christi das Alte Testament als göttliche Offenbarung erhalten und sogar alttestamentliche Texte in ihre Liturgie aufgenommen. Doch, so betont der Kardinal,

> „wurde das Christentum durch Übernahme dieser Bücher keine jüdische Religion. Diese Bücher sind nicht von Juden verfaßt, sie sind vom Geiste Gottes eingegeben und darum Gotteswort und Gottesbücher. Diese Geschichtsschreiber waren Schreibgriffeln Gottes, diese Sänger von Sion waren Harfen in der Hand Gottes, diese Propheten waren Lautsprecher der Offenbarung Gottes. Darum bleiben diese Bücher glaubwürdig und ehrwürdig auch für spätere Zeiten. Abneigung gegen Juden von heute darf nicht auf die Bücher des vorchristlichen Judentums übertragen werden" (S. 13).

Die *zweite These* der Predigt erläutert die Bedeutung des Alten Testaments für die Kirche unter der Kategorie der Erfüllung. Der Kardinal sagt:

> „Wirken wir mit der Gnade Gottes mit, das Alte Testament und uns selber zu erfüllen! Christus ist nicht gekommen, das Gesetz oder die Propheten aufzuheben, sondern zu erfüllen. Ein andermal sagte er: An mir muß dieses Schriftwort in Erfüllung gehen (Lk 22,37). Wie oft berichtet Matthäus: Das und das ist geschehen, damit das Prophetenwort erfüllt werde. Was heißt das, das Alte Testament erfüllen? Erfüllen heißt, was Stückwerk ist, vollenden und fertig machen. Etwas, was halb leer ist (das Gleichnis ist vom Hohlmaß, etwa von einem Becher genommen), vollmachen und auffüllen bis zum Rand. Etwas, was unvollkommen ist, vollkommen machen. Erfüllen heißt, bildlich [33] gesprochen, aus der Schale den Olivenkern nehmen, aus der Vorschule des Alten Testaments in die Hochschule des Evangeliums überleiten, von den Vorbildern zum Urbild führen. Das Alte Testament war an sich gut, im Vergleich mit dem Evangelium aber Stückwerk, Halbheit, Unvollkommenheit. Das Neue Testament hat vollendet, hat die ganze Offenbarung Gottes gebracht. Kommt das Vollkommene, dann hört das Stückwerk auf (1 Kor 13,10)."

Gewiß, so konsequent und offen, wie es in dieser Predigt geschah, wird heute kaum noch ein christlicher Theologe das Alte Testament „entjudaisieren" wollen. Aber die letztlich hinter dieser Predigt stehende These, daß seit Jesus nur bzw. erst die Kirche die Gottesbotschaft des Alten Testaments echt und eigentlich hört, blieb die ausgesprochene oder unausgesprochene Überzeugung der meisten christlichen Theologen auch nach 1945, wahrscheinlich sogar bis heute. Ich wähle nur drei prominente Belege für dieses Faktum.

1950 erschien das dann einflußreiche Buch von *Johannes Schildenberger* „Vom Geheimnis des Gotteswortes. Einführung in das Verständnis der Heiligen Schrift"[3]. Schildenberger reflektiert darin breit, unterstützt mit vielen Zitaten aus den Kirchenvätern, die Frage nach der Bedeutung des Alten Testaments für die Kirche. Er unterscheidet sich dabei kaum von Michael Faulhaber; ein wenn auch nur flüchtiger Gedanke über die positive Relevanz des Alten Testaments für das nachbiblische Judentum ist nirgends zu finden. Stattdessen werden die „klassischen" kirchlichen Positionen deklamiert. Ich begnüge mich mit wenigen Zitaten: „Das Alte Testament ist die Vorgeschichte und Vorschule der Erlösung, der christlichen Religion" (46).

> „Am Ostertag ist auch das Alte Testament zu einem neuen, verklärten Leben auferstanden, als der Herr den beiden Jüngern auf dem Weg nach Emmaus und am gleichen Abend den Aposteln die Schrift erschloß (Lk 24,25-27.32.44-47). Dieses fruchtbare, segensvolle Leben führt es weiter in der heiligen Kirche" (47).
> „Die heiligen Väter haben mit den Aposteln erkannt, daß das Alte Testament erst in der Kirche seine volle Bedeutung und Wirkkraft bekommen habe, weil erst jetzt Christus ganz deutlich und groß in ihm aufleuchte ... Jede Weissagung ist nämlich vor der Erfüllung den Menschen ein Rätsel und Gegenstand vieler Meinungen. Wenn aber die Zeit gekommen und das Geweissagte eingetroffen ist, dann erhält sie die ganz offenkundige Auslegung.

---

[3]   J. SCHILDENBERGER, Vom Geheimnis des Gotteswortes. Einführung in das Verständnis der Heiligen Schrift, Heidelberg 1950; aus dieser Ausgabe wird oben mit Seitenhinweis zitiert.

Und darum gleicht das Gesetz, wenn es von den Juden in der jetzigen Zeit gelesen wird (vgl. 2 Kor 3,14f), einem Mythus; denn sie haben nicht die Erklärung des Ganzen, das ist die Ankunft des Gottessohnes als Mensch. Wenn es dagegen von den Christen gelesen wird, ist es ein Schatz, der zwar im Acker verborgen lag (vgl. Mt 13,44), ihnen aber durch das Kreuz Christi geoffenbart und erschlossen ist" (64f).

[34] Im ersten Band des von Josef Höfer und Karl Rahner herausgegebenen Lexikons für Theologie und Kirche schrieb 1957 der Neutestamentler *Franz Josef Schierse* im Artikel „Altes Testament":

> „Die ,Decke', die auf dem Alten Testament lag und seinen eigentlichen Sinn verhüllte, ist durch Christus weggenommen worden (2 Kor 3,14). Indem das Christentum weiß, daß es die allein richtige Auslegung des Alten Testaments besitzt, weil es das Erbe der alttestamentlichen Verheißungen legitim angetreten hat, stellt es sich in Gegensatz zum Judentum."[4]

Noch 1972 wurde in Herders Theologischem Taschenlexikon, das von *Karl Rahner* herausgegeben wurde, aus dem bereits 1957 von Rahner selbst verfaßten Artikel „Altes Testament als heilsgeschichtliche Periode" folgende Schlußthese wiedergegeben:

> „Als ,vorgeschichtliche' Vergangenheit des Neuen und ewigen Bundes, in den hinein das Alte Testament sich aufgehoben hat, ist es nur vom Neuen Bund her adäquat richtig interpretierbar ... eine bloß alttestamentlich immanente Bedeutung ... würde verkennen, daß das Alte Testament sein ganzes Wesen erst im Neuen Testament enthüllt hat."[5]

Das ist auch die Auffassung, die in der am 18. November 1965 vom *Zweiten Vatikanum* verabschiedeten und von Papst Paul VI. feierlich promulgierten „Dogmatischen Konstitution über die göttliche Offenbarung" (Dei Verbum) vertreten wird. Über dieses Dokument hatte es auf dem Konzil heftigste Auseinandersetzungen gegeben. Dem schlußendlich veröffentlichten Text waren vier verschiedene Textfassungen vorausgegangen, die immer wieder modifiziert worden waren. Am wenigsten kontrovers war der Abschnitt über [35] das Alte Testament. Bei den Abstimmungen erhielt dieses Kapitel stets am wenigsten Neinstimmen und Veränderungsvorschläge. Diese auffallend breite Zustimmung lag nicht daran, daß das Kapitel besonders gut

---

4 [2]LThK I, 394.
5 K. RAHNER (Hg.), Herders Theologisches Taschenlexikon (Herderbücherei 451), Bd. I, Freiburg 1972, 84. – K. Rahners aus heutiger Sicht höchstproblematische Sicht des Judentums zeigt sich auch in den beiden Artikeln „Altes Testament, Alter Bund" sowie „Synagoge" in dem von ihm (zusammen mit H. Vorgrimler) 1961 herausgegebenen „Kleinen Theologischen Wörterbuch". Im Art. „Synagoge" heißt es u.a.: „Ungeachtet ihrer Gestiftetheit durch Gott unterscheidet sie [d.h. die Synagoge im theol. Sinn] sich von der Kirche des NT: durch den partikulären Charakter des atl. Bundes, durch die Verhülltheit der Verheißung, deren Tragweite nicht absehbar u. auf partikulär nationale Zukunft beschränkt schien...; durch die Offenheit der Geschichte, deren Ausgang: Heil und Unheil, noch nicht gegeben war, weil die endgültige heilshafte Selbstmitteilung des Logos Gottes noch nicht geschehen war, so daß Israel als solches sich Gott versagen konnte u. die Zeichenhaftigkeit der religiösen Volksexistenz für die Heilstat Gottes noch entleert werden konnte (→ Altes Testament). S. ist darum die nicht-eschatologische soziologische Stiftung Gottes religiöser Art. Ist dies auch allein für das AT von Christus her retrospektiv als gegeben garantiert, so ist dieser Begriff doch an sich auch in der übrigen Religionsgeschichte möglich" (S. 347). – In der 10. völlig neu bearbeiteten Auflage von 1976 ist der Artikel „Synagoge" ersatzlos gestrichen. Der Artikel „Altes Testament" ist wenigstens teilweise modifiziert; so lautet der 1961 formulierte Satz: „Jesus erfüllt das Gesetz u. hebt den Alten Bund in seinem Blut auf" nun 1976 „Jesus erfüllt das Gesetz u. schließt den Neuen Bund in seinem Blut." – Daß K. Rahners theologische Sicht des AT und des Judentums so „traditionell" blieb, bedeutete leider, daß das Zweite Vatikanum insgesamt die in Nostra Aetate formulierte Sicht des Judentums (an dieser Erklärung war Rahner m. W. dezidiert nicht beteiligt!) nicht in die verschiedenen dogmatischen Konstitutionen umsetzte.

ist. Im Gegenteil: Es liest sich wie eine „Pflichtübung", die die altbekannten Formeln der Tradition wiederholt, ohne daß eine tiefere Reflexion stattfindet[6]. Was es bedeutet, daß dieser Teil der christlichen Bibel auch zuallererst die Bibel des Judentums ist, war weder in der Diskussion noch im Dokument selbst einen Gedanken wert. Dabei hätte sich diese Frage doch gerade diesem Konzil stellen müssen, das (nach mehrjährigen, ebenfalls außergewöhnlich heftigen Diskussionen innerhalb und außerhalb der Konzilsaula) am 28. November 1965 in seiner Erklärung über das Verhältnis der Kirche zu den nichtchristlichen Religionen verkündete:

> „Bei ihrer Besinnung auf das Geheimnis der Kirche gedenkt die Heilige Synode des Bandes, wodurch das Volk des Neuen Bundes mit dem Stamme Abrahams geistlich verbunden ist ... Deshalb kann die Kirche auch nicht vergessen, daß sie durch jenes Volk, mit dem Gott aus unsagbarem Erbarmen den Alten Bund geschlossen hat, die Offenbarung des Alten Testamentes empfing und genährt wird von der Wurzel des guten Ölbaums, in den die Heiden als wilde Schößlinge eingepfropft sind."

Daß die Konzilsväter trotz dieser, gegenüber der kirchlichen Tradition neuen theologischen Aussagen über das Judentum, im Dokument über die göttliche Offenbarung dennoch keine entsprechende Revision der kirchlichen Lehre über das Alte Testament vollzogen haben, läßt sich meines Erachtens damit erklären, daß sich hier einmal mehr das traditionelle Desinteresse und Unbehagen der christlichen Theologie an diesem „vorchristlichen" Teil der christlichen Bibel zeigte. Insgesamt wiederholt das Konzil den „alten" heilsgeschichtlichen Offenbarungsevolutionismus: Die Bedeutung des „Alten Testamentes" war und ist es, Jesus Christus „vorauszuverkünden", „vorauszudarzustellen", „in verschiedenen Vorbildern anzuzeigen" und „prophetisch anzukündigen". Das Alte Testament ist nur Vorwort und Vorstufe des Neuen Testaments.

Wie wenig Eigenbedeutung das „Alte Testament" für Christen nach traditioneller Meinung hat, kommt besonders drastisch in unserer *Liturgie* zum Ausdruck. Zwar verdankt das „Alte Testament" dem Bemühen der vom Zweiten Vatikanum angestoßenen Liturgiereform, den Gemeinden „den Tisch des Wortes reicher zu decken", auch eine stärkere Berücksichtigung in der Leseordnung, so daß in der Regel eine der drei vorgeschlagenen biblischen Lesungen im Wortgottesdienst der Messe aus dem Alten Testament stammt. Aber wie sieht es wirklich aus? Die Auswahl der liturgischen Perikopen ist [36] alles andere als ein repräsentativer Querschnitt, der das Ganze des ersten Teils der christlichen Bibel im Fragment nahebringen möchte oder könnte. Von einem Eigenwert des „Alten Testaments" ist da nichts zu spüren. Die ausgewählten Texte sind oft genug so aus ihrem Zusammenhang herausgerissen oder als beinahe unverständlicher „Textverschnitt" dargeboten, daß sie höchstens als auf das Evangelium hinführendes „Stimmungsbild" oder als neugierig machende, weil unverständliche Motivkollage dienen. Meist sind sie vom Evangelium her nach dem Prinzip Verheißung – Erfüllung bzw. Typos und Antitypos ausgesucht. So wird der liturgischen Gemeinde Woche für Woche eingeimpft: Jesus bzw. das Neue Testament erfüllt, überbietet und hebt das Alte Testament auf[7]. Auch die liturgische Inszenierung unterstreicht die geringere Wertigkeit des Alten Testaments. Schon die Abfolge „Alttestamentliche Lesung" – „Neutestamentliches Evangelium" insinuiert die aufsteigende Linie vom Niedrigeren zum Höheren, zumal die Inszenierung das

---

[6]   Eine differenzierte, kritische Wertung der Aussagen des Zweiten Vatikanum bietet N. FÜGLISTER, Das Alte Testament – Wort Gottes an uns. Die Konzilskonstitution „Dei Verbum" und das Alte Testament, in: FS K. Berg, Thaur 1989, 139-160; vgl. auch J. SCHARBERT, Das Zweite Vatikanische Konzil und das Alte Testament, in: BiKi 45 (1990) 179-186 (ebd. 182f: „Die Aussagen über das AT sind allerdings recht dürftig. Von einer selbständigen Bedeutung des AT für den Glauben und das Leben des Christen ... ist nicht die Rede").

[7]   Eine detaillierte Analyse der „neuen" Perikopenordnung findet sich bei E. NÜBOLD, Entstehung und Bewertung der neuen Perikopenordnung des Römischen Ritus für die Meßfeier an Sonn- und Festtagen, Paderborn 1986.

„Evangelium" als Klimax herausstellt[8]. Während wir bei der Lesung aus dem Alten Testament sitzen, stehen wir zum Evangelium auf. Die alttestamentliche Lesung kann von einem Laien vorgetragen werden, das Evangelium muß der Diakon oder Priester vorlesen. Nur das Evangeliar wird in feierlicher Prozession mit Kerzen und Weihrauch begleitet. Und auch die Melodie, in der das Evangelium gesungen wird, ist kunstvoller als die Melodie der alttestamentlichen Lesung. Drängen sich da nicht aus der Liturgie für das Verhältnis der beiden Testamente zueinander Wertungen wie „vorläufig – endgültig", „klein – groß", „alt – neu", „uneigentlich – eigentlich" auf? Stellt sich nicht unausweichlich das Gefühl ein, daß wir auf das Alte Testament „eigentlich" verzichten könnten – und daß wir es höchstens aus Pietät „in Ehren halten"?

Daß das Alte Testament nur Vorspiel, Vorbereitung und Verheißung des Eigentlichen ist, ist auch die Position von *„Sacrosanctum Concilium"* und der insgesamt von ihm angestoßenen Reformen und Texte. Es genügt, den klassi-[37]schen Satz aus Sacrosanctum Concilium zu zitieren:

> „Dieses Werk der Erlösung der Menschen und der vollendeten Verherrlichung Gottes, dessen *Vorspiel* die göttlichen Machterweise am Volk des Alten Bundes waren, hat Christus, der Herr erfüllt, besonders durch das Pascha-Mysterium: sein seliges Leiden, seine Auferstehung von den Toten und seine glorreiche Himmelfahrt."

So verwundert es nicht, daß die neuen eucharistischen *Hochgebete* bei ihrer kargen Bezugnahme auf das Alte Testament dieses sogar schriftwidrig auf den Verheißungscharakter bzw. Vorbildcharakter reduzieren, während sie die Kirche geradezu triumphalistisch im Status der Erfüllung sehen.

Auf die meines Ermessens skandalöse Formulierung des 4. Hochgebets habe ich schon 1991 in meinem Buch „Das Erste Testament" hingewiesen[9]. Dieses Hochgebet nimmt zwar in seiner heilsgeschichtlichen Konzeption die Geschichte Gottes „mit den Menschen" von der Schöpfung bis zu Jesus in den Blick, aber Israel wird dabei (gezielt?) ausgeblendet:

> „Den Menschen hast du nach deinem Bild geschaffen und ihm die Sorge für die ganze Welt anvertraut. Über alle Geschöpfe sollte er herrschen und allein dir, seinem Schöpfer dienen. Als er im Ungehorsam deine Freundschaft verlor und der Macht des Todes verfiel, hast du ihn dennoch nicht verlassen, sondern voll Erbarmen allen geholfen, dich zu suchen und zu finden. Immer wieder hast du den Menschen deinen Bund angeboten und sie durch die Propheten gelehrt, das Heil zu erwarten."

Auf das in diesem Gebet problematische Verständnis der biblischen Urgeschichte, die naiv historisierend nacherzählt wird, will ich hier nicht eingehen. Aber daß Gott „immer wieder *den Menschen seinen Bund angeboten* habe", verfehlt doch schlicht die biblische Wahrheit, und zwar in mehrfacher Hinsicht:

---

[8] Natürlich kann man die liturgische Abfolge „Altes Testament" – „Neues Testament" auch anders und positiver interpretieren, wie dies beispielsweise N. Lohfink einmal getan hat: „Die Lesung aus der Tora steht in der Synagoge immer an erster Stelle. Dann folgt, als Kommentar dazu, eine zweite Lesung aus der auf die Tora folgenden Büchern des Alten Testaments: aus den weiteren Geschichtsbüchern oder den Büchern der Propheten. Man würde nun doch erwarten, daß die Christenheit an die erste Stelle die Lesung aus den Evangelien gesetzt hätte, weil diese von Jesus Christus erzählt, und daß dann, gewissermaßen als Kommentar, Lesungen aus den anderen Büchern der Bibel gefolgt wären. Das ist aber nicht der Fall. Die Christenheit bleibt bei der alten jüdischen Ordnung. An die erste Stelle, da wo die Lesung der Bibel im strengsten und eigentlichen Sinn zu stehen hat, tritt nun nicht mehr allein die Tora, sondern das Alte Testament ... Dann kommen, gewissermaßen als Kommentare dazu, Lesungen aus dem Neuen Testament." (LOHFINK, Das Alte Testament christlich ausgelegt. Eine Reflexion im Anschluß an die Osternacht, Freising 1988, 25). Dieser geschichtliche Hintergrund ist freilich kaum jemandem bewußt – und die liturgische Inszenierung schließt ihn geradezu aus.

[9] E. ZENGER, Das Erste Testament. Die jüdische Bibel und die Christen, Düsseldorf 1991. [4]1994, 24f.

a) Falls hier auf den Bund des Schöpfergottes mit „allem Lebendigen" angespielt wird, von dem in Gen 9,1-17 erzählt wird, wird dieser Bund anthropozentrisch enggeführt und zu einem „Angebot" reduziert. Im biblischen Text sagt demgegenüber Gott bedingungslos klar: „Hiermit errichte ich (performatives Perfekt!) meinen Bund mit euch und mit euren Nachkommen und mit allen Lebewesen bei euch ..." (Gen 9,9f).

b) Falls hier auf den Bund mit Abraham (Gen 17) und mit Israel am Sinai (Ex 19-34) angespielt wird, so handelt es sich auch da nicht etwa um ein Angebot, sondern um eine Heilssetzung des Gottes Israels zugunsten seines Volkes.

c) Falls auf die prophetische Ankündigung vom „Neuen Bund" Bezug genommen sein soll, bleibt ebenfalls zu sagen: Die Bundes-Erneuerung ist durch die Propheten nicht pauschal „den Menschen" verkündet worden, sondern „Israel und Juda": „Siehe schon brechen die Tage an, da ich mit dem Haus Israel und dem Haus Juda den neuen Bund schließe (= den Bund neu mache)" (Jer 31,31).

[38] d) Daß die biblischen Propheten schließlich darauf reduziert werden, daß sie „die Menschen gelehrt haben, das Heil *zu erwarten*", entspricht zwar einem christlicherseits lieb gewordenen Klischee, ist aber höchstens die halbierte biblische Wahrheit; daß auch hier wieder jeglicher Israel-Bezug vermieden wird, stimmt – gelinde gesagt – nachdenklich.

Und im neuen Hochgebet „Gott führt die Kirche" ist die Theologie nicht viel besser:

> „Wir danken dir, Gott, unser Vater,
> denn du hast uns ins Leben gerufen.
> Du läßt uns nie allein *auf unserem Weg*.
> Immer bist du für uns da.
> *Einst* hast du Israel, dein Volk,
> durch die *weglose* Wüste geführt.
> *Heute* begleitest du die Kirche
> in der Kraft deines Geistes.
> Dein Sohn bahnt uns *den Weg* durch diese Zeit
> zur Freude des ewigen Lebens."

Wenn wir so beten sollen, werden sehr subtil die alten Klischees weitertransportiert: Einst Israel – heute die Kirche; Israel durch weglose Wüste – wir auf dem Weg Jesu; du bist *immer* für *uns* da – ob mit dieser Formulierung nicht subtil insinuiert wird, daß Gott sich demgegenüber Israel entzogen hat?

Besonders massiv ist das Verheißungs-Erfüllungs-Denken in den deutschen Fassungen der besonderen Hochgebete. Hier wird mehrfach der heilsgeschichtliche Offenbarungsevolutionismus in den deutschen Text eingetragen, wo er im lateinischen Original gar nicht da ist. Ich nenne zwei Beispiele.

Das *erste Beispiel* hat Benedikt Kranemann in seinem Münsteraner Habilitationsvortrag (1994) kritisch analysiert. Im *Ersten Formular der Taufwasserweihe* stellt der lateinische Text eine kunstvolle Exemplar-Reihe von Handlungen Gottes im Kontext von biblischen Wassergeschichten zusammen, um von ihnen her die Taufe zu deuten. Die deutsche Übersetzung trägt das heilsgeschichtliche Erfüllungsschema ein, das im lateinischen Text fehlt: „*Als aber die Fülle der Zeiten kam*, wurde dein geliebter Sohn von Johannes getauft ..."[10].

Ähnliches geschieht in der deutschen Fassung des *Priesterweihegebets*. Hier verändert der deutsche Text nicht nur die Ordo-Theologie, sondern trägt wieder das Erfüllungsschema ein, das im lateinischen Text fehlt. Im lateinischen Text lautet der heilsgeschichtliche Rahmen, „iam in priore Testamento ... novissime vero", also „schon in der Zeit des Ersten Testament

---

[10]   Vgl. dazu B. KRANEMANN, Die Wasser der Sintflut und das österliche Sakrament, in: LJ 42 (1995) 86-106.

... zuletzt aber". Im deutschen Text heißt es: „Im Alten Bund hast du ... Im Neuen Bund hast du *das Vorbild des Alten Bundes erfüllt* ..."

[39] Daß angesichts dieser eigenartigen Sicht des Alten Testaments in der Liturgie dringender Handlungsbedarf besteht, läßt sich sogar im neuen „Katechismus der katholischen Kirche" nachlesen. Dieser zitiert zwar einerseits die schon oben erwähnten alten Klischees aus „Dei Verbum":

„122 Der Heilsplan des Alten Testaments war vor allem darauf ausgerichtet, die Ankunft Christi, des Erlösers von allem, ... vorzubereiten". Obgleich die Bücher des Alten Testamentes „auch Unvollkommenes und Zeitbedingtes enthalten", zeugen sie dennoch von der Erziehungskunst der heilschaffenden Liebe Gottes: Sie enthalten „erhabene Lehren über Gott, heilbringende Weisheit über das Leben des Menschen und wunderbare Gebetsschätze"; in ihnen ist „schließlich das Geheimnis unseres Heils verborgen" (DV 15).

Aber andererseits bietet er eine Zusammenstellung von Aussagen, die sich nicht nur von „Dei Verbum" absetzen, sondern einen Weg weisen, den wir im kirchlichen Leben, auch in der Liturgie, noch vor uns haben. Ich zitiere die entsprechenden Passagen:

> „121 Das Alte Testament ist ein unaufgebbarer Teil der Heiligen Schrift. Seine Bücher sind von Gott inspiriert und behalten einen dauernden Wert, denn der Alte Bund ist nie widerrufen worden."
> „123 Die Christen verehren das Alte Testament als wahres Wort Gottes. Den Gedanken, das Alte Testament aufzugeben, weil das Neue es hinfällig gemacht habe [Markionismus], wies die Kirche stets entschieden zurück."
> „129 Die Christen lesen also das Alte Testament im Licht Christi, der gestorben und auferstanden ist. Diese typologische Lesung fördert den unerschöpflichen Sinngehalt des Alten Testamentes zutage. Sie darf nicht vergessen lassen, daß dieses einen eigenen Offenbarungswert behält, den unser Herr selbst ihm zuerkannt hat. Im übrigen will das Neue Testament auch im Licht des Alten Testaments gelesen sein. Die christliche Urkatechese hat beständig auf dieses zurückgegriffen. Einem alten Sinnspruch zufolge ist das Neue Testament im Alten verhüllt, das Alte im Neuen enthüllt: ,Novum in Vetere latet in Novo Vetus patet' (Augustinus, Hept. 2,73).
> 130 Die Typologie bedeutet das Hindrängen des göttlichen Plans auf seine Erfüllung, bis schließlich ,Gott alles in allen' sein wird (1 Kor 15,28). Zum Beispiel verlieren die Berufung der Patriarchen und der Auszug aus Ägypten nicht dadurch ihren Eigenwert im Plan Gottes, daß sie darin auch Zwischenstufen sind."

Mit diesen Aussagen des Katechismus wird das *naive* Schema Verheißung – Erfüllung, das kirchlich jahrhundertelang dominierte und die liturgischen Texte noch immer bestimmt, im Prinzip verabschiedet. Daß sich dieser Abschied von der hermeneutischen Diskussion der letzten Jahre her ebenfalls nahelegt, will ich im zweiten Schritt meines Vortrags* zeigen, ehe ich dann in einem dritten Schritt meine eigene Position resumieren werde.

2. Einige Blicke in die neuere bibelhermeneutische Diskussion über das Schema Verheißung – Erfüllung

2.1 Das Alte Testament ist Verheißung als Dokument des Scheiterns (R. Bultmann)

[40] Es geht im folgenden nicht um eine forschungsgeschichtliche Nachzeichnung der Diskussion. Ich möchte vielmehr an drei ausgewählten Beispielen, die zugleich repräsentativ

---

* Anm. d. Hg.: Vortrag gehalten auf der Tagung „Verheißung - Erfüllung? Exegetische und systematische Anfragen an die Christologie der Liturgie" der Arbeitsgemeinschaft Katholischer Liturgikdozenten im September 1994 in Münster.

für bestimmte *Typen* der Bestimmung des Verhältnisses der beiden Testamente sind, das Kategorienpaar Verheißung – Erfüllung problematisieren.

Die hermeneutische Diskussion über das Schema Verheißung – Erfüllung ist zwischen 1950 und 1960 in der evangelischen Bibelwissenschaft sehr intensiv geführt worden; die katholische Exegese hat sich daran praktisch nicht beteiligt[11]. Die Diskussion wurde programmatisch angestoßen durch *Rudolf Bultmanns* 1948 verfaßten Aufsatz „Weissagung und Erfüllung"[12], dem die Bultmannianer unterschiedlicher Couleur seither wie einem Credo gefolgt sind – und der nun in anderer Variante im katholischen Lager wieder neu aufersteht, wie man in dem Aufsatz „,Altes' oder ,Erstes' Testament?" von Gerhard Gäde sehen kann, auch wenn er Bultmann nicht ausdrücklich zitiert[13]. Der Aufsatz Bultmanns beginnt mit der fundamentalen These:

> „Die urchristliche Gemeinde lebt in der Überzeugung, daß sich in ihrer Zeit – d. h. im Auftreten Jesu Christi, in seinem Tod und seiner Auferstehung und ebenso in ihrer eigenen Existenz und ihren Schicksalen – die Weissagungen des Alten [41] Testaments erfüllt haben oder, soweit die Erfüllung noch aussteht, sich demnächst erfüllen werden mit der Parusie Christi" (28).

Die Art und Weise, wie das Neue Testament dabei auf das Alte Testament rekurriert, ist nach Bultmann für uns heute freilich unmöglich geworden, denn in den allermeisten Fällen wird der eigentliche alttestamentliche Textsinn verfehlt, ja sogar gegen den Wortlaut gelesen und umgebogen. Vielfach werden alttestamentliche Texte vom Neuen Testament unter eine Verheißungsperspektive gestellt, wo die zugrundeliegende alttestamentliche Schriftstelle überhaupt nichts mit Zukunft zu tun hat. An vielen Einzelbeispielen zeigt Bultmann,

> „daß in allen diesen Fällen die neutestamentlichen Schriftsteller nicht neue Erkenntnisse aus den alttestamentlichen Texten gewinnen, sondern aus ihnen heraus- bzw. in sie hineinlesen, was sie schon wissen. Folgt man ihrer Intention, so muß man sagen, daß für sie von der Erfüllung aus das Alte Testament als Weissagung durchsichtig wird. Von der Erfüllung aus wird also Weissagung erst als solche erkannt!" (32)

Das aber sei doch keine Verheißung, wenn sie erst im Nachhinein als solche *erkennbar* werde! Was mutet man damit Gott eigentlich zu, wenn man mit dem Neuen Testament unterstellt, die Erstadressaten der alttestamentlichen Texte hätten diese Texte gegen den klar erkennbaren Textsinn verstehen müssen!

Bultmann steigert noch seine Ablehnung dieser neutestamentlichen Verheißung-Erfüllungs-Apologetik:

---

[11] Vgl. die Beiträge von (in der Reihenfolge des Bandes) G. V. RAD, C. WESTERMANN, R. BULTMANN, M. NOTH, W. ZIMMERLI, F. BAUMGÄRTEL, H. W. WOLFF, J. J. STAMM, T. C. VRIEZEN, W. EICHRODT, A. JEPSEN, F. HESSE, W. PANNENBERG, S. HERRMANN in dem von C. Westermann herausgegebenen „Sammelband": Probleme alttestamentlicher Hermeneutik. Aufsätze zum Verstehen des Alten Testaments (TB 11), München 1960.
[12] R. BULTMANN, Weissagung und Erfüllung, in: ZThK 47 (1950) 360-383; u. a. wiederabgedruckt in: C. Westermann (Hg.), Probleme (s. Anm. 11), 28-53; auf diesen Wiederabdruck wird oben mit entsprechenden Seitenangaben verwiesen. Zur Auseinandersetzung mit diesem Aufsatz vgl. in dem Band „Probleme" (s. Anm. 11) vor allem die Beiträge von C. WESTERMANN und W. ZIMMERLI. – Zu Bultmanns Sicht/Wertung des Alten Testaments bzw. des Judentums vgl. besonders W. STEGEMANN, Das Verhältnis Rudolf Bultmanns zum Judentum. Ein Beitrag zur Pathologie des strukturellen theologischen Antijudaismus, in: KuI 5 (1990) 26-44 (mit vielen Literaturangaben); H.-P. MÜLLER, Entmythologisierung und Altes Testament, in: NZSTh 35 (1993) 1-27; K. KOCH, Rezeptionsgeschichte als notwendige Voraussetzung einer biblischen Theologie – oder: Protestantische Verlegenheit angesichts der Geschichtlichkeit des Kanons, in: H. H. Schmid/J. Mehlhausen (Hg.), Sola Scriptura. Das reformatorische Schriftprinzip in der säkularen Welt, Gütersloh 1991, 143-155.
[13] G. GÄDE, „Altes" oder „Erstes" Testament? Fundamentaltheologische Überlegungen zu Erich Zengers Vorschlag einer christlichen Neubenennung der Schrift Israels, in: MThZ 45 (1994) 161-177.

„Welches ist denn das Kriterium, mittels dessen es möglich wird, im Alten Testament Weissagungen zu finden? Welche Sicherung besteht, daß man nicht willkürlich den Sinn, den man finden möchte, einträgt? In Wahrheit gibt diese Methode, Weissagung zu finden – sei es ohne, sei es mit Allegorese –, den alttestamentlichen Text der Willkür preis, und die grotesken Beispiele bei den Apostolischen Vätern sind nur die Konsequenz des Verfahrens der neutestamentlichen Autoren. So, wenn im ersten Clemensbrief (12,7) das rote Seil, das die Hure Rahab aus ihrem Hause heraushing, als Weissagung der Erlösung durch das Blut Christi gedeutet wird, oder wenn der Barnabasbrief (9,8) in den 318 Knechten Abrahams eine Weissagung des Kreuzes Christi findet" (33)[14].

Diesen beiden Beispielen Bultmanns könnte man unschwer zahlreiche Grotesken aus noch heute verwendeten [42] liturgischen Texten hinzufügen. Selbst wenn man diesen Grotesken dadurch einen Rahmen setzt, daß die Verheißungs- und Typologieperspektive der regula fidei so unterworfen bleiben muß, daß die alttestamentlichen Texte nur auf Wahrheiten des christlichen Kerygmas und Dogmas und nicht auf irgendwelche christlichen Marginalien bezogen werden dürfen, so ist das nach Meinung Bultmanns „ein völlig überflüssiges Bemühen, da man diese Wahrheiten ja ohnehin schon kennt" (33).

Bultmann will aber dennoch am Schema Verheißung – Erfüllung und insbesondere an Jesus Christus als Erfüllung der Geschichte Gottes mit Israel festhalten. Dabei kommt es ihm freilich nicht auf einzelne Texte, sondern auf das Ganze des Alten Testaments bzw. der in ihm bezeugten Geschichte Israels an. Er setzt sich zunächst von einer hegelianisch konzipierten Heilsgeschichte ab, nach der Christus das Ziel der Geschichte ist, so daß die Geschichte zur Weissagung auf Christus hin *wird* – und zwar im Grunde nicht nur die Geschichte Israels, sondern die Weltgeschichte überhaupt. Gegen diese Christologisierung der Geschichte und deren konstitutive Hinordnung auf Christus im Modus der Weissagung wendet Bultmann (m. E. zurecht) ein: Dieser

„Auffassung gegenüber wird man die Frage erheben müssen, *welche theologische Relevanz sie denn hat.* Einen Beweis für die Geltung Christi kann sie natürlich nicht erbringen, da Christus ja schon als das Ziel der Geschichte erkannt sein muß, ehe die Deutung der Geschichte Israels sub specie Christi möglich wird. Wollte man aber sagen, daß eine Bestätigung Christi eben *damit* gegeben ist, *daß* eine solche Deutung möglich wird, so heißt das doch nichts anderes, als daß Christus durch eine geschichtsphilosophische Betrachtung bestätigt wird. Verlangt der Glaube nach einer solchen? Bedarf er ihrer?"

Hinter dieser christologischen Geschichtsmetaphysik steckt nach Meinung Bultmanns der Fehler, daß sie ihr Geschichtsverständnis

„mit Hilfe des philosophischen Gedankens von der Geschichte als eines Entwicklungsganges erreichen will, in dem ursprünglich im Geschehen wirksame Tendenzen im Gang des Geschehens zu ihrer Verwirklichung gelangen" (36).

---

[14] Vgl. Barn 9,7-8: „Lernt also, geliebte Kinder, über alles in reichem Maße, daß Abraham, der als erster die Beschneidung vollzog, beschnitten hat, weil er im Geist auf Jesus vorausblickte; dabei empfing er von drei Buchstaben Weisungen. Es heißt nämlich: Und Abraham beschnitt aus seinem Hause achtzehn und dreihundert Männer. Was ist nun die ihm gewährte Erkenntnis? Bemerkt, daß er die Achtzehn zuerst nennt, einen Abstand läßt und dann die Dreihundert nennt. Die Achtzehn: Jota = zehn, Eta = acht. Da hast Du Jesus. Weil aber das Kreuz, mit dem Tau dargestellt, die Gnade in sich schließen sollte, nennt er auch die Dreihundert. Er weist also auf Jesus mit den zwei Buchstaben hin und mit dem einen auf das Kreuz." Dieses auf den ersten Blick skurrile Spiel mit den Zahlenwerten der drei hebräischen Buchstaben ist eine auch in der rabbinischen Exegese beliebte Auslegungstechnik. Wenn sie nicht den Text, mit dem interpretatorisch „gespielt" wird, abwertet, ist sie durchaus akzeptabel – wenn man es als ein „Offenbarungsspiel" mitspielen will.

Genau dies aber widerspreche dem übereinstimmenden Zeugnis des Neuen Testaments:

> „Nach dem Neuen Testament ist Christus das Ende der Heilsgeschichte nicht in dem Sinne, daß er das Ziel der geschichtlichen Entwicklung bedeutet, sondern weil er ihr eschatologisches Ende ist" (36).

Und genau in diesem Sinne sei die alttestamentliche Geschichte als Weissagung und Verheißung zu verstehen: als Ende und als Scheitern ist sie Verheißung, wie Bultmann an den drei für das Alte Testament zentralen Begriffen „Bund", „Königsherrschaft Gottes" und „Gottesvolk" und deren eschatologischer Neuprägung im Neuen Testament aufzeigt. Auf die zentrale Frage: „Inwiefern ist nun die alttestamentlich-jüdische Geschichte Weissagung, die in der Geschichte der neutestamentlichen Gemeinde erfüllt ist?" (50) gibt es für Bultmann deshalb nur die eine Antwort: Die Geschichte Gottes mit Israel, die im Alten Testament zur Sprache kommt, ist Weissagung

> „in ihrem inneren Widerspruch, in ihrem Scheitern ... Das [43] Scheitern erweist die Unmöglichkeit, und deshalb ist das Scheitern die Verheißung. Für den Menschen kann nichts Verheißung sein als das Scheitern seines Weges, als die Erkenntnis der Unmöglichkeit, in seiner innerweltlichen Geschichte Gottes direkt habhaft zu werden, seine innerweltliche Geschichte direkt mit Gottes Handeln zu identifizieren.
> Als Verheißung ist das Scheitern freilich erst von der Erfüllung aus zu verstehen, das heißt aus der Begegnung mit der Gnade Gottes, die sich dem öffnet, der seine Situation als eine Situation der Unmöglichkeit begreift. Die Erfüllung kann deshalb nicht als das Ergebnis der geschichtlichen Entwicklung angesehen werden; denn deren Ergebnis ist nichts anderes als eben das Scheitern. Und damit wäre es zu Ende, hätte nicht Gott in Christus einen neuen Anfang gemacht, der nun allerdings nicht der Anfang einer neuen geschichtlichen Entwicklung ist, sondern ,neue Schöpfung' im eschatologischen Sinne, ein Anfang, der nunmehr jederzeit offensteht für denjenigen, der dessen inne wird, daß sein Weg ins Scheitern führte, sein Weg, auf dem er den ewigen Sinn seines Lebens innerweltlich realisieren wollte. Die Begegnung mit der Gnade Gottes lehrt den Menschen, Gottes Handeln als eschatologisches Handeln im echten Sinne, d. h. als entweltlichendes Handeln zu verstehen, und schenkt ihm die Möglichkeit des Glaubens als die Möglichkeit der eschatologischen Existenz in Welt und Zeit.
> Von da aus ergibt sich das Recht, die alttestamentliche Geschichte des Scheiterns als Verheißung zu verstehen, nämlich als den Weg, den Gott das Volk des Alten Testaments geführt hat. Von da aus das Recht, jenen Widerspruch nicht als den Widerspruch zweier menschlicher Ideen zu interpretieren, sondern als den Widerspruch, der der menschlichen Existenz als solcher eigen ist: auf Gott hin geschaffen zu sein, zu Gott gerufen zu sein und doch der weltlichen Geschichte verhaftet zu sein" (51f).

Verständlicherweise ist in unserem Zusammenhang keine detaillierte Auseinandersetzung mit R. Bultmanns Position möglich. Vier Bemerkungen müssen genügen:

1. Bultmann macht gegenüber einem weitverbreiteten Mißverständnis klar, daß das Neue Testament *nicht* das Alte Testament auslegen will, sondern es gebraucht/benutzt, um sein Christusbekenntnis zu formulieren und zu legitimieren.

2. Bultmann dekouvriert mit Recht die vielfach üblichen linearen, evolutiven Heilsgeschichtsmodelle (Offenbarungsgeschichte vom Niedrigeren zum Höheren) als nicht „schriftgemäß".

3. Bultmann wird der Komplexität und Multiperspektivität des Alten Testaments nicht gerecht; er vereinfacht und verzeichnet die vielfältigen Strömungen und Bewegungen, um sein nicht „schriftgemäßes" Modell einer linearen Unheilsgeschichte des Alten Testaments/Israels zu erhalten. Im übrigen müßte man nach den Kategorien von Bultmann auch das Neue Testament weithin als ein Buch des Scheiterns lesen.

[44] 4. Hinter Bultmanns Konzept steht sein „schriftwidriges" Unverständnis gegenüber der ur-biblischen Spannung von Trans-zendenz und Immanenz und gegenüber dem konstitutiven Geschichtsbezug des biblisch bezeugten Gotteshandelns[15].

2.2 Das Neue Testament ist die Vollendung des Alten Testaments (H. Gese)

Als Gegenposition zu Bultmanns Proklamation der Diskontinuität und der Antithetik zwischen den beiden Testamenten können alle Versuche der letzten Jahre gelten, die sich dem Projekt der gesamtbiblischen Theologie verschrieben haben. Ich wähle zur Illustration das diesbezüglich besonders markante Paradigma der sog. Tübinger Biblischen Theologie. Ihre profiliertesten Vertreter sind (der Alttestamentler) *Hartmut Gese* und (der Neutestamentler) *Peter Stuhlmacher. H. Gese* hat 1970 seinen programmatischen Aufsatz „Erwägungen zur Einheit der biblischen Theologie" vorgelegt[16] und dieses Programm seither in zahlreichen Einzelstudien konkretisiert[17]. Die Hauptaussagen von Gese über das Verhältnis der beiden Testamente lauten:

> „Entscheidend ... ist, daß dadurch, daß das neutestamentliche Geschehen der gesamten alttestamentlichen Offenbarung entgegentrat, die alttestamentliche Traditionsbildung abgeschlossen wurde ... Das Alte Testament entsteht durch das Neue Testament; das Neue Testament bildet den Abschluß eines Traditionsprozesses, der wesentlich eine Einheit, ein Kontinuum ist (S. 14) ... Nicht das Alte Testament hat sich gegenüber dem Neuen zu rechtfertigen, sondern umgekehrt, das Neue Testament bezieht sich auf das Alte zurück. Das Neue Testament hat die alttestamentliche Traditionsbildung zum Ende, zum Abschluß geführt, die biblische Traditionsbildung ist damit als Ganzes abgeschlossen und damit erst in einem tieferen Sinn kanonisch (S. 17) ... Die Offenbarung ist ein Prozeß, und nur im Ganzen ist der Prozeß zu greifen. Der Offenbarungsprozeß setzt einen ontologischen Prozeß, der sich in dem Ereignis von Tod und Auferstehung Jesu vollendet, in welchen die Grenzen von Sein und Nichtsein fallen. Das Sein wird, und die Wahrheit ist geschichtlich geworden" (S. 30).

Für einen angemessenen *christlichen* Umgang mit dem Alten Testament ergibt sich daraus nach Meinung Geses:
[45] l. Weil einerseits das Neue Testament *erstmals* das Alte Testament als solches kanonisch abgeschlossen hat und weil andererseits nach Meinung Geses die jüdische Kanonschließung erst die (antichristliche) Reaktion darauf war, muß gelten:

> „Ein christlicher Theologe darf den masoretischen Kanon niemals gutheißen; denn der Kontinuität zum Neuen Testament wird hier in bedeutendem Maße Abbruch getan. Mir scheint unter den Einwirkungen des Humanismus auf die Reformation die eine verhängnisvolle gewesen zu sein, daß man die pharisäische Kanonreduktion und die masoretische Texttradition, auf die man als ‚humanistische' Quelle zurückgreift, miteinander verwechselte und Apokryphen aussonderte" (S. 16f).

Auch der eigentlich „christliche" Text ist deshalb die griechische Textgestalt, die freilich in ihrer Rückbindung an den hebräischen Text (so vorhanden) gelesen werden muß.

---

[15] Vgl. auch H.-P. MÜLLER, Entmythologisierung (s. Anm. 12), 2, Anm. 5: „Im konkreten Immanenzbezug des Handelns eines transzendenten JHWH mag man geradezu einen Mehrwert des Alten Testaments gegenüber dem Neuen sehen, der jenes auch für den Christen gegenüber diesem nicht überflüssig macht."

[16] H. GESE, Erwägungen zur Einheit der biblischen Theologie, in: ZThK 67 (1970) 417-436, wiederabgedruckt in: ders., Vom Sinai zum Zion. Alttestamentliche Beiträge zur biblischen Theologie (BEvTh 64), München 1974, 11-30; auf diesen Wiederabdruck wird oben mit Seitenzahlen verwiesen.

[17] Vgl. die „Sammelbände": GESE, Vom Sinai zum Zion (s. Anm. 16) sowie DERS., Zur biblischen Theologie. Alttestamentliche Vorträge (BEvTh 78), München 1977.

2. „Mit der These von der *wesentlichen* (kursiv: E. Z.) Einheit des Alten und des Neuen Testaments, von der *einen*, der biblischen Traditionsbildung, erledigt sich die prekäre Frage nach der christlichen Interpretation des Alten Testaments ... Ich meine ..., daß es weder eine christliche, noch eine jüdische Theologie des Alten Testaments gibt, daß es eben nur *eine* Theologie des Alten Testaments gibt, die sich in der alttestamentlichen Traditionsbildung verwirklicht und die aus und an dieser entwickelt werden muß" (S. 17) – und zwar auf die neutestamentliche Christologie als dem Telos der alttestamentlichen Traditionsbildung hin.

> „Die neutestamentliche Theologie, d. h. die Christologie, ist die Theologie des Alten Testaments, die das neutestamentliche Geschehen, d.i. das Einbrechen des Heils, die Realisierung des Eschaton, die Gegenwart Gottes beschreibt. Mit ihr nehmen die Zeugen der Auferstehung, die Apostel (und ihre Tradition) dieses Geschehen wahr. Das Neue Testament an sich ist unverständlich, das Alte Testament an sich ist mißverständlich!" (S. 30).

Beide Testamente bedingen sich gegenseitig – als unabgeschlossener Prozeß und als dessen abschließende Vollendung.

Die Kernsätze der verwandten Position P. Stuhlmachers[18] lauten:

> „Die einzelnen neutestamentlichen Bücher machen zwar von den Schriften des Alten Testaments unterschiedlich intensiven Gebrauch. Aber der gemeinsame Sachverhalt ihrer Berufung auf das Alte Testament ist nicht zu leugnen. Er ist sogar für den christlichen Glauben grundlegend ... Das Alte Testament ist die entscheidende Verstehens- und Artikulationshilfe bei der Ausformulierung des neutestamentlichen Evangeliums und seiner Paraklese gewesen ... Von daher ergibt sich der ... Grundsatz: Sofern sich die Theologie des Neuen Testaments ihre Aufgabenstellung vom Neuen Testament her geben läßt, hat sie die besondere Verwurzelung der neutestamentlichen Glaubensbotschaft im Alten Testament zu respektieren ... Dieser Grundsatz führt zu einer ... grundlegenden Schlußfolgerung: Die Theologie des Neuen Testaments ist als eine [46] vom Alten Testament herkommende und zu ihm hin offene Biblische Theologie des Neuen Testaments zu entwerfen und als Teildisziplin einer Altes und Neues Testament gemeinsam betrachtenden Biblischen Theologie zu begreifen" (S. 5).

Zwischen beiden Testamenten, die man zwar unterscheiden, aber nicht trennen kann[19], besteht nach Stuhlmacher sowohl eine Traditionskontinuität als auch eine Bekenntniskontinuität: „Diese doppelte Kontinuität stellt eine entscheidende Voraussetzung und Grundlage für die zum Alten Testament hin offene Biblische Theologie des Neuen Testaments dar" (S. 8).

Als Konkretion dieses Paradigmas von „Verheißung und Erfüllung"[20], das die beiden Testamente als eine organisch gewachsene Einheit begreift, kann in unserem Zusammenhang

---

[18] P. STUHLMACHER, Biblische Theologie des Neuen Testaments. Band 1. Grundlegung. Von Jesus zu Paulus, Göttingen 1992.

[19] Vgl. P. STUHLMACHER, ebd, 5: „Trennt man sie, versteht man das Neue Testament sowohl historisch als auch theologisch falsch."

[20] Das Paradigma ist hier freilich so spezifisch gestaltet, daß man die Unterschiede zu den „naiven" Verwendungsweisen des Kategorienpaars beachten muß. Vgl. auch H. Geses eigene Distanzierungen: „Es steht eine Fülle von Konzeptionen zur Verfügung, das Verhältnis der beiden Größen Altes und Neues Testament zu bestimmen, und doch vermag keine so recht zu befriedigen. Es kann die Auslegung des Alten Testaments vom Neuen aus vorgenommen werden in verschiedener Weise: in allegorischen Umdeutungen oder in typologischen Bezügen; aber dabei besteht die Gefahr, die ursprüngliche, im Rahmen des Alten Testaments gültige Bedeutung eines Textes zu verlieren. Es kann das Neue Testament im Schema von Weissagung und Erfüllung auf das Alte Testament bezogen werden; aber damit rückt das Alte Testament in so einseitige Perspektive, daß es weithin bedeutungslos wird. Was soll die Weissagung, wenn alles erfüllt ist, was die Vorausdarstellung, wenn die Sache selbst vor aller Augen steht?" (GESE, Erwägungen zur Einheit [s. Anm. 16], 11). Gleichwohl: Was bleibt der Eigenwert des Alten Testaments in der Gese'schen Konzeption? Und vor allem: Wo bleibt die im nachbiblischen Judentum fortlebende und fortwirkende Dynamik des Alten Testaments?

die Studie „*Der Messias*" von *Hartmut Gese*[21] gelten, in der Gese nicht nur die nachösterliche Christologie, sondern bereits Jesus selbst als den konsequenten und abschließenden Kulminationspunkt der alttestamentlichen Messianologie darstellt. Jesus selbst gibt durch seine Predigt und durch sein Handeln der verwirrenden, ja mißverständlichen Vielfalt der alttestamentlichen Offenbarungsgeschichte jene Eindeutigkeit, die der offenbarende Gott von Anfang an angezielt hat. Nur was sich in Jesus Christus erfüllt hat, war Gottes Verheißung.

Meine Vorbehalte und meine Ablehnung *dieser* Applikation des Schemas Verheißung – Erfüllung auf die beiden Testamente (bei aller Bewunderung des Bemühens, die Unverzichtbarkeit des Alten Testaments für christliche Theologie aufzuweisen) kann ich hier nur mit wenigen Punkten andeuten[22]:

[47] 1. Geses Hauptthese, daß das Neue Testament *die* Vollendung des ansonsten offenen und mißverständlichen Alten Testaments sei, ist weder durch das Selbstverständnis des Tanach (d.i. der jüdischen Bibel) noch durch das Neue Testament selbst gedeckt. Am ehesten ließe sich die These noch aus dem Aufbau des Ersten Testaments mit der Prophetie als seinem Schlußteil ableiten – wenn *dieser Aufbau* schon zur Zeit der Entstehung des Neuen Testamentes bestanden hätte, was höchst zweifelhaft ist. Hier ist gegen Gese daran festzuhalten, daß a) der jüdische Kanon mit seinem dreiteiligen Aufbau Tora-Nebiim-Ketubim (Tanach) abgeschlossen war, ehe die Kirche ihren eigenen Kanon erweiterte, daß b) der Kanon der ersten christlichen Gemeinden bis in die Mitte des 2. Jh. *identisch* (in Aufbau und Umfang) war mit dem jüdischen Kanon, zumal auch der Kanon des hellenistischen (auch alexandrinischen) Judentums nicht davon differierte (der sog. Septuagintakanon ist erst ein christliches Produkt) und daß c) die neutestamentlichen Texte mit ihren Verweisformeln „gemäß der Schrift/den Schriften", „wie geschrieben steht" die Autorität einer bereits abgeschlossenen kanonischen Bibel Israels voraussetzen. Der Tanach selbst ist als „Offenbarungsentwurf" einerseits eine in sich geschlossene kanonische Größe, die freilich andererseits *als solche* einer permanenten, zeit- und erfahrungsbezogenen Aktualisierung und Neuaneignung bedarf. Als *derartige* Aktualisierung verstehen sich der Talmud und die Responsenliteratur. Die für uns Christen endgültige Aktualisierung ist Gottes Handeln in und durch Jesus, den Christus, wie es uns in den Schriften des Neuen Testaments bezeugt ist; gerade da aber ist es uns nur als Zeugnis der *vielen Stimmen* des Neuen Testaments zugänglich. Das allein schon macht die Rede vom Neuen Testament als „*der* Vollendung" problematisch; noch mehr ist freilich daran zu erinnern, daß das Neue Testament mit der Johannesapokalypse selbst wieder ein „offenes" Buch ist (vgl. besonders Offb 22,20).

2. Die komplexe Vielfalt der Vorstellungen und der Texte wird bei Gese reduziert auf *eine einzige* Linie, die als ein überlieferungsgeschichtlicher Zusammenhang ausgelegt wird. Maßstab dieses überlieferungsgeschichtlichen Konstruktes, dem – nach Art des organischen Wachstums einer Blume – eine offenbarungsgeschichtliche Dynamik zugesprochen wird, ist der neutestamentlich erkennbare Jesus Christus bzw. die Christologie. Von ihr her wird zwischen Spreu und Weizen geschieden. Daß es beispielsweise die Übertragung der Davidverheißungen bzw. des sog. Davidbundes auf das Volk gab, also das, was öfter Demokratisierung der messianischen Vorstellungen genannt wird (z.B. Jes 55,3-5), oder daß es eine gezielte theokratische Kritik gab an aller sich an einem menschlichen Königtum inspirierenden messianischen

---

[21] H. GESE, Der Messias, in: ders., Zur biblischen Theologie (s. Anm. 17).
[22] Zur Kritik an Geses Gesamtkonzept vgl. besonders: M. OEMING, Gesamtbiblische Theologien der Gegenwart. Das Verhältnis von AT und NT in der hermeneutischen Diskussion seit Gerhard von Rad, Stuttgart 1985, 111-119; H.-C. SCHMITT, Die Einheit der Schrift und die Mitte des Alten Testaments, in: FS F. Mildenberger, Stuttgart 1994, 49-66 (bes. 50-58). Zur Auseinandersetzung mit Geses „Messianologie" vgl. auch E. ZENGER, Vom christlichen Umgang mit messianischen Texten der hebräischen Bibel, in: E. Stegemann (Hg.), Messias-Vorstellungen bei Juden und Christen, Stuttgart 1993, 140-144.

Hoffnung (z.b. Ez 34) oder daß es die Vorstellung vom Anbrechen der universalen Gottesherrschaft durch die Einladung Israels an die Völker gab, ohne daß eine [48] messianische Figur auftritt (vgl. Ps 46-48.100)[23], all dies wird in Geses Konzept ausgeblendet. Die Christologie wird zum Instrument: eines Offenbarungseklektizismus bzw. zum christlichen Kanon im alttestamentlichen Kanon: theologisch relevant ist offensichtlich nur, „was Christum treibet".

3. Ist dies schon problematisch genug, so ist noch viel problematischer und aus meiner Sicht schlechterdings inakzeptabel, daß die alttestamentlichen Texte für Christen post Christum natum keinen theologischen Eigenwert mehr haben. Sie sind nur „mißverständliche" Vorstufen, als solche gewiß notwendig, aber eben nur Vorstufen. Was an und in diesen Texten theologisch bedeutsam war, ist erst im nachhinein zu erkennen – eben nur das, was in Jesus bzw. in der Christologie „aufgehoben" ist. Daß die Korrelation neutestamentlicher Texte mit alttestamentlichen Texten, die im Neuen Testament (noch) nicht „vollendet" sind, der neutestamentlichen Christologie weitere und notwendige Tiefendimensionen geben kann, bleibt hier ausgeschlossen. Genau diese dialektische Hermeneutik der kanonischen Dialogizität ist aber durch die „Zweiheit" der *einen* christlichen Bibel gefordert[24].

4. Wer so mit alttestamentlichen Texten umgeht, löst sie letztlich in christologische Metaphorik auf. Die Konsequenz ist, daß dann auch Jesus *als Messias* zur geschichtslosen Metapher wird. Wer beispielsweise wie Gese den Einzug Jesu nach Jerusalem schon auf der Erzählebene – bei Gese ist dies sogar eine „ontische" Aussage – so denken kann, daß damit „der ewige Friede des Gottesreichs" gebracht wird, nimmt entweder die Semantik oder die Realität nicht mehr ernst; beides ist im Hinblick auf die messianischen Texte *beider Teile* der Bibel aber unverzichtbar.

5. Bei dieser Art des Umgangs mit den messianischen Texten der Hebräischen Bibel werden die Texte christlich so *an*geeignet, daß die Juden dabei *ent*eignet werden. Da Gese von seiner geradezu metaphysisch konzipierten Offenbarungsgeschichte her Jesus als die Erfüllung des alttestamentlichen Messianismus begreift, bleibt für eine authentische jüdische Messiashoffnung *daneben* und *danach* kein Raum mehr. Den alttestamentlichen Texten wird eine quasi notwendige Dynamik ins Neue Testament unterstellt, die sie selbst nirgends erkennen lassen und die ihnen weder vom historischen Jesus noch von den neutestamentlichen Autoren, nicht einmal in den sog. Reflexions- und Erfüllungszitaten zugewiesen wird.

6. Bei diesem „gesamtbiblisch" reflektierten Umgang mit den messianischen Texten des Tanach/des Ersten Testaments ist die christologische „Vollendung" [49] der Ausgangspunkt der Wertung und des Verständnisses auch von Texten des Ersten Testament, deren „Unerfülltheit" der Christologie gerade jenen apokalyptischen Messianismus einstiften muß, der „nach Auschwitz" die Christen und die Juden zur gemeinsamen „Arbeit" in der Hoffnung auf die Vollendung des Gottesreichs inspirieren und motivieren will. Was im Zeitalter der Loslösung der Christen aus dem Judentum auf die eine oder andere Weise als Verdrängung der utopischen Kraft der alttestamentlichen Texte verstehbar ist, ist heute nicht mehr erlaubt – weder mit Blick auf die messianischen Traditionen des Judentums noch mit Blick auf die eigentliche Botschaft Jesu vom Gottesreich, das – wie wir im Vaterunser beten – erst noch „*zu uns*" kommen muß.

---

23 Vgl. dazu N. LOHFINK/E. ZENGER, Der Gott Israels und die Völker. Untersuchungen zum Jesajabuch und zu den Psalmen (SBS 154), Stuttgart 1994, 151-178.

24 Zum Konzept einer Hermeneutik der kanonischen Dialogizität vgl. E. ZENGER, Am Fuß des Sinai. Gottesbilder des Ersten Testaments, Düsseldorf [2]1994, 67-86; DERS., Thesen zu einer Hermeneutik des Ersten Testaments nach Auschwitz, in: C. Dohmen/T. Söding (Hg.), Eine Bibel – zwei Testamente. Positionen in der neueren hermeneutischen Diskussion (UTB), Paderborn 1995.

2.3 Christus im Alten Testament: Geheimnis des Glaubens (J. Becker)

Gegenüber dem Projekt einer biblischen Theologie, welche die geradezu metaphysische Einheit der beiden Testamente auf der Textoberflächenstruktur aufweisen will, um den Preis, daß das Neue Testament das Alte Testament sehr zentral korrigiert, ist neuerdings ein gesamtbiblisches Modell vorgeschlagen worden, das die fundamentale Einheit der christlichen Bibel propagiert – freilich gerade in dezidierter Ablehnung einer Verhältnisbestimmung nach dem Schema Verheißung – Erfüllung. Dieser Vorschlag stammt von *Joachim Becker*, der sich in seiner 1993 vorgelegten „Biblischen Hermeneutik" mit ungewohnter Radikalität für die christologische Deutung des Alten Testaments als der einzig möglichen *christlichen* Auslegung und Lektüre des Alten Testaments eingesetzt hat[25]. Sein Ausgangspunkt ist der auf der Basis historisch-kritischer Forschung unübersehbare und unüberbrückbare Hiatus zwischen Altem und Neuem Testament. In sich gelesen ist das Alte Testament ein durch und durch jüdisches Buch. Alle wie immer gearteten Versuche der kritischen Exegese, das Alte Testament als Verheißung des Neuen Testaments wenigstens partiell zu vermitteln, sind zum Scheitern verurteilt. Denn es gilt: „Das Alte Testament hat in rein rationaler Sicht ... und unabhängig vom christlichen Offenbarungswissen seine adäquate Erklärung in der Situation des nachexilischen Israel. Alles ist in Übereinstimmung mit den geistlichen Strömungen, den Anliegen und insbesondere dem inneralttestamentlichen Horizont der Heilserwartungen dieser Zeit ... Für die Frage nach dem Verhältnis des Alten zum Neuen Testament ergibt sich aus dieser These, daß eine wie immer geartete Vorherverkündigung Christi oder eine Erfüllung des Alten Testaments in Christus nach den Regeln rationaler Auslegung nicht zwingend ist, ja sich nicht einmal als wahrscheinlich aufdrängt. Jedes Falschspiel mit Redensarten ist auf dieser Ebene nicht angebracht. Das Judentum kann mit [50] Fug und Recht das Alte Testament für sich einfordern. Der Sachverhalt macht historisch verständlich, daß die Mehrheit des jüdischen Volkes gegenüber der Verkündigung der Apostel, die wesentlich auch christologische Schriftdeutung war, ungläubig geblieben ist" (78f).

Daß das in sich selbst gelesene Alte Testament niemals als Verheißung des Neuen Testaments *und* daß umgekehrt das Neue Testament nach den Maßstäben rationaler und literaturwissenschaftlicher Methodik gelesen sich auf gar keinen Fall als Erfüllung des Alten Testaments begreifen läßt, ist für Joachim Becker freilich nur die Voraussetzung für die zentrale Feststellung,

> „daß das Neue Testament mit größtem Nachdruck die Person und das Erlösungswerk Christi mit allem, was damit zusammenhängt, bis hin zur ‚Wiederherstellung' (vgl. Apg. 3,21) als im Alten Testament vorherverkündet, vorabgebildet, ja bereits gegenwärtig hinstellt. Diese christologische Deutung ist dem gesamten Neuen Testament eigen und nicht an bestimmte Überlieferungsströme oder Autoren gebunden" (80).

Bei dieser christologischen Deutung des Alten Testaments durch das Neue haben wir es

> „nicht bloß mit einer zeitgebundenen hermeneutischen Methode oder gar mit einer für uns peinlichen Entgleisung zu tun ..., sondern mit einem konstitutiven, unveräußerlichen Element der Offenbarung" (81).

Aus dem skizzierten doppelten Sachverhalt, daß das Alte Testament in sich selbst ruht und sich selbst genügt, und daß das Neue Testament unbefangen das Alte Testament christologisch deutet, ergibt sich dann aber für Joachim Becker die These,

---

[25] J. BECKER, Grundzüge einer Hermeneutik des Alten Testaments, Frankfurt 1993; die oben mit Seitenangaben angeführten Zitate stammen aus diesem Werk.

„daß die christologische Deutung des Alten Testaments ... ein Glaubensgeheimnis im strikten Sinne ist und als solches in der Kraft der göttlichen Tugend des Glaubens als von Gott geoffenbart zu bekennen ist. Nur so kann der Wucht des neutestamentlichen Zeugnisses Recht widerfahren. Ein Glaubensgeheimnis hat einen objektiven Bekenntnisinhalt im Sinne der *Fides quae*. Es handelt sich im vorliegenden Fall um ein Geheimnis vom Rang des trinitarischen und christologischen Dogmas. Wer es über das Zeugnis des Neuen Testaments hinaus in den alten Bekenntnisformeln der Kirche sucht, findet es im nizäno-konstantinopolitanischen Glaubensbekenntnis, dem Credo der Messe, und zwar in den Worten ‚der gesprochen hat durch die Propheten‘. Der Geist hat durch die Propheten natürlich nicht von irgend etwas gesprochen, sondern aus neutestamentlich-kirchlicher Sicht nur von Christus. Der Gedanke liegt nahe, daß das Mysterium der Schrift integrierender Bestandteil des trinitarischen und des christologischen Bekenntnisses ist. In der Trinitätslehre ressortiert es sozusagen unter der Lehre vom Heiligen Geist. Gleichzeitig muß eine These des christologischen Traktats lauten: Jesus Christus ist im Alten Testament vorhergesagt, vorabgebildet und gegenwärtig" (88).

Christologische Deutung des Alten Testaments ist deshalb nicht auf dem Wege der kirchenamtlich sanktionierten kritischen Exegese zu bewerkstelligen, auch nicht mit Hilfe der Lehre vom vielfachen Schriftsinn, sondern schlichtweg in Nachahmung jenes emphatischen direkten christologischen [51] Zugriffs auf das Alte Testament, wie ihn das Neue Testament und die Kirchenväter praktiziert haben. Hinter die kritisch gewonnene Erkenntnis, daß das Alte Testament nie und nimmer auf das Neue Testament hingeordnet werden kann, darf nicht zurückgegangen werden. Die traditionelle und die moderne christliche Hermeneutik, die eine Konvenienz der beiden Testamente oder ihre Konkordanz aufzuweisen versuchten, sind Irrwege und wecken Illusionen, die sie nicht erfüllen können.

„Gegenüber all diesen Bestrebungen ist zu betonen, daß die christologische Deutung wesentlich Glaubenssache ist. Der Sachverhalt ist mit der Kategorie der Neuinterpretation – wenn auch einer einzigartigen und definitiven – nicht treffend erfaßt; denn christologische Deutung legt nicht einen Sinn in den Text hinein, sondern legt einen Sinn frei, der als Mysterium im Text beschlossen liegt und nur dem Glauben zugänglich ist" (127).

Der christologische Sinn des Alten Testaments ist auch der eigentliche Sinn des Textes für das jüdische Volk. Deshalb darf und kann man nicht sagen, daß die Kirche die Nachfolge des alttestamentlichen Gottesvolkes angetreten habe und dieses damit ausgeschaltet sei.

„In Wirklichkeit bleibt das alttestamentliche Gottesvolk trotz einer tragischen, aber vom Heilsplan Gottes *inszenierten Zwischenphase des Unglaubens* [kursiv: E.Z.] für immer das Herz der Kirche. Umso abwegiger ist der Gedanke, das Alte Testament abzuschaffen. Es wartet ja darauf, daß das jüdische Volk in ihm Christus erkennt" (101).

Daß ich diesen Entwurf einer christologischen Hermeneutik des Alten Testaments weder für exegetisch noch für liturgisch akzeptabel *und* realisierbar halte, hängt vor allem an folgenden vier Problembereichen, die freilich hier wieder nur angedeutet werden können.

1. Die von Becker postulierte Dichotomie zwischen „rationaler" und „gläubiger" Bibellektüre mit dem Resultat gegenseitig nicht vermittelbarer Sinn-Erschließung der gleichen Texte setzt für das Alte Testament einen Offenbarungsbegriff voraus, der mir nicht nachvollziehbar ist. Da hilft auch nicht der Rekurs auf das Glaubensgeheimnis sensu stricto: Offenbarung schließt ein sich dem Geheimnis annäherndes *Verstehen* (mag es noch so fragmentarisch oder sogar negativ sein) nicht aus.

2. Wie von Beckers Ansatz her die Vielfalt der alttestamentlichen Texte christologisch in praxi gelesen werden sollen, kann ich mir nicht vorstellen. Wozu brauchen wir das alles überhaupt?

3. Die Position widerspricht dem neutestamentlichen Befund. Die neutestamentlichen Texte wollen nicht das Alte Testament deuten, sondern umgekehrt gilt: Das Neue Testament ist vom Alten Testament her geschrieben und will in seinem Lichte gelesen werden. 4. Hätte Becker recht, wäre schlechterdings nicht verstehbar, warum die frühe Kirche das Alte Testament in seiner jüdischen, christologisch nicht bearbei-[52]teten Textgestalt dem Neuen Testament vorangestellt hat – „rein und unvermischt"[26].

3. Das Alte Testament als Erstes Testament im Spannungsfeld von Erfüllung und Verheißung

Die Skizze meines eigenen Versuchs, die theologische und christologische Relevanz des Alten Testaments im Spannungsfeld von Verheißung und Erfüllung zu bestimmen, setzt mit einigen exegetischen Beobachtungen ein.

Im Horizont der kanonischen Dialogizität steht fest: Die Globalzuordnung von Altem Testament zu Neuem Testament als Verheißung – Erfüllung, Typos – Antitypos u.ä. nimmt die Vielschichtigkeit und Vielgestaltigkeit des Alten Testaments nicht ernst. Was der Hebräerbrief gleich an seinem Anfang sagt, muß festgehalten werden: „Viele Male und auf vielerlei Weise hat Gott einst zu den Vätern gesprochen durch die Propheten; in dieser Endzeit aber hat er zu uns gesprochen durch den Sohn ..." Diese „vielerlei Weise" darf nicht nivelliert werden, sondern ist uns als kostbarer Schatz gegeben – „in der Endzeit" und *für* diese.

Die einfache Gleichung Altes Testament = Verheißung und Neues Testament = Erfüllung scheitert auch und besonders, wenn sie christologisch eng geführt wird. Weder haben sich alle alttestamentlichen Verheißungen in Jesus erfüllt noch lassen sich umgekehrt alle neutestamentlichen Aussagen über Jesus alttestamentlich untermauern. *Beide* haben, gerade unter den Kategorien Verheißung – Erfüllung, einen Überschuß, der nicht nivelliert werden darf[27].

> „Wer von Verheißung – Erfüllung redet, weiß von Verhüllung und notvollem Warten, er weiß von Gehen und nicht nur von Stehen, weiß von Ruf und nicht nur von Schau. Die Geschichte bekommt ein Gefälle auf noch Ausstehendes hin. Aber ein Gefälle, das nicht durch dumpf treibende Kräfte bestimmt ist, sondern unter klarem Worte steht"[28].

[53] Was mit der biblischen Kategorie „Erfüllung" gemeint ist, läßt sich gut am alttestamentlichen Sprachgebrauch selbst ablesen[29].

---

[26] Vgl. dazu die wichtigen Beobachtungen von C. DOHMEN in: C. Dohmen/F. Mußner, Nur die halbe Wahrheit? Für die Einheit der ganzen Bibel, Freiburg 1993, 25-35.

[27] Daß die Texte der Bibel grundsätzlich einen „Sinnüberschuß" haben, wird in der neueren leserorientierten Hermeneutik wieder stark betont. Der jeweilige Leser/die jeweilige Leserin ist zur Sinnkonstituierung im Kontext seiner/ihrer Lebens- und Glaubensgemeinschaft gefordert. Der Text ist eine Art Partitur, die je neu „gespielt", aktualisiert und „angeeignet" werden will. Dieser bereits innerbiblisch erkennbare Rezeptionsprozeß („relecture", „rewritten Bible") der gläubigen Aneignung biblischer Traditionen gilt für alle biblischen Texte, auch schon für die „Aneignung" ersttestamentlicher Texte in zweittestamentlichen Texten – im Horizont der Christus- und Gotteserfahrung der Jüngerinnen und Jünger Jesu.

[28] W. ZIMMERLI, Verheißung und Erfüllung (s. Anm. 11), 77.

[29] 1 Kön 1,14: Natan verspricht der Batseba, er werde zu David gehen und ihre Worte „erfüllen", d.h. bekräftigen und bestätigen, daß sie wahr und gültig sind (die Einheitsübersetzung übersetzt deshalb das Verbum „erfüllen" hier sogar mit „bestätigen"!). 1 Kön 2,27: Salomo setzt Abjatar als Priester am Jerusalemer Tempel ab und „erfüllt" so das Gotteswort, das in 1 Sam 2,30-36 über das Haus Eli ergangen war. Gerade der Vergleich von 1 Kön 2,27 mit 1 Sam 2,30-36 aber macht deutlich, daß sich „Verheißung" und „Erfüllung" nicht decken müssen; in 1 Kön 2,27 bedeutet die Tat Salomos vielmehr „Erfüllung" in dem Sinn, daß die Verheißung von 1 Sam 2,30-36 immer noch gültig bleibt, auch auf Zukunft hin.

Von ihm her meint „Erfüllung": Bewahrheitung, Bestätigung, Bekräftigung, Besiegelung, Aktualisierung, Erweis von Zuverlässigkeit und Treue. Wenn wir Christen auf der Grundlage des Neuen Testaments demnach sagen: In Jesus Christus hat sich die Verheißung erfüllt, so heißt das nicht, daß die Verheißung erschöpft und daß an ihre Stelle nun das Verheißene selbst in der Gestalt von „Erfüllung", Überbietung oder gar Ablösung getreten sei, sondern es gilt:

> „Die Verheißung wird in Jesus als dem Christus, mit dem ‚Ja und Amen' Gottes bekräftigt, besiegelt, nahegebracht und wirksam zugesprochen. So bringt also das Neue Testament keineswegs die erfüllte Gegenwart einer sichtbaren oder auch unsichtbaren ‚besseren, gewandelten Welt', sondern das mit der Erscheinung Jesu Christi dringend gewordene Warten und Hoffen auf die Erlösung und Vollendung der Welt, auf die neue Schöpfung (2 Petr 3,13)"[30].

Eine naive Rede von der Erfüllung gar des *ganzen* Alten Testaments durch und in Jesus wird weder der theologischen Botschaft des Alte Testaments noch der im Neuen Testament bezeugten Sendung Jesu gerecht. „Die Verheißungen des AT haben über Jesus hinaus einen bleibend Überschuß"[31]. Die Sendung Jesu läßt sich nicht darauf reduzieren, daß das von ihm angekündigte Gottesreich durch ihn und seit ihm schon „da sei"; er ist vielmehr für die Christen der unüberholbare und endgültige Zeuge dafür, daß dieses Gottesreich, allen bösen Mächten zum Trotz, kommen wird – so wie sein Tod sich in der Auferweckung vollendet hat. Gerade die für unser christliches Selbstverständnis so zentrale Hoffnung, daß Gott kommt, um unser Leben und insbesondere die Geschichte zu vollenden, hat ihre unaufgebbare Grundlage in den Gottesverheißungen des Alten Testaments, auf die Jesus zurückgreift und die der Gott Israels als Vater Jesu Christi an und in Jesus „neu" handelnd „erfüllt". Das im Alten als dem Ersten[32] Testament bezeugte und verheißene [54] Handeln Gottes an seinem Bundesvolk Israel aktualisiert sich nach dem Zeugnis des Neuen Testaments für uns Christen erneut und auf neue Weise in Jesus Christus und in der Kirche. In den Schriften des Neuen Testaments wird dabei allerdings, wie bereits gesagt wurde, der Zusammenhang nicht im Sinn einer geradlinigen „Fortschrittsgeschichte" vom Alten Testament zum Neuen Testament hin gezogen, so daß die alttestamentlichen Texte ihren Sinn und ihre Wahrheit erst vom Neuen Testament her erhielten oder ihren Eigen-Sinn in der Zeit der Erfüllung nun gar verloren hätten. Vielmehr gilt umgekehrt: Die besondere und endgültige Weise, in der der Gott Abrahams sich in Jesus offenbart, geht nur auf, wenn dieses Heilshandeln Gottes im Horizont der Geschichte seines Handelns an seinem Volk Israel geschaut und geglaubt wird. Als solches ist es nicht einfach Erfüllung und Einlösung vorher ergangener Weissagungen oder Verheißungen, sondern (auch) in Jesus und

---

[30] H. J. KRAUS, Perspektiven eines messianischen Christusglaubens, in: J. J. Petuchowski/W. Strolz (Hg.), Offenbarung im jüdischen und christlichen Verständnis (QD 92), Freiburg 1981, 260.

[31] So H. VORGRIMLER in der „10. völlig neubearbeiteten Auflage" des „Kleinen Theologischen Wörterbuchs" (s. Anm. 5), 16.

[32] Mit der Bezeichnung „Erstes Testament" soll darauf aufmerksam gemacht werden, daß dieser erste Teil der christlichen Bibel das grundlegende Fundament ist, das zuerst gelegt wurde und auf dem das im „Zweiten Testament" bezeugte neue Handeln Gottes an und durch Jesus aufruht, dem Jesus nachfolgen, so aufruht, daß es dessen erneute und endgültige Aktualisierung ist. – Die Bezeichnung hat mehrere positive Implikationen: 1. Sie vermeidet die traditionelle Abwertung, die sich assoziativ und faktisch mit der Bezeichnung „Altes Testament" verbunden hat. 2. Sie gibt zunächst den historischen Sachverhalt korrekt wieder: Es ist gegenüber dem Neuen/Zweiten Testament in der Tat als „erstes" entstanden, und zwar die erste Bibel der jungen, sich formierenden Kirche. 3. Sie formuliert theologisch richtig: Es bezeugt jenen „ewigen" Bund, den Gott mit Israel als seinem „erstgeborenen" Sohn (vgl. Ex 4,22; Hos 11,1) geschlossen hat, als „Anfang" jener großen „Bundesbewegung", in die der Gott Israels auch die Völkerwelt hineinnehmen will. 4. Als „Erstes" Testament weist es hin auf das „Zweite Testament". So wie letzteres nicht ohne ersteres sein kann, erinnert auch die christliche Bezeichnung „Erstes Testament", daß es in sich keine vollständige christliche Bibel ist.

in der Kirche führt der Gott Israels die Erlösungsgeschichte weiter – ihrer Vollendung entgegen[33]. Daß die Dynamik der Hebräischen Bibel nur in das Neue Testament drängt, muß weder aus dem Neuen Testament gefolgert werden[34], noch ist es ersttestamentlich aufweisbar. Schon innerersttestamentlich ist das Spannungsgefüge Verheißung – Erfüllung so, daß die beiden Pole nie voll deckungsgleich sind. Die Erfüllung wird vielmehr so erzählt und erfahren, daß sie selbst wieder zu einer neuen Verheißung wird. Das gilt auch von Jesus, insofern er im Horizont des ersttestamentlichen Gotteshandelns geschaut und geglaubt wird: Gerade insofern in ihm der Gott Israels am Wirken war, dem es um die [55] universale, eschatologische Gottesherrschaft geht, ist Jesus nicht nur Erfüllung ersttestamentlicher Hoffnungen, sondern *die* neue, weitere Verheißung in der langen Verheißungsgeschichte des Gottes Abrahams, wie dies der lukanische Petrus in der Apostelgeschichte predigt:

> „Kehrt um und bekehrt euch, damit eure Sünden getilgt werden, bis Zeiten der Erquickung vom Antlitz des Herrn herkommen, und er den für euch bestimmten Messias senden wird, nämlich Jesus, den (einstweilen) der Himmel aufnehmen muß bis zu den Zeiten der Wiederherstellung von allem, wie Gott verkündet hat durch den Mund seiner heiligen Propheten von jeher" (Apg 3,19f).

Jesus ist also der *designierte* Messias – der noch kommen wird, um das Reich des umfassenden Schalom zu bringen, das die Propheten als Gabe Gottes verheißen haben. In der Kette dieser Verheißungsgeschichte ist Jesus für uns Christen *das* entscheidende Glied der Kette, das uns mit dem schalom-gebenden Gott verbindet – und er ist zugleich die letztgültige Aktualisierung der Verheißungen Gottes – er ist *die* Verheißung Gottes selbst[35].

---

[33] Vgl. T. PRÖPPER, „Daß nichts uns scheiden kann von Gottes Liebe ..." Ein Beitrag zum Verständnis der ‚Endgültigkeit' der Erlösung, in: FS R. Lettmann, Kevelaer 1993, 311: „Endgültigkeit heißt nicht schon Vollendung. Solange die Verheißungen der Propheten Israels noch unerfüllt sind, steht die Vollendung der Selbstoffenbarung Gottes noch aus. Vollendet wäre sie erst, wenn Gottes Liebe in allen Verhältnissen ihre rechte Gestalt gefunden hätte und es niemanden mehr gäbe, den sie nicht so wirksam erreicht hat, daß er durch sie versöhnt und heil werden kann. Daß ihre End-gültigkeit gleichwohl schon offenbar wurde, ist dennoch relevant und bedeutsam – es begründet die geschichtliche Möglichkeit des Heils, die Gott der menschlichen Freiheit zugedacht hat: daß ihr nämlich gesagt ist, was ihr nur von Gott gesagt werden konnte, damit sie, aus der Endgültigkeit dieser Zusage, ihre neuen Möglichkeiten als geschichtliche Freiheit ergreift".

[34] Ob die Universalität des Heilsangebots in Jesus Christus notwendigerweise Exklusivität meint, ist doch sehr zweifelhaft geworden.

[35] Vgl. H. VORGRIMLER, Zum Gespräch über Jesus, in: FS E. L. Ehrlich, Freiburg 1991, 157f: „Wenn Juden sagen: Die Welt ist noch unversöhnt, brauchen Christen dem nicht zu widersprechen und das Gegenteil zu behaupten. Man könnte einmal die katholische Liturgie daraufhin untersuchen, wie oft um das Kommen unserer Erlösung gebeten wird! ... Was Christen in die konkrete Sicht auf die Wirklichkeit einzubringen haben, ist folgendes. Gottes Ja gilt dieser Schöpfung. Die angekündigte, erhoffte und ersehnte Königsherrschaft Gottes, in der Schalom zwischen Gott und Menschen, zwischen Menschen und Menschen, zwischen Menschen und Natur sein wird, ist nicht das ‚ganz Andere', das nach einem totalen Bruch eintreten oder geschaffen würde. Wenn das Ja Gottes dieser Schöpfung, dieser Menschheit gilt, muß es in verborgener Weise in ihr, in ihrer Herzmitte sein, ein Ja, das sich Gott vielleicht in größtem Schmerz, in unausdenklichem Leiden abpreßt, wenn er menschlichen Widerspruch, wenn er Auschwitz zusammen mit seinem Ja aushalten muß. Dafür steht Jesus als Zeuge. Er bezeugt – mit der ganzen Konsequenz seines Lebensschicksals –, daß das Ja Gottes unwiderruflich ist. So gesehen ist die Christologie verpflichtet, an der Einzigartigkeit und Unüberbietbarkeit Jesu festzuhalten: So wie er als Person in einzigartiger Weise für seine Sendung bereitet wurde, so ist seine Gottesbotschaft unüberholbar. Im jüdisch-christlichen Dialog ist das schon öfter so vorgetragen worden: Jesus ist die unüberbietbare Besiegelung – von Gott her – für die Verheißungen Gottes an Israel und an die Heiden. Versucht die christliche Theologie, diese besondere Qualität der Menschwerdung und Erlösung zusammen aussprechen will, in den Begriffen der neueren Gnadentheologie zu formulieren, so muß sie nicht sagen: Jesus ist die endgültige Selbstmitteilung Gottes. Sondern sie kann präziser sagen: Jesus ist die unwiderrufliche Verheißung der endgültigen Selbstmitteilung Gottes."

Das also ist die unverzichtbare Funktion des Ersten Testaments im Spannungsfeld von Verheißung und Erfüllung: Es dynamisiert das traditionelle Schema, ja kehrt es sogar um und hält, insbesondere im Bekenntnis zur eschatologischen Sendung Jesu, die Verheißung *offen*. Die Erinnerung des Todes und der Auferweckung Jesu, die in der Eucharistiefeier als Hineingehen in die dramatische[36] Geschichte des Sinaibundes geschieht, bindet diese einerseits unablösbar an die Geschichte Gottes mit seinem Volk Israel und öffnet sie [56] andererseits für jene universale Dynamik, in der die ganze Welt zum Ort der Gottesherrschaft werden soll. Das Erste Testament schützt mit seinem in Jesus besiegelten Verheißungspotential die Christologie vor jeglichem den *status quo* legitimierenden Mißbrauch. Das Erste Testament ist jener Teil unserer Bibel, der mit seiner Theozentrik die Theodizeefrage einklagt – gerade angesichts der Osterbotschaft.

Das (christliche) Erste Testament und seine jüdische Leseweise als Tanach halten daran fest, daß die Klage und das Leid der besondere Ort der Gottes- und der Christus-Wahrheit ist. Vielleicht liegt hier das eigentliche Defizit der liturgischen Christologie. Von ihrer soteriologischen Ausprägung her ist sie zwar sündenempfindlich, aber zu wenig leidempfindlich. Was wir heute, zumal in einer Christologie nach Auschwitz, brauchen, ist – um ein Wort von J.B. Metz aufzugreifen – nicht so sehr die Ostersonntagschristologie, sondern mehr Karsamstagschristologie:

> „Die Ostersonntagschristologie hat unsere Gebete zu sehr mit einer Siegersprache verwöhnt und ihr die Katastrophenempfindlichkeit abgewöhnt. Wir brauchen eine Karsamstagssprache, eine Karsamstagschristologie, eine Christologie mit schwachen Kategorien, eine Christo-logie, deren Logos noch erschrecken und unter diesem Schrecken sich wandeln kann. Wie anders wäre die Christologie von dem Verdacht zu befreien, sie sei gar nicht Theologie, sondern Mythologie, nicht Sprache des Evangeliums, sondern Sprache eines Siegermythos?"[37]

Damit unsere liturgische Christologie die Herzen der Menschen trifft, tröstend und befreiend, daß sie die zarte Flamme der Verheißung nährt, die inmitten von Leid und Verlassenheit zum Widerstand inspiriert, zum Kampf sogar mit Gott – dazu kann ihr die Verwurzelung im Ersten Testament helfen.

Es ist für mich keine Frage: In unserer Liturgie pulsiert zu viel Erfüllungspathos und zu wenig Gottes- und Menschenpassion, die aus der Verheißung lebt. Hier kann die Liturgie beim Ersten Testament neu in die Schule gehen.

---

[36]   Vgl. dazu N. LOHFINK/E. ZENGER, Der Gott Israels (s. Anm. 23), 179-185.
[37]   J. B. METZ, Gotteskrise. Versuch zur „geistigen Situation der Zeit", in: Diagnosen zur Zeit. Mit Beiträgen von J. B. Metz u.a., Düsseldorf 1994, 80.

Die grund-legende Bedeutung des Ersten Testaments.
Christlich-jüdische Bibelhermeneutik nach Auschwitz[1]

Bibel des Urchristentums

> [6] „Hätte man einen Christen um das Jahr Hundert gefragt, ob seine Gemeinde ein heiliges und verbindliches Buch göttlicher Offenbarung besäße, so hätte er die Frage stolz und ohne zu zögern bejaht: die Kirche besaß solche Bücher, das ‚Gesetz und die Propheten‘, das heute so genannte Alte Testament. Über hundert Jahre lang, noch um die Mitte des zweiten Jahrhunderts bei Justin, erscheint das Alte Testament als die einzige, maßgebende und völlig ausreichende Schrift der Kirche…; dass zur Sicherung über das Alte Testament hinaus weitere, schriftliche Urkunden erwünscht oder erforderlich sein könnten, kam ihm nicht in den Sinn".[2]

Und hätte man diesen Christen gefragt, ob er sagen könne, was denn in diesen „Schriften" stünde, hätte er nicht mit einer allgemeinen Inhaltsangabe, sondern mit dem Rezitieren langer Textpassagen geantwortet, vor allem wenn es sich um einen so genannten Judenchristen gehandelt hätte. Zwar ist unser historisches Wissen um die jüdische Schul- und Lernkultur im Frühjudentum bzw. zur Zeit Jesu begrenzt, insbesondere ist nach wie vor kontrovers, wann in Israel/Palästina die allgemeine Schulbildung eingeführt wurde (Ende des l. Jh. n.Chr.?), gleichwohl ist es keine Frage: Viele kannten damals ganze „Bücher" auswendig, vor allem die fünf Bücher der Tora, das Buch Jesaja und die Psalmen.

Das bestätigt auch das Neue Testament beinahe auf jeder Seite. Während wir „schriftunkundigen" Leser der Neuzeit uns mit Hilfe von Konkordanzen und Bibelkommentaren mühsam erarbeiten müssen, wie stark die neutestamentlichen Texte von den „Schriften" Israels geprägt sind (wörtliche Zitate, als solche ausdrücklich gekennzeichnet, aber eben auch „einfach" in die Erzählabfolge oder in den Argumentationszusammenhang als implizite Zitate eingefügt; Anspielungen, Motivtransformationen, Figurenkonstellationen usw.), war dies den Erstadressaten offensichtlich so vertraut, dass die Verfasser der neutestamentlichen Texte damit so intensiv und kreativ umgehen konnten. Die „Schrift" war die dominierende Sprach- und [7] Bildwelt der Verfasser und der Adressaten der Briefe der Apostel, der Evangelien *und* der Johannesapokalypse.

Theologische Bedeutung

Dies ist eine literarhistorische Feststellung, die zugleich höchste theologische Relevanz hat. Freilich darf man diese historische Erkenntnis nicht mit jener Brille beurteilen, die bis heute viele christliche Theologen tragen. Diese sehen die Selbstverständlichkeit, in der das

---

[1] Die Diskussion über dieses Thema ist in den letzten zehn Jahren intensiv geführt worden; dementsprechend müsste hier auf viele Beiträge verwiesen werden. Das ist nicht möglich. Ich nenne nur die Namen einiger Alttestamentler, deren Publikationen in die theologische Richtung gehen, die auch ich selbst vertrete: C. Dohmen, B. Janowski, N. Lohfink, R. Rendtorff. Eine Zusammenstellung der wichtigsten Literatur zum Thema findet sich bei: E. ZENGER u.a., Einleitung in das Alte Testament, Stuttgart [3]1998, 11; ebd. 12-35 eine Zusammenfassung meiner eigenen Position. Im Rückblick erscheint es mir immer noch richtig, dass ich diese Diskussion zumindest im katholischen Raum mit meiner 1991 erschienenen Streitschrift „Das Erste Testament. Die jüdische Bibel und die Christen" teilweise polemisch eröffnet habe. Dieses Buch hat immerhin fünf Auflagen und eine Taschenbuchausgabe erhalten; außerdem ist es in mehrere Sprachen übersetzt worden. Das zeigt: Es ist ein Thema, das nicht nur Theologen interessiert.

[2] H. von CAMPENHAUSEN, Die Entstehung des Neuen Testaments, in: E. Käsemann (Hg.), Das Neue Testament als Kanon, Göttingen 1970, 110.

Urchristentum mit „den Schriften" Israels lebte, diese zitierte und auf das Christusereignis bzw. auf sich selbst bezog, als Argument für die These, dass das Christentum sich damit an die Stelle des Judentums setzen wollte. Das gelte, so sagen manche, vor allem für die sog. „Erfüllungszitate" (z.b. Mt 26,56: „Dies alles ist geschehen, damit die Schriften der Propheten erfüllt würden"), an denen doch deutlich werde, dass die Christen sich aus dem Judentum verabschiedet hätten, weil die Juden diese „Erfüllung" gerade nicht annehmen. Dies ist ein „dogmatisches" Vorurteil, das letztlich in dem Axiom wurzelt, dass *erst* und *nur* im Christentum *eigentlich* offenbar werde, was der Sinn und das Ziel der Geschichte Gottes mit den Menschen und mit der ganzen Schöpfung sei. Wer so denkt, für den ist das Alte Testament nur Vorbereitung und Vorspiel für das *eigentliche* Geschehen, das dann im Neuen Testament bezeugt und im Christentum lebendig ist. Und vor allem: Für den ist das Weiterwirken der „Schrift" im nachbiblischen Judentum bis heute theologisch bedeutungslos. Und solche Theologen sind nicht selten der Meinung: Wenn Juden glaubten, sie verstünden nun, da sie bei ihrem Nein zu Jesus Christus blieben, die Bibel noch als Gotteswort, sei dies eine Täuschung. Das war freilich nicht die Meinung der frühen Kirche, als sie jene Bibel schuf, die wir nun als unsere *eine* Heilige Schrift aus *zwei* Teilen haben, deren erster Teil im Judentum entstanden und bis heute die Bibel der Juden ist.

Fundament und Verstehenshorizont des Neuen Testaments

Die im Neuen Testament versammelten Schriften sind keineswegs in der Absicht entstanden, Teile der Heiligen Schrift des Christentums zu werden oder gar an die Stelle der jüdischen „Schriften" zu treten. Gewiss waren ab der Mitte des 1. Jahrhunderts eigene Schriften des Urchristentums verfasst worden. Die vermutlich frühesten Schriften sind die Briefe des Paulus, die fast keine Worte Jesu und keinerlei Geschichten über Jesus enthielten. Als die unterschiedlichen Evangelien entstanden, waren sie regional bzw. partikular ausgerichtet. Diese Schriften hatten für die jeweiligen Gemeinden, an die sie gerichtet waren, hohe Bedeutung. Aber sie hatten zunächst nicht den gleichen theologischen Stellenwert wie die Bibel Israels, auch nicht in der Liturgie der christlichen Gemeinden, wo wie in den traditionellen jüdischen Gemeinden die biblischen Lesungen aus der Tora und den Propheten genommen wurden.

Das änderte sich ab der Mitte des 2. Jahrhunderts. Soweit wir erkennen können, fingen christliche Gemeinden um die Wende zum 2. Jahrhundert aus unterschiedlichen Gründen an, verschiedene im Urchristentum entstandene Schriften zu sammeln – als Zeugnisse des neuen Handelns des Gottes Israels an und in Jesus von Nazaret. Da diese Zeugnisse in großem Ausmaß die Bibel Israels aufnahmen, sie wörtlich zitierten, auf sie kunstvoll anspielten, mit Einzelmotiven größere Zusammenhänge der Bibel Israels einspielten, blieb die Bibel Israels einerseits als geistige und sprachliche Welt des Christentums in diesem lebendig. Andererseits führte der Prozess der Trennung zunehmend auch zur Distanzierung von der Bibel Israels, zumindest von Teilen dieser Bibel.

Vor allem führte dieser Prozess zur Infragestellung der theologischen Relevanz der jüdischen Bibel für das Christentum.

Markions Kampf gegen den jüdischen Gott

[8] Die Diskussion über die Frage, inwieweit das jüdische Erbe in Gestalt der jüdischen Bibel für das inzwischen sich als eigene Größe begreifende Christentum noch notwendig oder überhaupt förderlich sei, wurde um 140 n.Chr. bekanntlich von Markion, einem reichen und einflussreichen Gemeindemitglied in Rom, vorangetrieben. Markion war ein radikaler Theologe in der Tradition der paulinischen Theologie. Ausgehend vom Galaterbrief verabsolutierte er nicht nur den Gegensatz von Gesetz und Evangelium, sondern konstruierte von diesem her

einen absoluten Gegensatz zwischen der Bibel Israels und der Predigt Jesu, zwischen dem Gott Israels und dem Gott Jesu. Dass Markion von diesem Ansatz her die Bibel Israels als Dokument einer in und nach Christus überholten Religion als für das Christentum nicht mehr akzeptabel ablehnte, war konsequent. Und da Markion auch wahrnahm, dass die Schriften des Urchristentums ihr Christus- und Gotteszeugnis sehr stark von der Bibel Israels her gestalteten und entfalteten, war es konsequent, dass er die jüdische Komponente dieser Schriften ebenfalls ablehnte. Sein theologischer Bannstrahl traf deshalb die in der Tat ausführlich auf die Bibel Israels rekurrierenden Evangelien des Matthäus, des Markus und des Johannes. So verblieben nur das Lukasevangelium, freilich nach Streichung der Zitate aus der Bibel Israels, und zehn von ihm „entjudaisierte" Paulusbriefe (Gal, 1/2 Kor, Röm, 1/2 Thess, Eph, Kol, Phil, Phlm).

Dieser kühne Vorstoß Markions, das Christentum als eine radikal neue Religion gerade im Gegensatz zum Judentum zu profilieren, zwang die junge Kirche, den Kanon der für das Christentum verbindlichen und notwendigen heiligen Schriften zu klären, und zwar in doppelter Hinsicht: Zum einen wurden – in mehreren Schritten – die Schriften der Christusverkündigung zu einer verbindlichen Sammlung zusammengestellt, und zum anderen musste über das Verhältnis dieser neuen Sammlung zur bisher als heilige Schrift des Christentums geltenden Bibel Israels entschieden werden. Das Endergebnis dieses Entscheidungsprozesses ist die *eine* Bibel aus den zwei Teilen, die wir traditionell Altes Testament und Neues Testament nennen. Dass die christliche Bibel damals *diese* Gestalt erhielt, bedeutete eine grundlegende Weichenstellung für das Verhältnis des Christentums zum Judentum. Dass mit dieser Entscheidung freilich wichtige Fragen offen blieben, an deren Klärung die Kirchen noch arbeiten müssen, haben diese in den letzten Jahren immer deutlicher erkannt.

Entscheidung der Kirche gegen Markion

Um uns die Tragweite der damaligen kirchlichen Entscheidung für ihre eine Bibel aus zwei Teilen bewusst zu machen, wollen wir uns vorstellen, welche anderen Entscheidungsmöglichkeiten zumindest auch *denkbar* gewesen wären:

1. Die Kirche hätte die Position Markions modifiziert übernehmen (was im Übrigen bis heute immer wieder gefordert wird), das Neue Testament zu ihrer nunmehr alleinigen heiligen Schrift erklären und das Alte Testament aus seinem „Offenbarungsdienst" entlassen können, weil ja das, was von ihm christlich „brauchbar" ist, im Neuen Testament aufgenommen sei, und um deutlich zu machen, dass das Christentum zwar aus dem Judentum hervorgegangen sei, aber dass das Judentum und seine Bibel nun in der Sicht des Christentums seine theologische Bedeutung verloren habe. Das wäre zugleich die offenkundige Demonstration jener bis in die neueste Zeit von nicht wenigen christlichen Theologen behaupteten These gewesen, dass der alte Bund durch das Christentum zu Ende gekommen sei.

2. Die Kirche hätte aus den Schriften Israels eine Auswahlbibel zusammenstellen können, also bestimmte Teile als für Christen nicht mehr relevant (z.B. das Buch Levitikus) oder als weniger wichtig (z.B. das Buch Kohelet) oder als sogar [9] schädlich (z.B. das Hohelied) ausscheiden können (*de facto* wurde dies freilich vielfach praktiziert), oder man hätte das Alte Testament christologisch und ekklesiologisch redigieren und bearbeiten können, damit es wirklich ein „christliches" Buch wäre.

3. Schließlich wäre eine ausdrückliche Relativierung denkbar gewesen, die das Alte Testament hinter das Neue Testament gestellt hätte, wie dies bekanntlich Friedrich Schleiermacher vorgeschlagen hat. Dass die frühe Kirche, so Schleiermacher, die beiden Testamente in der einen Bibel geradezu rangmäßig gleichgesetzt habe, sei aus ihrer besonderen geschichtlichen Situation verstehbar, aber theologisch falsch gewesen. Aus geschichtlichem Respekt solle das Alte Testament Teil der christlichen Bibel bleiben, aber als Anhang hinter das Neue Testament gebunden werden, „da die jetzige Stellung nicht undeutlich die Forderung aufstellt,

dass man sich erst durch das ganze A.T. durcharbeiten müsse, um auf richtigem Wege zum Neuen Testament zu gelangen".[3] Die Alte Kirche hat keinen dieser Wege beschritten. Stattdessen traf sie zwei wichtige Entscheidungen, deren Bedeutung für unseren Umgang mit dem Alten Testament wir erst in den letzten Jahren wieder neu zu begreifen beginnen: 1. Die Kirche behielt *alle* Schriften der Bibel Israels in ihrem jüdischen Umfang und Wortlaut bei (auch wenn dies die griechische Sprachgestalt der sog. Septuaginta war, so ist daran zu erinnern: die Septuaginta ist eine *jüdische* Übersetzung). 2. Die Kirche stellte die „neuen" Schriften nicht vor, sondern *hinter* die Bibel.

So entstand die *zwei-eine* christliche Bibel, in der die „Bibel Israels" nicht nur deshalb an erster Stelle steht, weil sie früher entstanden ist, sondern weil sie das Fundament ist, auf dem der zweite Teil aufruht, *und* weil sie der Auslegungshorizont des zweiten Teils ist, gemäß dem hermeneutischen Programm: Das Neue Testament ist im Licht des Alten Testaments zu lesen. Und umgekehrt gilt: Vom Neuen Testament fällt neues Licht auf das Alte Testament *zurück*. Beide Teile legen sich gegenseitig aus – freilich unter der Voraussetzung, dass beide Teile sich auch zunächst einmal *selbst* aussprechen, mit ihrer jeweils spezifischen Botschaft. Das Alte Testament hat ein Eigenwort mit Eigenwert, das *als solches* gehört werden will, vor allem in jenen Teilen, in denen es grund-legend von der Zuwendung Gottes zur Welt *und* zum Gottesvolk Israel erzählt.

Verheißung – Erfüllung bzw. Typos – Antitypos?

Mit dem Stichwort „Eigenwert" des Alten Testaments sind all jene christlichen Lesarten abzulehnen, die das Alte Testament prinzipiell und ausschließlich nach den Schemata „Verheißung" (AT) und „Erfüllung" (NT) bzw. „Vor-Bild/Typos" (AT) und „Vollgestalt/Antitypos" (NT) verstehen. Die mit diesen Schlagworten angedeutete Problematik ist freilich viel zu komplex, als dass sie in wenigen Sätzen hinreichend behandelt werden könnte. Einige kurze Bemerkungen müssen genügen. Zunächst ist wichtig: Verheißung/Erfüllung und Typos/Antitypos sind urbiblische Perspektiven, mit denen vor allem im Alten Testament selbst das Wirken Gottes dargestellt wird. Der biblische Gott erweist darin seine Macht und seine Treue, dass er seine Verheißungen erfüllt und dass er seine einmal geoffenbarten Wirkweisen immer neu aktualisiert bzw. sogar typologisch transzendiert. Freilich sind zahlreiche biblische Verheißungen mit ihrer erstmaligen oder mehrmaligen Erfüllung nicht erledigt oder erschöpft. Im Gegenteil: Nicht wenige „erfüllte" Verheißungen erhalten „im Nachhinein" durch ihre Erfüllung neue Tiefe und zusätzliche Verheißungskraft.

In diesem Sinn sind auch die meisten neutestamentlichen „Erfüllungszitate" gemeint: In Jesus Christus als Erfüllung alttestamentlicher Verhei-[10]ßungen sind diese Verheißungen nicht abgetan, sondern haben zusätzliche, endgültige Verheißungskraft erhalten. Ohne das Alte Testament wäre die Christusbotschaft des Neuen Testaments buchstäblich „grundlos". Dass das Alte Testament das unaufgebbare Fundament des neutestamentlichen Christuszeugnisses ist, hat Johannes Paul II. in einer Ansprache vor der Bibelkommission am 11.4.1997 folgendermaßen auf den Punkt gebracht: „Spricht man Christus seine Verbindung mit dem Alten Testament ab, dann bedeutet das, ihn von seinen Wurzeln zu trennen und sein Mysterium *allen Sinnes zu entleeren*" (Hervorhebung: E.Z.).

Auch die typologische Methode ist nicht prinzipiell abzulehnen. Sie findet sich bereits innerhalb des Alten Testaments selbst und wird im hellenistischen Judentum, besonders bei Philo, kunstvoll durchgeführt. So wird beispielsweise mit dem Theologumenon vom

---

[3]   F. SCHLEIERMACHER in seiner „Glaubenslehre" § 132,3, zitiert nach R. SMEND, Schleiermachers Kritik am Allen Testament, in: ders., Epochen der Bibelkritik, München 1991, 136.

Neuen/Zweiten Exodus die Rettung Israels aus der babylonischen Verbannung/Diaspora als neue Aktualisierung des Ersten Exodus aus Ägypten verkündigt und gefeiert. Beide verhalten sich wie Typos und Antitypos zueinander. Der Antitypos hebt dabei allerdings nicht den Typos auf, sondern „lebt" von seiner Rückbindung an den Typos als dem Fundament, auf dem er aufruht. Diese Art typologischen Denkens wird freilich dort aufgegeben, wo zwischen Typos und Antitypos ein Gegensatz konstruiert wird, wie dies leider bei einigen Kirchenvätern der Fall ist – mit einer fatalen Wirkungsgeschichte bis heute.

So urbiblisch die beiden Perspektiven Verheißung/Erfüllung und Typos/Antitypos auch sind, so ungeeignet sind sie freilich, um das Verhältnis der beiden Testamente zueinander zu beschreiben. Das geht weder auf der Text- noch auf der Sachebene, vor allem nicht in christologischer Hinsicht. Die naive oder aggressive Rede von der Erfüllung gar des *ganzen* Alten Testaments durch und in Jesus Christus wird weder der theologischen Botschaft des Alten Testaments noch der im Neuen Testament bezeugten Sendung Jesu gerecht. „Die Verheißungen des AT haben über Jesus hinaus einen bleibenden Überschuss."[4] Und die Sendung Jesu lässt sich nicht darauf reduzieren, dass das von ihm angekündigte Gottesreich durch ihn und seit ihm schon „da sei"; er ist vielmehr für uns Christen der unüberholbare und endgültige Zeuge dafür, dass dieses Gottesreich, allen bösen Mächten zum Trotz, die Welt vollenden wird – so wie sein Tod sich in der Auferweckung vollendet hat.

Neue Bezeichnung: Erstes Testament

Man kann fragen, ob diese grundlegende Funktion des ersten Teils der christlichen Bibel nicht verdeckt wird, wenn man ihn traditionell „Altes Testament" nennt. Das Neue Testament selbst kennt keine Kategorie „alte" Schriften als Sammelbegriff für die Bibel Israels. Erst die gezielte Absetzung der Kirche vom Judentum hat diese Bezeichnung geschaffen. Und sie ist seit damals bis heute oft mit einer Geringschätzung nicht nur dieses angeblich „veralteten" Teils unserer Bibel verbunden, sondern vielfach mit einer Abwertung des Judentums, das immer noch an diesen durch das Neue Testament doch überholten und dadurch „alt" gewordenen Schriften festhalte. Das ist die Hypothek, die bis heute auf ihr lastet. Und es ist fraglich, ob man dieses fundamentale Missverständnis durch die richtige Interpretation ausräumen kann.

Gewiss: Bei der Bezeichnung „Altes Testament" muss „alt" nicht notwendigerweise negative Beitöne haben, wie auch umgekehrt „neu" nicht notwendigerweise positiv gemeint sein muss („neu" = modisch, unerfahren, gegenüber „alt" sogar weniger kostbar, z.B. alter Wein – neuer Wein). Solange „alt" im Sinne von Anciennität (altehrwür-[11]dig, kostbar, bewährt) und Ursprung seine positiven Konnotationen behält, kann die Bezeichnung gewiss akzeptabel bleiben, zumal sie selbst „alt" ist. Und wenn man sich bewusst macht, dass dies eine spezifisch christliche Bezeichnung ist, die daran erinnert, dass es das Neue Testament nicht ohne das Alte Testament gibt, kann man sie als legitimen Appell an die fundamentale Wahrheit hören, dass die christliche Bibel aus zwei in unterschiedlichen Kontexten entstandenen Teilen besteht, deren Gemeinsamkeit *und* Differenz zugleich (Kontinuität *und* Diskontinuität) festgehalten werden muss. Das Wortpaar „alt-neu" ist dann nicht als Opposition, sondern als *Korrelation* gemeint. Freilich muss man sich daran erinnern, dass es eine Bezeichnung ist, die *weder* dem Selbstverständnis des Alten Testaments entspricht *noch* dem jüdischen Verständnis dieser Schriften angemessen ist. Als solche ist sie anachronistisch und, wie die Rezeptionsgeschichte im Christentum zeigt, der Auslöser permanenter Missverständnisse und fataler Antijudaismen. Deshalb müsste sie eigentlich immer in Anführungszeichen gesetzt – oder durch eine andere

---

[4]   H. VORGRIMLER, Art. „Altes Testament/Alter Bund, in: K. Rahner/H. Vorgrimler, Kleines Theologisches Wörterbuch, Freiburg 10. völlig neu bearbeitete Auflage 1976, 16.

Bezeichnung ersetzt oder zumindest ergänzt werden. Diese korrigierende Funktion könnte von der Bezeichnung „Erstes Testament" ausgeübt werden.

Vorzüge und Missverständnisse

Die Bezeichnung „Erstes Testament" hat mehrere Vorzüge: 1. Sie vermeidet die traditionelle Abwertung, die sich assoziativ und faktisch mit der Bezeichnung „Altes Testament" verbunden hat. 2. Sie gibt zunächst den historischen Sachverhalt korrekt wieder: Es ist gegenüber dem „Neuen"/Zweiten Testament in der Tat als „Erstes" entstanden, und es war die erste Bibel der jungen, sich formierenden Kirche. 3. Sie formuliert theologisch richtig: Es bezeugt jenen „ewigen" Bund, den Gott mit Israel als seinem „erstgeborenen" Sohn (vgl. Ex 4,22; Hos 11,1) geschlossen hat, als „Anfang" jener großen „Bundesbewegung", in die der Gott Israels auch die Völkerwelt hineinnehmen will. 4. Als „Erstes" Testament weist es hin auf das „Zweite Testament". So wie letzteres nicht ohne ersteres sein kann, erinnert auch die christliche Bezeichnung „Erstes Testament" daran, dass es in sich keine vollständige christliche Bibel ist.

Auch diese Bezeichnung ist nicht ohne mögliche *Missverständnisse*. 1. Da viele beim Wort „Testament" in der Zusammensetzung „Erstes Testament" die technische Bedeutung „letztwillige Verfügung" assoziieren, werden sie fragen: „Hebt nicht ein Zweites Testament das Erste Testament auf?" Das *kann*, *muss* aber nicht sein (im Übrigen stellt sich dieses Problem analog für die Bezeichnung „Altes Testament"). Es kann ja auch sein, dass das Zweite Testament *das Erste Testament bestätigt* – und den Kreis der „Nutznießer" des Ersten Testaments erweitert. Und genau das ist beim „Neuen Testament" als Zweitem Testament der Fall: In ihm wird bezeugt, *dass* und *wie* der Gott Israels, der Schöpfer des Himmels und der Erde ist, durch Jesus den Christus seine Bundesgeschichte „endgültig" auf die Völkerwelt hin geöffnet hat. 2. Einige Kritiker lehnen die Bezeichnung „Erstes Testament" deshalb ab, weil sie das Neue/Zweite Testament relativiere und weil das Wortpaar Erstes/Zweites Testament eine grundsätzlich offene Reihenfolge insinuiere, die die Endgültigkeit des Christusereignisses in Frage stelle. Beides ist nicht gemeint (und ist die simple Verwechslung von *principium* und *initium*). Die Kritiker übersehen, dass das Adjektiv groß geschrieben ist. Es heißt *„Erstes"*, und nicht „erstes" Testament.

Will man das „Alte Testament" als heilige Schrift des Judentums kennzeichnen, legt sich die Bezeichnung *Jüdische Bibel* oder das im Judentum üblich gewordene Kunstwort *Tanach* nahe, dessen drei Konsonanten TNK (*k* als *ch* ausgesprochen) die Anfangsbuchstaben der drei Teile der Jüdischen Bibel in deren programmatischer Abfolge wiedergeben (T = Tora/Gesetz; N = Nebiim/Propheten; K = Ketubim/Schriften).

Gemeinsame Bibel von Juden und Christen

[12] Die Diskussion um die Bezeichnung „Altes Testament" ist kein bloßer Streit um Worte, sondern entspringt einem schwierigen Sachproblem, nämlich der Frage, ob mit der Bezeichnung *nicht nur* eine jahrhundertelange christliche Abwertung dieses Teils der *christlichen* Bibel mittransportiert und gefördert wurde, *sondern mehr noch*, ob mit seiner „naiven" oder „aggressiven" Beibehaltung auch ein theologisches Urteil über das Judentum verbunden ist. Ich habe keinen Zweifel: Einige der Kritiker der „neuen" Bezeichnung „Erstes Testament" reagieren so gereizt, weil sie darin eine überzogene Aufwertung des Judentums sehen. Für sie soll das Alte Testament eben nur sagen dürfen, was ihm ihrer Meinung nach das Neue Testament zu sagen erlaubt. Und vor allem: Sie können nicht akzeptieren, dass dieser Teil unserer Bibel, insofern er *zuallererst* Jüdische Bibel und *danach* Heilige Schrift der Christen ist, zwei unterschiedliche *gottgewollte* Leseweisen hat.

Die grundsätzliche Offenheit der Bibel Israels für eine jüdische und für eine christliche Leseweise hängt zum einen mit der theologischen Besonderheit dieser Texte zusammen, die ein vielsinniges, zeitübergreifendes Bedeutungspotential haben. Zum anderen wird diese Offenheit dadurch konstituiert, dass die Texte eben in unterschiedlichen Glaubensgemeinschaften rezipiert werden, zu denen in diesen Texten ein und derselbe Gott auf unterschiedliche Weise redet. Das ist die theologische Konsequenz aus der neuerdings breit aufgenommenen These vom doppelten Ausgang der Bibel Israels im Judentum und im Christentum.[5]

Nach Auschwitz

Bei der Diskussion um die *heute* angemessene Bezeichnung des ersten Teils der christlichen Bibel geht es vor allem um die Frage, ob wir *nach Auschwitz* unser „Altes Testament" noch weiterhin so lesen können, dass wir die Juden, die Erstadressaten dieser Gottesworte, dabei einfach ausblenden oder gar die alten antijüdischen Klischees weiterüberliefern, als wäre die jahrhundertelange theologische Judenfeindschaft des Christentums nicht *eine* der Wurzeln des Judenhasses, der schließlich in den Antisemitismus umschlug. Weil sich hier etwas ändern muss, plädiere ich für eine neue Bezeichnung. Ich stimme R. Rendtorff voll zu:

> „Wir befinden uns in dieser Frage in einem Diskussions- und Experimentierstadium. Ich denke allerdings, dass die Frage der Benennung des Alten Testaments ganz eng mit unserem Verhältnis zum Judentum zusammenhängt. Wenn wir dieses Verhältnis auf eine neue Grundlage gestellt haben, dann erledigen sich die negativen und abwertenden Aspekte des Begriffs ‚Altes Testament' von selbst".[6]

Konkret heißt dies: Wir müssen wahrnehmen, dass der erste Teil unserer Bibel zuerst – und dies bis heute – an Israel gerichtet ist. Wir müssen (und können auf dem Boden des Zweiten Vatikanums) anerkennen, dass es uns Christen nicht zukommt, Juden als Juden darüber zu belehren, was Gott ihnen durch ihre Bibel sagen will. Die Zeiten der Religionsdisputationen, in denen man Juden öffentlich bewies, dass sie ihre eigene Bibel nicht verstünden, sind gottlob vorbei. Demgegenüber erkennen wir heute deutlich, dass wir für unser eigenes Verständnis des Ersten/Alten Testaments vieles aus der jüdischen Tradition lernen können.[7] Ich denke hier nicht an die chassidischen Geschichten, mit denen christliche Predigten und Morgenandachten garniert werden, sondern an die großen jüdischen Bibelkommentatoren[8] – und [13] an das bibelbezogene Lebenszeugnis großer jüdischer Gestalten.

Ich bin der festen Überzeugung: Ob wir Christen es ernst meinen mit der Rede von der Erneuerung des christlich-jüdischen Verhältnisses, entscheidet sich nicht zuletzt an der Erneuerung unseres Umgangs mit dem „Alten Testament". Was Johannes Paul II. am 13. April 1986 in der Großen Synagoge Roms gesagt hat, gilt vor allem mit Blick auf die Juden und Christen gemeinsame Bibel:

---

[5] Die These wurde erstmals so formuliert von K. KOCH, Der doppelte Ausgang des Alten Testaments in Judentum und Christentum: JBTh 6, 1991, 215-242.

[6] R. RENDTORFF, Christen und Juden heute. Neue Einsichten und neue Aufgaben, Neukirchen-Vluyn 1998, 77.

[7] Vgl. E. ZENGER, Was christliche Katechese von der jüdischen Schriftauslegung lernen kann, in: F.-P. Tebartz-van Elst (Hg.), Katechese im Umbruch. FS D. Emeis, Freiburg 1998, 70-82.

[8] Vgl. die umfangreiche Quellenzusammenstellung und deren Umsetzung für die Kommentierung bei: U. SIMON, Jona. Ein jüdischer Kommentar (SBS 157), Stuttgart 1994; Y. ZAKOVITCH, Das Buch Rut. Ein jüdischer Kommentar (SBS 177), Stuttgart 1999.

„Die jüdische Religion ist für uns nicht etwas ‚Äußerliches', sondern gehört in gewisser Weise zum ‚Inneren' unserer Religion. Zu ihr haben wir somit Beziehungen wie zu keiner anderen Religion."[9]

---

[9]   Zit. Nach R. RENDTORFF/H. H. HENRIX, Die Kirchen und das Judentum. Dokumente von 1945 bis 1985, Paderborn ²1989, 109.

Was die Kirche von der jüdischen Schriftauslegung lernen kann

[109] Die Bibelkommission stellt ihr neues Dokument[1] pointiert in den Kontext des Erschreckens über die Schoa. In gewisser Weise macht sie Ernst mit der Erkenntnis, dass die Theologie nach der Schoa nicht nur über das Judentum anders reden muss als dies jahrhundertelang der Fall war, sondern dass dies auch die christliche Theologie und nicht wenige kirchliche Lebensvollzüge verändern muss. Einen ganz zentralen Aspekt stellt das Vorwort von Joseph Kardinal Ratzinger heraus, in dem er sagt:

> „Was […] aus dem Geschehenen folgen muss, ist ein neuer Respekt für die jüdische Auslegung des Alten Testaments. Das Dokument sagt dazu zweierlei. Zunächst stellt es fest, dass die jüdische Lektüre der Bibel ‚eine mögliche Lektüre ist, die in Kontinuität mit den heiligen Schriften der Juden aus der Zeit des zweiten Tempels steht und analog ist der christlichen Lektüre, die sich dazu entwickelt hat' (Nr. 22). Sie fügt hinzu, dass die Christen viel lernen können von der 2000 Jahre hindurch praktizierten jüdischen Exegese"[2].

Das sind Akzentuierungen, die weit über das hinausgehen, was die Erklärung der Bibelkommission in ihrem 1993 veröffentlichten Dokument „Die Interpretation der Bibel in der Kirche" zu diesem Thema ausgeführt hatte. Ich möchte im Folgenden diese neuen Gedanken aufnehmen und durch eigene Überlegungen konkretisieren.

1. Zum Selbstverständnis jüdischer Schriftauslegung

Jüdische Schriftauslegung vollzieht sich in einer fundamentalen Dialektik: Einerseits gilt der biblische Text in all seinen sprachlichen und graphischen Einzelheiten als ein für allemal festgelegt und heilig. Andererseits ist dieser festgelegte Text „zur Auslegung gegeben" (yMegilla 1,1,70a). Diese Dialektik ist bereits mit dem Vorgang der Kanonisierung des biblischen Textes und mit dem Phänomen der Kanonschließung gegeben. Wir sehen heute deutlich, dass der Kanon biblischer Schriften nicht einfach das „späte" und „zusätzliche" Produkt willkürlicher Entscheidungen ist, sondern dass die Bearbeitung und Sammlung biblischer Texte mit ihrer Hochschätzung selbst zusammenhängen. Man kann es etwas überspitzt formulieren: Die Entstehung der einzelnen biblischen Bücher und der Bibel insgesamt verdankt sich der Dialektik von (einmal) vorgegebenem Text und Auslegung. Diese Eigenheit der Bibel wird oft mit der Bezeichnung „Traditionslitera-[110]tur" ausgedrückt . Man könnte auch sagen: Die Bibel ist „Auslegungsliteratur"; Texte, denen Bedeutsamkeit zuerkannt wird, werden zu Auslösern neuer Texte, sei es, dass die Texte selbst „fortgeschrieben" werden oder dass sie neue Texte inspirieren oder generieren. So ist die Bibel fundamental ein durch Auslegung gewordener Text. Und von diesem Entstehungsprinzip her kommt dann der Auslegung der Bibel auch nach dem Akt der Kanonschließung große Bedeutung zu. Im Judentum erhält sie die Würde der mündlichen Offenbarung, zumindest wenn es sich um die Auslegung der Tora handelt.

1.1 „Zur Auslegung gegeben"

Die hohe Würde der Schriftauslegung ergibt sich quasi-notwendig aus dem Akt der Kanonschließung. Die biblischen Texte sind im Judentum (und analog im Christentum) sowohl „heilige" als auch „kanonische" Texte. Als heilige Texte werden sie rituell abgeschrieben, kultisch verehrt und kultisch rezitiert. Als kanonische Texte, deren Wortlaut als sakrosankt und unveränderbar gilt, sind sie der „Kanon" der Lebensdeutung und Lebensordnung der diesen

---

[1] Päpstliche Bibelkommission, Das jüdische Volk und seine Heilige Schrift in der christlichen Bibel (Verlautbarungen des Apostolischen Stuhls 152), Hg. vom Sekretariat der Deutschen Bischofskonferenz, Bonn 2001.

Kanon akzeptierenden Gemeinschaft. Damit der zu einem bestimmten Zeitpunkt der Geschichte „kanonisierte" Wortlaut der Texte die Funktion dieser Texte als Sinn- und Wertekanon weiterhin erfüllen kann, braucht es die Sinnpflege durch die Auslegung. Je größer der zeitliche Abstand vom Augenblick der Kanonisierung an wird, desto notwendiger wird die Auslegung. So entsteht für kanonische Texte unverzichtbar die Dreiecksbeziehung von Text – Ausleger – Hörer/Leser. Die Festlegung des Wortlauts eines Textes ist damit nicht das Ende der Produktivität eines Textes, sondern entlässt aus sich neue Texte, die kommentierend die Relevanz des Textes für das Leben der Gemeinschaft und der Einzelnen erschließen.

Die so verstandene und intendierte Auslegung ist freilich umfassender als das, was die historisch-kritische Exegese leisten will (und kann). Eine solcherart „kanonische" Auslegung

> „bedeutet mehr als das Befragen des Textes nach seiner ursprünglichen, vom Autor gewollten Bedeutung. Diese bleibt nicht unberücksichtigt, ist aber nur ein Aspekt des Umgangs mit dem biblischen Text. Man geht davon aus, daß im Text nichts zufällig ist, jede von der Norm abweichende Schreibweise, jede ungewöhnliche grammatikalische Form, jede verbale Übereinstimmung eines Textes mit einem anderen in der Bibel für eine exegetische Verbindung gewertet werden kann. Der Text ist somit von Gott gegebenes Material, an dem man seinen Erfindungsreichtum […] erproben kann, um so Antwort auf seine Fragen zu erhalten. […] Der Text der Bibel ist damit mehr als die schlichte Mitteilungen, die man ihm entnehmen kann. Er ist Wörterbuch und Zeichenschatz, [111] mit dem man die ganze Wirklichkeit erfassen kann, wenn man die Zeichen nur richtig zu lesen versteht".[3]

1.2 Unausschöpfliche Bedeutungsfülle

Dass es dann weder einen einzigen noch einen ein für allemal gültigen Textsinn gibt bzw. geben kann, liegt auf der Hand. Der Textsinn muss immer wieder neu erarbeitet werden – im Abhören des Textes *und* im Diskurs mit anderen Auslegern. Es gehört zur Vollkommenheit der Bibel als eines göttlich gegebenen Textes, dass er eine schier unausschöpfliche Bedeutungsfülle hat. Freilich muss diese Bedeutungsfülle aus dem Text selbst, meist im Gespräch mit anderen Texten, herausgeholt und begründet werden – gemäß dem späteren christlichen Axiom: *sacra scriptura sui ipsius interpres* („die Schrift legt sich selbst aus"). Wie dies geschieht, lässt sich gut an der biblischen Begründung just der Bedeutungsvielfalt einer Textstelle erstehen, die im Traktat Schabbat des Babylonischen Talmud gegeben wird:

> „Es sagte R. Jochanan: Was bedeutet es, wenn geschrieben steht: ,Der Herr entsendet sein Wort, groß ist die Botinnen Schar' (Ps 68,12)? Jedes einzelne Wort, das aus dem Munde der Macht (Gottes) kam, teilte sich in siebzig Zungen. In der Schule des R. Jischmael wird gelehrt: ,(Ist nicht mein Wort wie Feuer – Spruch des Herrn) und wie ein Hammer, der Felsen zerschmettert?' (Jer 23,29). Wie (ein Fels durch den) Hammer in so viele Splitter zerteilt wird, so teilte sich auch jedes Wort, das aus dem Mund des Heiligen, gepriesen sei er, hervorging, in siebzig Zungen (bSchabbat 88b)."[4]

Als biblische „Basisstelle" für die Vielfalt von Bedeutungen der Bibel wird besonders gern Ps 62,12 zitiert: „Einmal hat Gott gesprochen, zweimal habe ich es gehört." Der große jüdische Rabbiner und Philosoph Emmanuel Levinas interpretiert diesen Psalmtext so:

> „Dieses Fragment des 12. Verses aus dem 62. Psalm verkündet, daß dem Wort Gottes unzählige Bedeutungen innewohnen. […] Lange vor der ,Historischen Schule' versetzte die rabbinische Dialektik into Verse, Worte, Buchstaben in Bewegung. Sicher gibt es auch im Judentum eine Theologie und ein Credo doch sie haben wenig Ähnlichkeit mit Dogmatik. Die Gelehrten des Talmud formulierten sie nicht als System oder als Summe. Die Metaphysik, die man ihren Apologien, Parabeln und juristischen Überlegungen entnehmen

---

[3]   G. STEMBERGER, Hermeneutk der Jüdischen Bibel, in: C. Dohmen/ders., Hermeneutik der Jüdischen Bibel und des Alten Testaments (KStTh 1,2), Stuttgart 1996, 79f.

[4]   Zit. nach ebd., 81.

kann, ist ganz Diskussion und Dialog. Nur die Formulierung praktischer Rechtsvorschriften der Moral oder des Ritus erhält die Form von Erlassen. Muß man nicht zugeben, daß die Präsenz dieser Bibel im vierdimensionalen Raum, den die Verse eröffnen – die nach dem vom Wort Gottes verlangten Pluralismus interpretiert werden – sich ziemlich weit von jenem ‚Alten Testament' entfernt, wie es die Historiker, sich gegenseitig in die Haare gera-[112]tend, vielfach zerpflückt haben? Kann das Schiff jener Schriften, bewegt und getragen vom unendlichen Meer rabbinischer Dialektik, denn durch die Stürme solcher Philologen, die noch nicht einmal seinen Tiefgang kennen, in Gefahr geraten?"[5]

1.3 Kriterien der Wahrheit

Für christliche Bibelleser und Theologen mag diese Offenheit der Auslegung überraschend sein. Nicht nur, weil sie mit dem Klischee vom Judentum als dem „Sklaven des Buchstabens" überhaupt nicht zusammenpasst, sondern weil sich sofort die Frage nach der Wahrheit stellt. Dieses Problem kann hier natürlich nicht angemessen diskutiert werden. Aber fünf Anmerkungen mögen hilfreich sein:

1. Die Bedeutungsvielfalt meint keine Beliebigkeit, sondern jede Auslegung muss begründet werden und vollzieht sich im Diskurs.

2. Die Auslegung steht im jüdischen Lebens- und Traditionszusammenhang und muss sich als Hilfe für jüdische Lebenspraxis erweisen.

3. Die Auslegung steht unter dem „theologischen" Vorbehalt, dass menschliches Erkennen das Gottgeheimnis, das sich im biblischen Text mitteilt, immer nur ausschnitthaft und fragmentarisch erfassen kann.

4. Schriftauslegung, die im Medium des biblischen Textes dem offenbarenden Gott nahekommen will, gilt eben nicht als „profane" Wissenschaft (natürlich gibt es auch im Judentum „säkulare" Bibelwissenschaft, aber von ihr ist hier nicht die Rede), sondern ist selbst Teil des Offenbarungsgeschehens „vom Sinai her" und partizipiert als solches an der offenbarenden „Inspiration" Gottes. Rabbinische Schriftauslegung des „heiligen Textes" ist deshalb selbst „heiliges Tun". Schriftauslegung ist Gottesdienst.

5. Mit der Akzeptanz der Vielfalt der Auslegungen ist zugleich eine Relativierung jeder Einzelauslegung gegeben. Man könnte auch von der Demut der Auslegung reden – angesichts des Wissens, mit aller Kunstfertigkeit und Kreativität dem Geheimnis der Schrift, in Sonderheit der Tora, nie auf den Grund zu kommen. Sehr plastisch kommt diese „Demut" in der vielzitierten Erzählung über Mose und Rabbi Aqiba im Talmudtraktat Menachot zur Sprache:

„Es sagte R. Jehuda im Namen Rabs:
Als Mose in die Höhe stieg, traf er den Heiligen, gepriesen sei er, an, wie er dasaß und den Buchstaben Kronen wand (wie einzelne Buchstaben in Torahandschriften mit ‚Kronen' verziert sind).
Er fragte ihn: Was hält dich (mit solchen Vorsichtsmaßnahmen) auf? (Gott) antwortete ihm: Es ist ein Mensch, der nach einigen Generationen [113] auftreten wird; Aqiba ben Josef ist sein Name. Aus jedem einzelnen Häkchen (der Tora) wird er Haufen um Haufen von Halakhot ableiten.
Er bat ihn: Herr der Welt, zeige ihn mir! Dieser antwortete: Drehe dich um! Da ging er und setzte sich hinter die achte Reihe (im Lehrhaus des R. Aqiba). Doch er verstand nicht, was sie redeten. Da erlahmte seine Kraft.
Als (Aqiba) zu einer bestimmten Sache kam, fragten ihn seine Schüler: Rabbi, woher weißt du das?
Er antwortete ihnen: Es ist eine Mose am Sinai gegebene Halakha.
Da beruhigte (Mose) sich wieder.
Er kam wieder vor den Heiligen, gepriesen sei er, und sagte vor ihm:
Herr der Welt, da hast du einen Menschen wie ihn und gibst die Tora durch mich?!

---

[5]   E. LEVINAS, Saiten und Holz. Zur jüdischen Leseweise der Bibel, in: ders., Außer sich. Meditationen über Religion und Philosophie, München 1991, 177f.

> Er antwortete ihm: Schweig! So ist es mir eben in den Sinn gekommen.
> Da bat er ihn: Herr der Welt! Du hast mir seine Tora-Kunde gezeigt; zeige mir auch seinen Lohn!
> Er sagte: Drehe dich um!
> Er drehte sich um und sah, wie sie sein Fleisch (des Aqiba bei seinem Martyrium) im Schlachthaus wogen.
> Da sagte er vor ihm: Herr der Welt! Das ist seine Tora-Kunde, und das ist sein Lohn?!
> Er antwortete ihm: Schweig! So ist es mir eben in den Sinn gekommen."[6]

Dass Mose hier nicht mehr versteht, wie Rabbi Aqiba die durch Mose selbst gegebene Tora auslegt, ist eine ironische Relativierung jeder Auslegung. Und wenn Gott hier so massiv seine ureigene Freiheit bei der Übermittlung der Offenbarung betont, wird abermals die menschliche „Leistung" der Auslegung relativiert. Und dennoch bleibt es dabei: der Text will und muss ausgelegt werden, um als Gottes Wort gehört zu werden.

Dass sich *so* Gott selbst auf vielfältige Weise mitteilt, erläutert wunderschön ein Abschnitt aus der Mekhilta des Rabbi Jischmael zu Ex 20,18.

2. Ein Beispiel jüdischer Schriftauslegung

Die Mekhilta des Rabbi Jischmael ist ein halachischer Kommentar zu Ex 12,1-23,19; 31,12-17; 35,1-3. Ihre Endredaktion dürfte im 3. Jh. n. Chr. erfolgt sein. Sie konzentriert sich auf die gesetzlichen Abschnitte, kommentiert aber auch die erzählenden Passagen. So eben auch die Stelle Ex 20,18.

2.1. Der auszulegende Text

[114]Im überlieferten biblischen Zusammenhang schildert Ex 20,18-21 die Reaktion des Volkes auf das Geschehen der Gottesoffenbarung am Sinai. Dieses setzt in Ex 19 mit den typischen „Theophaniesignalen" ein (Donner, Feuerblitze, schwere Wolken, Beben des Berges, Feuer und Rauch) und kulminiert in dem Ertönen der Gottesstimme selbst, die die Zehn Gebote proklamiert. Darauf wird literarisch unvermittelt (was in der historisch-kritischen Exegese als Indiz für eine Wachstumsgeschichte des Textes ausgewertet wird), die Reaktion des Volkes folgendermaßen erzählt:

> „Das ganze Volk sah die Donner/die Stimmen und die Flammen und die Stimme/den Schall des Schofarhorns und den rauchenden Berg. Und da das Volk dies sah, bebten sie zurück und blieben in der Ferne stehen. Sie sagten zu Mose: Rede du mit uns und wir wollen hören. Gott selbst soll nicht mit uns reden, damit wir nicht sterben. Da sagte Mose zum Volk: Fürchtet euch nicht! Gott ist gekommen, um euch zu erproben. Die Furcht vor ihm soll über euch kommen, damit ihr nicht sündigt. Und das Volk blieb in der Ferne stehen, Mose aber nahte sich dem Wolkendunkel, in dem Gott war." (Ex 20,18-21)

2.2 Drei mögliche Auslegungen

Die Mekhilta diskutiert zwei im hebräischen Text von Ex 20,18 schwierige bzw. mehrdeutige Wörter. Zum einen ist überraschend, dass als Objekte des Sehens in Ex 20,18 Dinge genannt werden, die man nicht sieht, sondern hört. Und zum anderen wird als erstes Objekt der Plural des hebräischen Wortes *qol* gebraucht, das sowohl „Stimmen" als auch „Donner" bedeuten kann. Die Einheitsübersetzung geht diesen Problemen aus dem Wege und übersetzt: „Das ganze Volk erlebte, wie es donnerte und blitzte […]" Die Mekhilta überliefert drei Deutungen, von denen die erste das Problem „rationalistisch" löst, während die anderen zwei Deutungen

---

theologisch tiefer ansetzen, um aus dem Vers eine Offenbarungstheologie *in nuce* herauszulesen. Der Abschnitt, den wir zitieren, ist deutlich in zwei Teile (Zeile 1-6 und Zeile 7-11) gegliedert; als Gliederungssignal fungiert das zweimal angeführte Zitat des biblischen Textes (Ex 20,18), um dessen Auslegung es geht:

> „(1) Und das ganze Volk gewahrte die Donner(=Stimmen) (Ex. 20,18).
> (2) Sie sahen, was zu sehen war, und sie hörten, was zu hören war - Worte R. Jischmaels.
> (3) R. Akiva sagt: Sie sahen und sie hörten, was zu sehen war.
> [115](4) Sie sahen ein Feuerwort, das aus dem Munde der Macht (=Gottes) hervorkam.
> (5) und in die Tafeln eingehauen wurde;
> (6) denn es heißt: ‚Die Stimme des Ewigen wirft zuckende Feuerflammen' (Ps. 29,7).
> (7) ‚Und das ganze Volk gewahrte die Stimmen' [Ex 20,18] –
> (8) eine Stimme (oder ein Donner) von Stimmen über Stimmen und eine Flamme von Flammen über Flammen.
> (9) Und wieviel Stimmen waren es und wieviel Flammen?
> (10) (Nicht so ist es zu verstehen,) vielmehr (ist gemeint): Sie ließen sich dem Menschen seiner Kraft gemäß vernehmen;
> (11) denn es heißt: ‚Die Stimme des Ewigen erschallt in Kraft' (Ps. 29,4)".[7]

Auffallend und typisch ist, dass beide Auslegungen mit dem Theophaniepsalm Ps 29 argumentieren, gemäß dem bereits genannten Grundsatz: „Die Schrift wird mittels der Schrift ausgelegt."

Der erste Abschnitt (Zeile 1-6) kontrastiert die unterschiedliche Auslegung von R. Jischmael und R. Aqiba, wobei die Positionierung von R. Aqiba *nach* R. Jischmael und seine Argumentation aus der Schrift (Ps 29,7) wohl erkennen lassen, dass seiner Auslegung mehr Sympathie gilt. Während R. Jischmael die Formulierung von Ex 20,18 „sie sahen" als unpräzise Formulierung wertet und gut „rationalistisch" feststellt: „Sie sahen, was zu sehen war, und sie hörten, was zu hören war", nimmt R. Aqiba die Paradoxie der Formulierung auf und sieht eben in dem Vers eine Zusammenfassung des *ganzen* vorher erzählten Geschehens der Theophanie *und* der Dekalogproklamation. Mit Hilfe von Ps 29,7 „Die Stimme JHWHs wirft Feuerflammen" deutet er die Gottesstimme, die die Zehn Gebote verkündet, als Feuerstimme: Es sind Worte, die Israel hört und vor allem *sieht* – als Feuer.

Der zweite Abschnitt (Zeile 7-11) bringt eine weitere, anonym überlieferte Deutung. Sie reflektiert nicht über die Eigenart des Sehens am Sinai, sondern setzt bei den beiden Pluralbildungen am Anfang von Ex 20,18 an: „Und das Volk sah *die Stimmen* und *die Flammen*". Die dann gegebene Auslegung weist zunächst ein Verständnis ab, das die beiden Plurale als Ausdruck der bloßen Quantität der Gottesstimmen und der Gottesflammen deuten könnte. Nach Meinung dieser Auslegung geht es stattdessen um das Geheimnis der einen göttlichen Offenbarung, die sich auf vielfältige Weise jedem Einzelnen aus dem am Sinai versammelten Volk mitteilt – gemäß dem Vermögen und dem Bedarf der Einzelnen. Und auch diese Deutung argumentiert mit Ps 29. Diesmal wird freilich ein anderer Vers zitiert – und für die eigene Auslegung dienstbar gemacht: Während nämlich Ps 29,4: [116] „Die Stimme JHWHs erschallt in Kraft", die Mächtigkeit der Gottesstimme meint, bezieht unsere Auslegung „die Kraft" auf die Kraft der Menschen, denen das Geschenk der Offenbarung zuteil wird. Dies ist eine tiefe Erläuterung des bereits mehrfach genannten Prinzips, wonach die Bibel als Gotteswort eine unerschöpfliche Fülle von Bedeutungen hat: damit jedem eben jene Bedeutung zukommt, die er fassen kann und die er braucht.

---

[7] Zit. nach P. LENHARDT/P. v. d. OSTEN-SACKEN, Rabbi Akiva. Texte und Interpretationen zum rabbinischen Judentum und Neuen Testament, Berlin 1987, 231; vgl. zu unserer Erläuterung die Kommentierung ebd., 232-238.

2.3 Bezüge zum Neuen Testament

Das ist im Übrigen auch die Offenbarungstheologie, die dem in Apg 2 erzählten Kommen des Heiligen Geistes zugrunde liegt. Indem sich hier das Feuer des Heiligen Geistes in einer Vielfalt von Feuerzungen niederlässt und sich so in der Vielzahl der Sprachen mitteilt, ereignet sich eben dieses nur in Bildern aussprechbare Geheimnis, dass Gott selbst sich mitteilt. Vielleicht ist dies das Wichtigste, was wir Christen von der jüdischen Schriftauslegung lernen können und müssen: Für den frommen Juden ist die Schrift, besonders die Tora, Sakrament der Gegenwart bzw. des Gegenwärtigwerdens Gottes. Bei aller Faszination über die Leistungen der modernen Exegese im Christentum, auf die wir aus vielen Gründen nicht verzichten können, haben wir die *theologische* Schriftauslegung weitgehend vernachlässigt bzw. verlernt. Was sich in den letzten Jahren als „Geistliche Schriftlesung" bezeichnet hat, (vgl. z.B. die zuletzt vom Trierer Exegeten E. Haag betreuten Bände der gleichnamigen Reihe) bleibt meist weit hinter der theologischen Tiefe und Kreativität jüdischer Schriftaneignung zurück.

3. Was wir Christen lernen können

Was also können wir Christen von der jüdischen Schriftauslegung konkret lernen? Ich will aus der Vielzahl der möglichen und notwendigen Antworten einige der mir wichtigen Anstöße und Leitperspektiven aufzählen, ohne sie hier im Detail durchführen zu können.

Endtext ernstnehmen

Die jüdische Schriftauslegung nimmt den Text wie er vorliegt, d.h. den kanonischen Text, konsequent ernst. Er gilt ihr als ein in jeder Hinsicht „vollkommener" Text, dessen „absolut kompetenter Autor"[8] Gott selbst ist. Sie betrachtet die Bibel als einen einzigen großen [117] Textzusammenhang, der miteinander im Gespräch ist und von der Auslegung ins Gespräch gebracht werden will. Die in der historisch-kritischen Perspektive wichtige und unverzichtbare Frage nach der „Entstehung" des Textes, nach „Vorstufen" und Redaktionen wird hier nicht erörtert. Das ist einerseits gewiss eine Beschränkung, weil sie die Dimension der Glaubensgeschichte ausblendet. Andererseits hat die christliche Exegese der letzten eineinhalb Jahrhunderte sich viel zu wenig um den sog. Endtext gekümmert. Dabei ist gerade der Endtext unser „kanonischer" Text und unsere Heilige Schrift. Dass wir in unserer liturgischen Perikopenordnung Textverschnitte aus dem Ersten Testament haben, die nicht den biblisch gegebenen Text, sondern einen exegetisch erschlossenen Hypothesentext bietet (Beispiel: Ex 34,4b-6.8-9 am Dreifaltigkeitsfest), wäre im Horizont jüdischer Schriftauslegung schlechterdings unmöglich. So können wir lernen, dass wir uns wieder verstärkt um den Endtext mühen müssen; die neuerdings aufblühende kanonische Schriftauslegung ist ein Element dieses Lernprozesses, der sich *auch* dem christlich-jüdischen Gespräch verdankt.

Schwierige Texte erklären, nicht verachten

Für die jüdische Schriftauslegung hat der Text selbst ein absolutes *Prae*. Was fremd und unverständlich erscheint, darf deshalb nicht vorschnell zur Seite geschoben werden, es muss *erklärt* werden. „Alles muss doch einen Sinn haben", der sich im Auslegungsgespräch mit der Tradition und mit dem jüdischen Selbstverständnis erschließt. Auch wenn es beispielsweise den Tempel seit 70 n. Chr. nicht mehr gibt, ist deswegen das Buch Levitikus nicht theologisch belanglos geworden. Es ist Aufgabe der Schriftauslegung, den für die Zeit „nach dem Tempel" in Levitikus enthaltenen weiterhin gültigen Gotteswillen kreativ und diskursiv zu entdecken.

---

[8] A. GOLDBERG, Formen und Funktionen von Schriftauslegung in der frührabbinischen Literatur, in: LingBibl 64 (1990), 6.

Schon der Hinweis auf dieses Buch macht deutlich, dass jüdische Schriftauslegung vom Ansatz her nicht fundamentalistisch sein kann. Gewiss gibt es auch im Judentum Fundamentalisten und fundamentalistische Ausleger, aber sie können nie dominieren. Ob solches Ernstnehmen der ganzen Bibel uns Christen nicht nachdenklich machen sollte, wenn und weil wir so schnell Texte zur Seite schieben mit der Begründung: „Dieser Abschnitt ist mir/uns fremd und bedeutet mir/uns nichts"?

Den mehrfachen Schriftsinn wiederentdecken

Das urjüdische Prinzip von der Vielfalt und Vielstimmigkeit der Textsinne und die beharrliche Leidenschaft, die verborgenen Sinnmöglichkeiten zu erschließen und zu diskutieren, mögen zwar auf den ersten Blick für Chris-[118]ten, die vom „Lehramt", auch vom göttlichen Lehramt der Bibel, eindeutige und zeitlos gültige Wahrheiten erwarten, befremdlich sein. Aber dieser Ansatz ist, christlich gesprochen, inkarnationstheologisch wohl begründbar. Wir brauchen die vielen Stimmen, um uns dem Gott-Geheimnis in immer neuen Versuchen und Lebenskontexten zu nahen. Die Vielstimmigkeit der Bedeutungen, die, wie wir oben kurz erläutert haben, nicht mit Beliebigkeit verwechselt werden darf, gründet in der Vielstimmigkeit der Bibel selbst. Die Bibel ist keine monotone Mitteilung von Lehrsätzen, sondern eine polyphone Komposition voller faszinierender, mitreißender Melodien – und aufrüttelnder, irritierender Dissonanzen und Paukenschläge. Diese Komposition kann und will immer neu „aufgeführt" und erlebt werden. Es gibt nicht die exklusive und alleinseligmachende Auslegung eines Textes. Zwar gibt es christliche Exegeten, die sich als „Lehramt" und „Inquisition" aufspielen, im Horizont jüdischer Schriftauslegung ist das Kriterium der Wahrheit nicht die rechthaberische Orthodoxie, sondern die lebenspraktische Bedeutung einer Auslegung – *und* ihr Beitrag, zur Begegnung mit dem lebendigen Gott hinzuführen. Diese funktionale Mehrdimensionalität der Schriftauslegung hat sich in der Lehre vom mehrfachen Schriftsinn niedergeschlagen, die auch im Christentum jahrhundertelang Gültigkeit hatte und seit dem Aufkommen der historisch-kritischen Exegese in Vergessenheit oder gar in Misskredit geriet. Wir lernen heute von der jüdischen Schriftauslegung, den sog. *sensus plenior* und den vierfachen Schriftsinn (wörtlicher, allegorischer, tropologischer und anagogischer Sinn) wieder zu entdecken und neu zu schätzen. Die Idee und das Programm eines mehrfachen Schriftsinnes waren im Judentum zur Zeit Jesu voll geläufig und zeigen sich auch in der Art und Weise, wie in den neutestamentlichen Schriften ersttestamentliche Texte zitiert oder eingespielt werden. Von allen Formulierungen der These eines mehrfachen Schriftsinnes, dessen Konzept im Judentum und Christentum des ersten Jahrtausends in mehrfacher gegenseitiger (!) Beeinflussung entwickelt und praktiziert wurde, ist im Judentum

„keine so populär geworden wie die des Zohar, dessen Hauptautor Mosche de Leon vor 1290 ein nicht erhaltenes Buch Pardes (,Paradies') schrieb, das den vier Sinnschichten der Tora gewidmet war. Von dort kommt das Stichwort Pardes in den Zohar und wird in dessen späteren Teilen entfaltet. Das Stichwort Pardes erinnert natürlich an die berühmte Erzählung von den vier Rabbinen, die ,in den Pardes eintraten', die himmlische Welt zu erfahren versuchten (tChagiga 2,3f), ist aber zugleich als Akronym zu lesen. Seine vier Konsonanten bezeichnen die vier Schriftsinne. Die Auflösung stand nicht von Anfang an fest; folgende hat sich bald durchgesetzt: Peschat (einfacher Wortsinn), Remez (,Hinweis': philosophische Allegorie), Derasch (rabbinisch-homiletische Auslegung) und Sod (,Geheimnis', mystische Deutung). [...] Der Zohar selbst (III 99af) erzählt dazu ein Gleichnis. Die Tora gleicht einem schönen Mäd-[119]chen, das in einer abgeschlossenen Kammer eines Palastes verborgen ist. Sie hat einen Geliebten, der sie stets sucht und den sie für einen Augenblick durch eine Tür ihr Gesicht sehen läßt; beharrt er in seiner Suche, läßt sie ihn stufenweise immer näher kommen. So auch die Tora. Zu dem, der sich ihr auf ihren ersten Wink nähert, spricht sie zuerst von hinter dem Vorhang in Worten, die seinem Verständnis entsprechen. Dies ist die Derascha. Später ist sie nur noch hinter einem ganz dünnen Vorhang und spricht in Rätseln und Gleichnissen, Haggada. Erst wenn er mit ihr genügend vertraut ist, zeigt sie ihm ihr Gesicht und spricht mit ihm von allen verborgenen Geheimnissen, die in ihrem Herzen seit ewig verborgen sind. Wenn er einmal alles versteht, die Tora beherrscht und Herr des Hauses geworden ist, erinnert ihn die Tora an die Zeichen, die sie ihm einst gegeben hat und welche Geheimnisse sie enthalten: ‚Dann sieht er, daß man ihren Worten nichts hinzufügen noch von ihnen wegnehmen darf. Und dann ist der einfache Sinn, wie er ist, sodaß man ihm nichts hinzufügen, noch von ihm wegnehmen darf, nicht einen einzigen Buchstaben'. Der einfache Sinn erweist sich als die Grundlage auch des tiefsten mystischen Verständnisses, [...] die Hierarchie der Sinne [bedeutet] nicht, daß der höhere den niederen überwindet und aufhebt."[9]

Das Merkwort „Pardes" fasst zugleich die jüdische Hochschätzung der Bibel zusammen: Sie ist das Paradies mit vielen Lebensbäumen, dort entspringt der Strom des Lebens (vgl. auch Sir 24).

Die Bibel als Heimat lieben lernen

In der jüdischen Schriftauslegung können wir Christen vor allem der Lebendigkeit und der Gläubigkeit des Judentums als unserer älteren Schwesterreligion begegnen. Dabei werden wir manche Vorurteile und Fehlurteile über das nachbiblische Judentum abbauen müssen. Wir können tiefe Einsichten in zentrale Texte der Bibel gewinnen, die uns bislang *so* nicht zuteil waren. Ich denke etwa an die tiefgründigen Auslegungen der beiden Judentum und Christentum verbindenden Hauptgebote der Gottes- und der Nächstenliebe (vgl. dazu ZENGER, Christen 1996, 46-53)*. Vor allem aber können wir in der jüdischen Schriftauslegung lernen, was es bedeutet, dass die Bibel ein „Lebensbuch" ist und dass sie zur Heimat mitten in der Fremde werden kann – eben jenes „portative Vaterland", von dem Heinrich Heine im Blick auf die Tora sprach.

In der Tat, was Rabbi Aqiba über die Bibel sagte, gilt auch uns: „„Das ist kein leeres Wort, an euch vorbei'(Dtn 32,47). Und wenn es leer ist, dann [120] liegt es an euch, die ihr nicht auszulegen wißt" (Midrasch Genesis Rabba 1,14).

---

[9]   G. STEMBERGER, Hermeneutik (s. Anm. 3), 128f; vgl. auch D. KROCHMALNIK, Schriftauslegung. Das Buch Exodus im Judentum, Stuttgart 2000, 22-29.

*   Anm. d. Hg.: E. ZENGER, Was wir Christen von der jüdischen Schriftauslegung lernen können. Am Beispiel des Jonabuchs, in: BiKi 51 (1996), 46-53.

„Eines hat Gott geredet, zweierlei habe ich gehört" (Ps 62,12). Von der Suche nach neuen Wegen christlicher Bibelauslegung

Dankrede nach Verleihung des Theologischen Preises

[51] Die Bibel ist ein wunderbares Buch. Wenn ich heute mit dem Theologischen Preis der Salzburger Hochschulwochen für mein Lebenswerk als Bibelwissenschaftler ausgezeichnet werde, verdanke ich dies zuallererst der Bibel selbst, die mich seit Jahrzehnten täglich neu inspiriert und fasziniert.

Diesen Preis, für dessen Verleihung ich dem Präsidium und Direktorium der Salzburger Hochschulwochen, aber auch der Jury, die mich als Preisträger des Jahres 2009 bestimmt hat, sehr herzlich danke, nehme ich mit besonderer Freude entgegen. Was ich dabei empfinde, will ich mit den Anfangsworten des Psalters, meines biblischen Lieblingsbuches, zum Ausdruck bringen:

> „Selig ist der Mensch,
> der an der Tora Gottes seine Lust hat
> und seine Tora meditiert bei Tag und bei Nacht" (Ps 1,1f).

Ja, ich bin glücklich darüber, dass die Bibel meine Biographie prägt und dass ich durch mein wissenschaftliches Wirken viele kirchliche und gesellschaftliche Lebensfelder mitgestalten konnte. Dass ich in meinen Vorlesungen und mit meinen Büchern, bei öffentlichen Diskussionen und in persönlichen Gesprächen so vielen Menschen die Bibel nahe bringen konnte, hat mich immer mit Freude erfüllt. Ich danke dem Laudator für die mich bewegende Würdigung meines Werks und verstehe sie als Ermutigung, dieses Werk mit Gottes Segen fortzuführen.

Der mir verliehene Preis erinnert daran, dass die Bibel unser kostbarstes Buch ist. Sie ist das Buch, das denen, die sich ihm anvertrauen und mit ihm leben, die Hoffnung stiftende Botschaft schenken [52] will, auf die letztlich alles ankommt und die im sogenannten Tetragramm, dem unaussprechbaren Gottesnamen, gebündelt ist: Ich bin bei dir und bei euch, da – als der lebendige und lebendigmachende Gott, als der Gott, der euch und der dich auch dort noch trägt und hält, wo Abgründe aufbrechen. Diese *eine* Botschaft wird auf jeder Seite der Bibel in immer neuen Variationen entfaltet.

Es ist keine Frage: Die wissenschaftliche Erforschung der Bibel hat Großartiges geleistet. Sie hat die komplexe Entstehung der einzelnen biblischen Bücher und der Bibel als Ganzer erschlossen. Sie hat die vielen Stimmen, die in der Bibel zur Sprache kommen, religions- und sozialgeschichtlich profiliert. Sie hat uns die Bibel als Niederschlag eines leidenschaftlichen, kontrovers geführten Ringens um das Gott-Geheimnis lesen gelernt. Sie hat vor allem nach den Intentionen der Erstautoren und der Redaktoren gefragt und so die Bibel als kritische Instanz gegenüber heutiger Kirche und Gesellschaft sichtbar gemacht. Auf all dies wollen und dürfen wir bei unserer Bibellektüre nicht verzichten.

Und trotzdem suchen wir heute nach weiteren Wegen der Bibellektüre. Sie sollen die bislang gegangenen nicht ersetzen, sondern ergänzen. Die neuen Wege haben in methodischer Hinsicht ein gemeinsames Ziel: Sie sind nicht mehr so intensiv an den hypothetisch erschlossenen Schichtungen eines Textes interessiert, sondern vor allem am Endtext, der ja auch in der Liturgie verwendet wird. Sie fragen stärker nach Sinn und Relevanz der einzelnen biblischen Texte in ihrem Textzusammenhang. Sie insistieren auf der Zusammenschau der beiden Testamente in der zwei-einen christlichen Bibel und sie arbeiten besonders die Bedeutung des Alten/Ersten Testaments für das Verständnis des Neuen Testaments heraus. Sie suchen das Gespräch mit dem Judentum und dessen Bibellektüre. Und vor allem: Sie wollen konsequent die Bibel als Zeugnis der in ihr sich aussprechenden Gottesbotschaft erschließen.

Dass die Bibel als Gottesstimme gehört und gelebt werden will, wird im Evangelium des heutigen Festes der Verklärung des Herrn, in Mk 9,2-10, mit einer geheimnisvollen Szene dargestellt. Sie zeigt Jesus mit den drei Jüngern Petrus, Jakobus und Johannes auf einem hohen Berg, den die Tradition Tabor nennt. Plötzlich wird Jesus von himmlischem Lichtglanz umstrahlt. Es erscheinen Elija und Mose und sie reden mit Jesus. Eine Wolke kommt und bleibt über ihnen. [53] Aus der Wolke, die auch am Berg Sinai das Zeichen der verborgenen Gegenwart Gottes ist, ertönt eine Stimme, die aus alttestamentlichen Texten zitiert: „Dies ist mein geliebter Sohn. Auf ihn sollt ihr hören!" (vgl. Ps 2,7; Jes 42,1; Dtn 18,15). Als die Stimme verhallt ist, ist die Begegnung von Mose, Elija und Jesus beendet. Aber die Botschaft der Stimme aus der Wolke bleibt und wartet darauf, angenommen zu werden.

Diese Szene hält eindrucksvoll fest, dass Jesus im Gespräch mit der Prophetie und mit der Tora des Ersten Testaments gehört werden soll. Genau dies ist der christlichen Bibelauslegung aufgetragen. Sie soll die zwei-eine christliche Bibel so zum Klingen bringen, dass sie als polyphone Gottesstimme gehört wird. Sie soll der biblischen Gotteserinnerung dienen und der Gottvergessenheit entgegenwirken. Gewiss, die Bibelwissenschaft hat noch zahlreiche andere Arbeitsfelder, von der Geographie bis zur Archäologie, von der Philologie bis zur Ikonographie, wo die theologische Perspektive methodisch beiseite bleiben muss. Aber insofern sie Auslegung der Bibel als Bibel sein will, ist es ihre vornehmste Aufgabe, die biblische Gottesstimme zum Sprechen zu bringen und zum Hören auf sie zu motivieren.

Ich will diese Aufgabe der Bibelauslegung in zwei Schritten profilieren. Zuerst will ich durch biographische Erinnerungen die Anfänge meiner eigenen Bibellektüre schildern. Danach werde ich an zwei neutestamentlichen Texten in der gebotenen Kürze zeigen, dass die Jesusüberlieferung selbst sich in den Horizont des Alten/Ersten Testaments stellt. So soll sichtbar werden: Altes und Neues Testament sind keine Gegensätze, wie oft gesagt wird, sondern Zeugnisse ein und derselben Gottesbotschaft. Und analog gilt: Trotz aller Unterschiede haben Judentum und Christentum von ihrer biblischen Wurzel her eine tiefe Verbundenheit, die sie in eine singuläre Beziehung zueinander setzt. Auch wenn sich ihre Wege getrennt haben, bleibt der ihnen gemeinsame und doch je spezifische Auftrag, dem Kommen des Gottesreichs durch ein Leben in Gerechtigkeit und Liebe zu dienen.

I. Biographische Erinnerungen

[54] In meiner Kindheits- und Jugendbiographie spielte die Bibel keine besondere Rolle. Ich komme aus einer einfachen Familie eines bayerischen Dorfes. Bei uns zuhause gab es keine Bibel. Es gab wohl ein dickes Buch, das meine Mutter von ihrer Mutter bekommen hatte: Es war irgendeine Ausgabe der weitverbreiteten „Christkatholischen Hauspostille" von Leonhard Goffine. Daraus mussten mein Bruder und ich in der Regel abends vorlesen. Auch im Bischöflichen Knabenseminar zu Eichstätt, in dem ich während meiner Gymnasialzeit lebte, stand die Bibel nicht gerade im Zentrum der Spiritualität. Allerdings erinnere ich mich, dass ich mir zu Weihnachten 1952 eine Ausgabe des griechischen Neuen Testaments schenken ließ. Und ebenso besorgte ich mir noch während meiner Schulzeit eine hebräische Bibel, weil mich ein Seminarpräfekt dazu motiviert hatte, im Selbststudium Hebräisch zu lernen. Ich weiß noch genau: Die ersten Texte, die ich mühsam aus dem Hebräischen übersetzte, waren die Wallfahrtspsalmen Ps 120-134.

Als ich 1958 mein Philosophie- und Theologiestudium in Rom begann, war mir persönlich die Bibel ein wichtiges Buch und ich hoffte, dass sie zum Schwerpunkt meines Studiums werden könnte. Aber im normalen Studienprogramm kam die Bibel in den ersten drei Jahren überhaupt nicht vor und die wenigen Bibelexegese-Vorlesungen, die danach geboten wurden, waren vom Niveau her bescheiden. So besuchte ich, obwohl dies nicht erlaubt war, schon bald die Vorlesungen am Päpstlichen Bibelinstitut. Dieses Verbot hing damit zusammen, dass die im Bibelinstitut praktizierte historisch-kritische Exegese damals kirchenamtlich sehr umstritten war. Eines Tages wurde ich zum Rektor des Germanikums zitiert, der mir vorhielt: „Sie studieren zu viel Bibel. Die Dogmatik ist wichtiger!" Als ich meinem Eichstätter Diözesanbischof, dem späteren Kurienkardinal Joseph Schröffer, den Wunsch vortrug, mich im Alten Testament weiter spezialisieren zu dürfen, war ich über seine Zustimmung sehr glücklich. Er ermunterte mich, mit Klugheit die umstrittenen Wege der historisch-kritischen Exegese zu gehen. Dass ich Bibelwissenschaftler werden konnte, verdanke ich nicht zuletzt seiner großzügigen Förderung. An der Eichstätter Hochschule habe ich auch mit dem Wintersemester 1971/72 meinen Weg als akade-[55]mischer Lehrer des Alten Testaments begonnen, den ich im Sommersemester 1973 in Münster fortsetzte.

Es sind drei Erfahrungen aus meiner Studienzeit, die mich als Bibelwissenschaftler bleibend geprägt haben:

(1) Mich hat der theologische Umbruch, der sich im Zweiten Vatikanum vollzog, außerordentlich fasziniert. Insbesondere blieb mir die Diskussion über die Rolle der Bibel in der Theologie und im Leben der Kirche immer gegenwärtig. In der Theologie, die ich an der Gregoriana lernte, war die Bibel nur ein Argument neben anderen Argumenten, um die vorgegebene kirchliche Lehre zu begründen. Dass nun die Bibel zum Fundament und zur Seele der Theologie werden sollte, sprach mir aus dem Herzen. Wir jungen Studenten verfolgten mit Spannung die heftigen Auseinandersetzungen um das Konzilsdokument „Dei Verbum". Es war wie der Anbruch einer neuen Zeit der Kirche. Und in der Tat: Was in Artikel 10 der Konstitution „Dei Verbum" steht, war provozierend genug: „Das Lehramt ist nicht über dem Wort Gottes, sondern dient ihm, indem es nichts lehrt, als was überliefert ist." Diesem kirchlichen Dienst am Wort Gottes ist auch die christliche Bibelauslegung verpflichtet. Ich selbst verstehe meine Forschung und meine Lehre als Beitrag zu diesem Dienst, auch da, wo ich kritische Rückfragen an das Lehramt habe.

(2) Im Sommer 1966 ging ich mit Zustimmung und Unterstützung meiner Heimatdiözese nach Jerusalem. Ich belegte einige Kurse an der Hebräischen Universität und lernte Ivrit, das moderne Hebräisch, in einem sog. Ulpan, also in einer der für jüdische Einwanderer eingerichteten Spezialschulen. Dieser Jerusalemaufenthalt hat mir in zweifacher Hinsicht die Augen geöffnet. Zum einen wurde ich beinahe täglich mit der Schoa und mit der Frage nach dem Verhalten der Kirche gegenüber den Juden konfrontiert. Und zum anderen wurde mir durch meine häufige Teilnahme an der jüdischen Liturgie bewusst, dass unser christliches Altes Testament zuallererst die Heilige Schrift des Judentums ist. Zwar hatte ich während meines Studiums in Rom die Kontroversen um die schlussendlich vom Konzil verabschiedete Erklärung „Nostra Aetate" und insbesondere über den Abschnitt, der das Verhältnis Kirche – Israel behandelt, miterlebt. Aber die Tiefendimension dieser Frage ging mir erstmals 1966 in Jerusalem auf – und diese Einsicht bestimmt seitdem meine Bibelauslegung.

[56] (3) Von Jerusalem ging ich im Wintersemester 1966/67 an die Universität Heidelberg, abermals mit ausdrücklicher Zustimmung meines Diözesanbischofs, wenngleich er über diesen Wunsch erstaunt war, da es in Heidelberg ja keine katholische Fakultät gab. Nach den langen Jahren römischer Schultheologie, wo man vorwiegend lernen musste, was die immer gültige Wahrheit ist, wollte ich das Kontrastprogramm einer evangelischen Fakultät erleben, an der überdies die bedeutenden Alttestamentler Gerhard von Rad, Rolf Rendtorff und Claus Westermann lehrten. Meine kurze Heidelberger Zeit, in der ich auch die Philosophievorlesungen von Hans-Georg Gadamer sowie von Ernst Tugendhat hörte, war für mich die Entdeckung dessen, was man die Freiheit des Geistes nennt. Damals wurde mir auch klar, dass ich als katholischer Bibelwissenschaftler die Kooperation mit der evangelischen Bibelwissenschaft suchen und fördern möchte.

Im Rückblick auf die langen Jahre meiner Arbeit als Bibelwissenschaftler kann ich sagen: Diese drei Erfahrungen in meiner Studienzeit haben mich entscheidend beeinflusst. Ich halte die Bibel für das wichtigste Buch der Kirche, ich will die Bibel, insbesondere das Alte Testament, ausdrücklich im Angesicht des heutigen Judentums und im Bedenken der unaufgebbaren Verwiesenheit der Kirche auf das Judentum auslegen, und ich will Bibelauslegung als gelebte christliche Ökumene begreifen. So freue ich mich, dass die von mir herausgegebene „Einleitung in das Alte Testament" auch im Studium der evangelischen Theologie breite Verwendung findet. Und ebenso ist mir wichtig, dass an dem großen Werk „Herders Theologischer Kommentar zum Alten Testament" jüdische, evangelische und katholische Wissenschaftlerinnen und Wissenschaftler beteiligt sind.

Es war und ist mir eine Lebensaufgabe, der verbreiteten christlichen Geringschätzung, ja Missachtung des ersten Teils unserer christlichen Bibel entgegenzuwirken. Deshalb habe ich die Bezeichnung „Erstes Testament" in die Diskussion eingebracht. Diese Bezeichnung, um deren Problematik ich wohl weiß, sollte ein breiteres Nachdenken über die Rolle dieses Teils unserer Bibel anstoßen. Meinen Einsatz für eine neue christliche Sicht des Alten Testaments begreife ich als einen Beitrag zu einer bibelgemäßen Würdigung des Judentums und als Förderung des christlich-jüdischen Dialogs. Ich meine feststellen zu können: Das Alte Testament wird heute mit an-[57]deren Augen gesehen, eben als Fundament auch des Christentums, als gemeinsames Buch von Juden und Christen – und als unverzichtbare Hinführung zu einem tieferen Verständnis des Neuen Testaments. Diesen Weg christlicher Bibelauslegung will ich im nächsten Teil meines Vortrags beispielhaft skizzieren.

II. Das Alte Testament als Tiefendimension des Neuen Testaments

Zwischen den beiden Teilen der christlichen Bibel gibt es einen inneren Zusammenhang, den man kanonische Kontinuität nennen kann. Dieser Zusammenhang will interpretatorisch so wahrgenommen werden, dass neutestamentliche Texte erst im Licht alttestamentlicher Texte ihre Tiefendimension erhalten. Und umgekehrt erfahren alttestamentliche Texte im Licht ihrer neutestamentlichen Aufnahme eine Sinnvertiefung, die in der grundlegenden Sinnoffenheit biblischer Texte angelegt ist.

Alttestamentliche Texte können auf sehr unterschiedliche Weise zum Verständnis des Neuen Testaments beitragen. Sie können als wörtliche Zitate gekennzeichnet sein, insbesondere in der Form der sog. Erfüllungszitate: „Dies ist geschehen, damit sich erfüllte, was Gott (durch den Propheten) gesagt hat" bzw. „Denn es sollte sich erfüllen, was Gott (durch den Propheten) gesagt hat". Alttestamentliche Texte können aber auch so in neutestamentliche Texte integriert sein, dass sie nur jenen Lesern bewusst werden, die die entsprechenden alttestamentlichen Texte kennen. Und schließlich gibt es die Möglichkeit, dass erst die Leser der neutestamentlichen Texte diese mit alttestamentlichen Texten in Verbindung bringen. Gemeinsam ist diesen Formen der Präsenz des Alten Testaments im Neuen Testament die hermeneutische Grundeinsicht, die das Dokument der Päpstlichen Bibelkommission von 2001 „Das jüdische Volk und seine Heilige Schrift in der christlichen Bibel" in einer erstaunlichen Doppelmetapher festhält: „Ohne das Alte Testament wäre das Neue Testament ein Buch, das nicht entschlüsselt werden kann, wie eine Pflanze ohne Wurzeln, die zum Austrocknen verurteilt ist" (Nr. 84). Dieser Einsicht entspricht auch die im Geist des Zweiten Vatikanum eingeführte liturgische Leseordnung, die bei all [58] ihrer Unvollkommenheit, über die jetzt nicht zu reden ist, doch die unaufgebbare theologische Verwurzelung des Neuen Testaments im Alten nahe bringen will.

Ich will diese Verwurzelung an zwei Beispielen erläutern und ihre Bedeutung in einer hermeneutischen Schlussreflexion würdigen.

1. Die Kindheitsgeschichte Jesu des Matthäus-Evangeliums (Mt 1-2)

Wörtliche Zitate alttestamentlicher Texte wollen das Handeln Gottes in Jesus dem Christus als Bekräftigung und Weiterführung seines Handelns in der Geschichte seines Volkes Israel charakterisieren. Klassisches Beispiel für diese Präsenz des Alten im Neuen Testament ist die sog. Kindheitsgeschichte Jesu in den ersten beiden Kapiteln des Matthäus-Evangeliums. Der Anfang des Neuen Testaments ist kein Neuanfang, sondern eine Weiterführung des Alten Testaments.

Schon der erste Satz, den ich mit vielen Auslegern als Überschrift über das ganze Matthäus-Evangelium verstehe, verweist auf das Alte Testament: „Dies ist das Buch von der Geschichte Jesu Christi, des Sohnes Davids, des Sohnes Abrahams" (Mt 1,1). Wenn man wörtlicher übersetzt, wird der Rückbezug noch offenkundiger: „Dies ist das Buch des Ursprungs Jesu Christi ...". Die beiden ersten griechischen Wörter „biblos geneseos" sind Aufnahme der Septuaginta-Fassung von Gen 2,4 und Gen 5,1. Gen 2,4 lautet in der Septuaginta: „Dies ist das Buch des Ursprungs (biblos geneseos) von Himmel und Erde", d.h. dies ist das Buch über das Werden bzw. die Entstehung von Himmel und Erde. Und Gen 5,1 lautet: „Dies ist das Buch des Ursprungs (biblos geneseos) der Menschen", d.h. dies ist das Buch über das Werden bzw. die Entstehung der Menschheit. Im Lichte dieser beiden Stellen des Alten Testaments und ihrer Funktion als zusammenfassender Unter- bzw. Überschrift (Gen 2,4) bzw. als Überschrift (Gen 5,1) erhält durch Mt 1,1 das ganze Evangelium einen Bezug zu der in den Heiligen Schriften Israels bezeugten Schöpfung von Himmel und Erde und zur Geschichte der Menschheit.

Wenn die Geschichte Jesu in Mt 1,1 sodann als „Geschichte des Sohnes Davids" charakterisiert wird, wird sie in das Licht der messi-[59]anischen Hoffnungen Israels gestellt. Und als „Geschichte des Sohnes Abrahams" steht die Geschichte Jesu im universalen Horizont der Völkerwelt. In Jesus und durch ihn öffnet sich die Segensgeschichte des Gottes Israels endgültig und unwiderrufbar für alle Völker gemäß der Abrahamperspektive: „In dir sollen Segen erlangen alle Sippen des Erdbodens" (Gen 12,3). Mit ihren alttestamentlichen Anspielungen gibt die Überschrift Mt 1,1 also eine multiperspektive Leseanweisung und lädt dazu ein, beim Hören oder Lesen des Evangeliums darauf zu achten, wie diese Perspektiven im Verlauf des Evangeliums zusammen- oder auseinanderlaufen, wie sie angereichert und dramatisiert werden, bis die Geschichte an ihr „Ende" kommt.

Dass in der Geschichte Jesu Gott selbst wirkmächtig gegenwärtig ist und seine Liebesgeschichte mit der Welt und mit Israel weiterführt, wird in Mt 1-2 durch die sogenannten Erfüllungszitate betont (vgl. Mt 1,22; 2,5.15.17.23). Was damit gemeint ist, lässt sich am deutlichsten an Mt 2,14f ablesen, die das „Flucht nach Ägypten" folgendermaßen kommentiert wird: „Da stand Josef in der Nacht auf, nahm das Kind und seine Mutter und zog fort nach Ägypten. Dort blieb er bis zum Tod des Herodes. Dies geschah, damit erfüllt werde, was vom Herrn durch den Propheten gesagt wurde, der da spricht: ‚Aus Ägypten rief ich meinen Sohn.'" Das Matthäus-Evangelium bringt mit dem kurzen Zitat den ganzen Abschnitt Hos 11,1-11 in Erinnerung, indem es dessen Anfangssatz zitiert. Hos 11,1-11 ist eine direkte Gottesrede, in der JHWH seine immer neuen Erweise der Liebe gegenüber seinem Sohn Israel schildert, dessen fortwährende Abwendung von ihm beklagt und schlussendlich ein großes Strafgericht über Israel verkündet. Aber er kann dieses Gericht dann doch nicht vollstrecken – weil dies seinem Gott-Sein widersprechen würde:

„Wie könnte ich dich preisgeben, Efraim, wie dich ausliefern, Israel? Gegen mich selbst wendet sich mein Herz, heftig entbrannt ist meine mitfühlende Liebe. Ich kann meinen glühenden Zorn nicht vollstrecken, kann Efraim doch nicht wieder verderben. Denn Gott bin ich, nicht Mensch, der Heilige in deiner Mitte!" (Hos 11,8f).

Schon in dem Abschnitt Hos 11,1-11 wird sichtbar, was „Erfüllung" in biblischem Denken meint: Weil JHWH sich aus und in Liebe Israel als seinen Sohn erwählt hat, kann er diesen

Sohn nicht mehr aufgeben – so er sich selbst [60] und seiner Liebe treu bleiben will. Er muss gewissermaßen „erfüllen", was er mit dieser „Liebesgeschichte" begonnen und versprochen hat. Er will diese verheißungsvolle Geschichte ans Ende und zur Vollendung führen. Deshalb muss er diese Verheißung nicht nur einmal „erfüllen", sondern immer wieder und immer wieder anders, so er denn der befreiende und liebende Exodus-Gott ist, dessen Name sein innerstes Wesen zusammenfasst: „Ich werde bei euch da sein und für euch will ich Gott sein!"

Genau dies ist die Dramatik von Verheißung und Erfüllung, in deren Horizont Mt 1-2 die Geburt Jesu stellt. In Jesus wurde die Liebe des Exodus-Gottes JHWH in neuer, einzigartiger Weise sichtbar und wird so „erfüllt", dass sie sich abermals als die große Verheißung Gottes erweist, auf die Verlass ist. Deshalb ist für uns Christen Jesus als erfüllte Verheißung die Bekräftigung aller Verheißungen Gottes (vgl. Röm 15,8; 2 Kor 1,20; 2 Petr 1,19) – er ist die Verheißung Gottes selbst. Im Licht des Alten/Ersten Testaments ist die Kindheitsgeschichte Mt 1-2 zutiefst theozentrisch konzipiert: Sie verkündet, dass die die Welt umfangende und vollendende Macht, wie Mt 1,23 und der letzte Satz des Matthäusevangeliums (Mt 28,20) bezeugen, „lmmanu-El" heißt: „Mit uns ist Gott". Diese Verheißung „erfüllt sich" Tag für Tag – „bis zur Vollendung der Welt" (Mt 28,20).

2. Der Prolog des Johannes-Evangeliums (Joh 1, 1-18)

Besonders stark ist der Prolog des Johannes-Evangeliums vom Ersten Testament imprägniert. Auch hier gilt: Mit der Aufnahme alttestamentlicher Motive wird nicht nur ein Einzeltext in Erinnerung gebracht, sondern es werden große Textzusammenhänge aufgerufen, um Jesus im Licht des Alten Testaments als Offenbarer des Gottgeheimnisses zu bezeugen. Der Johannes-Prolog gilt zu Recht als einer der aussagedichtesten Texte unserer Bibel, gerade in seinem Bemühen, die Christologie nach dem Konzept der kanonischen Kontinuität im Alten/Ersten Testament zu verwurzeln und von ihm her zu entfalten. Dies könnte und müsste an vielen Einzelbeobachtungen konkretisiert werden. Ich beschränke mich auf eine einzige kurze Satzfolge, die uns allen sehr vertraut ist:

> [61] „Und das Wort (der Logos) wurde Fleisch
> und nahm Wohnung unter uns,
> und wir schauten seine Herrlichkeit,
> Herrlichkeit als des Einziggeborenen vom Vater,
> voller Huld/Liebe und Treue" (Joh 1,14).

Bekanntlich wechselt innerhalb des Prologs mit diesem Vers die Sprechrichtung. Während Joh 1,1-13 in beschreibender Sprache über den Logos (und über Johannes den Täufer: Joh 1,6-8) redet, spricht ab 1,14 ein „Wir" in hymnischer Sprache von seinen eigenen Erfahrungen. Auf der Textebene reden hier die, von denen 1,12 sagt: „Die ihn aufnahmen, ihnen gab er Vollmacht, Kinder Gottes zu werden, denen die an seinen Namen glauben." Der Fleisch gewordene Logos wird in Joh 1,14 von den am Sinai ergangenen Gottesverheißungen her gedeutet. Es ist zum einen die in Ex 25-31, insbesondere in Ex 29,43-46, gegebene Verheißung, dass Gott inmitten seines Volkes Israel Wohnung nehmen will, und es ist zum anderen die in Ex 33-34 verkündete Verheißung Gottes, dass er dem Mose das Geheimnis seines Namens, das er ihm bereits in Ex 3,13-15 angedeutet hat, nun weiter enthüllen wolle.

Die Wohnung, die Israel als Gemeinschaftswerk der Befreiten errichten soll, damit der Befreiergott mitten unter seinem Volk sichtbar und unsichtbar zugleich da sein kann, wird erzählerisch als mitwandernder Sinai charakterisiert. Der inmitten seines Volkes gegenwärtige Gott ist nicht an einen Ort gebunden, sondern ist mit seinem Volk unterwegs – und zwar in jenen Wirkweisen, die gemäß Ex 33-34 der sich offenbarende Gott dem Mose verkündet.

In Ex 33-34 ringt Mose nach dem Abfall des Volkes zum Goldenen Kalb um die für Israel lebenswichtige Frage, ob und wie Gott nach und trotz der Sünde des Volkes noch bei und mit seinem Volk bleiben wolle bzw. könne. Es sind drei Bitten, die Mose Gott ab Ex 33,12 vorträgt. Sie kreisen allesamt um das Geheimnis der erfahrbaren Gegenwart Gottes. In biblischer Sprache geht es um die Erfahrung der „Herrlichkeit" (*kābōd*) JHWHs. Diese wird dem Mose in zweifacher Hinsicht zugesagt: Gottes „Angesicht", d.h. seine Zugewandtheit, wird Israel auf dem Weg durch die Wüste führen. Und Gottes „Angesicht" wird Israel vor und in Gefahren beschützen und retten. Aber als Mose noch einen Schritt weitergeht und Gott als [62] dritte Bitte vorträgt: „Lass mich doch deine Herrlichkeit schauen!" (Ex 33,18), wird ihm die direkte Erfüllung dieser Bitte verwehrt: „Du kannst mein Angesicht nicht schauen, denn kein Mensch kann am Leben bleiben, der mich schaut" (Ex 33,20). In den ersten zwei Bitten geht es um die Präsenz der göttlichen Macht, die Gottes Volk als Führung und als Schutz auf dem Weg erfahren wird. Aber die Offenbarung Gottes selbst als „Einblick" in seine Göttlichkeit und in sein göttliches Wesen, wird dem Mose verwehrt. Allerdings räumt Gott dem Mose dann doch die äußerste Möglichkeit der Gottesschau ein, zumal dies ja ein zentraler Topos der Prophetie und der Psalmen ist. So sagt Gott zu Mose: „Ich will vorübergehen lassen vor deinem Angesicht meine ganze Güte und ich werde vor dir meinen Namen ausrufen: Meine Gnade erweise ich, wem ich Gnade erweisen will, Barmherzigkeit erweise ich, wem ich Barmherzigkeit erweisen will ... Du wirst meinen Rücken/mein Nachher schauen, aber mein Angesicht kann niemand schauen" (Ex 33,19.23). Das ist die äußerste Möglichkeit der Annäherung des Menschen an Gott selbst, nämlich das *Vorübergehen* Gottes zu erfahren, in einer Felsspalte durch die Hand Gottes vor dem Anblick der Herrlichkeit Gottes geschützt, mit der Einladung, hinter Gott herzuschauen und dabei die Ausrufung des Namens durch Gott zu hören (Ex 33,21f).

In Ex 34 wird dann erzählt, wie und wozu sich diese Zusage Gottes erfüllt. Sie wird vom Textzusammenhang ausdrücklich in den Horizont der Sündenvergebung und der Erneuerung des Bundes gestellt. Als Mose abermals auf den Berg gestiegen ist, geht Gott an ihm vorüber und ruft in einer poetisch gestalteten Gottesrede das Geheimnis seines Namens aus:

„Der Er-ist-da ist der Er-ist-da,
ein barmherziger und gnädiger Gott,
langsam zum Zorn und reich an Huld/Liebe und Treue,
bewahrend Huld/Liebe den Tausenden,
wegnehmend Schuld und Frevel und Sünde,
aber er spricht nicht einfach frei,
prüfend die Schuld der Väter bei den Söhnen und bei den
Söhnen der Söhne,
bei der dritten und bei der vierten Generation" (Ex 34,6f).

[63] Verständlicherweise kann diese komplexe Gottesrede, aus der im Judentum die Tradition der dreizehn Wirkweisen bzw. Eigenschaften (Middot) Gottes entstand, jetzt nicht detailliert analysiert und interpretiert werden. Ich wähle die für das Verständnis von Joh 1,14 wichtigsten Aspekte aus.

Im Erzählzusammenhang ist dies eine direkte Gottesrede. Es ist eine von prophetischer und psalmistischer Sprache inspirierte Selbstdefinition des Gottes Israels. Sie korrespondiert der geheimnisvollen Deutung des Gottesnamens, die Gott in Ex 3,14 gibt. Dem doppelten „Ich-bin-da als der Ich-bin-da" in Ex 3,14 entspricht die erste Zeile von Ex 34,6 mit dem doppelten „Der Er-ist-da ist der Er-ist-da". Beide Male geht es um die Erfahrbarkeit der spezifischen Wirkmächtigkeit des biblischen Gottes. In Ex 3 proklamiert er sich als der Gott, der sein Gott-Sein in der Rettung Israels aus pharaonischer Unterdrückung offenbart. In Ex 34 proklamiert er sich als der Gott, der in seinem tiefsten Wesen barmherzig und gnädig, langsam zum Zorn und reich an Liebe und Treue ist. Er erweist sein Gott-Sein sowohl in der Sündenvergebung als auch im Gericht, in der Barmherzigkeit und im Zorn. Auffallend ist die Asymmetrie, in der hier die einzelnen Gottesaussagen zusammengestellt sind. Die Anzahl der die heilvolle Zuwendung Gottes signalisierenden Prädikationen überwiegt eindeutig gegenüber den Aussagen über JHWHs strafendes Handeln. Während die Aussage „groß/reich an Huld/Liebe und Treue" quantitativ steigert, schränkt die Aussage „langsam zum Zorn" ausdrücklich ein. Es dauert lange, bis JHWH seinen Zorn als Vollzug seiner Gerechtigkeit wirken lässt. Er ist langmütig nicht aus Schwäche, sondern aus freier Entscheidung und entsprechend seiner Barmherzigkeit und Gnade. Wie auch immer die unterschiedlichen Zahlenangaben über die, denen die Liebe bzw. der Zorn JHWHs gilt, genau verstanden werden müssen, sie unterstreichen zweifellos eine massive Asymmetrie. Falls, wie meist angenommen wird, die Zahl „tausend" für tausend Generationen steht, würde der Text bei der üblichen Zählung von 40 Jahren für eine Generation also an 40 000 Jahre denken, das ist eine schier unvorstellbare Dimension der Liebe und Treue Gottes.

Die Systematik der Gottesaussagen von Ex 34,6f erhält ihr spezifisches Profil, wenn man sie in den Horizont der altorientalischen Religionsgeschichte stellt. Zwar lassen sich für alle Einzelaussagen [64] Parallelen nennen, doch ist die in Ex 34,6f gestaltete Systematik singulär. Eine vergleichbare Asymmetrie von Gnade/Liebe/Barmherzigkeit und Zorn findet sich in der Umwelt nicht, sie ist spezifisch für die Theologie des Ersten Testaments. In Ps 30,6 fasst der Beter seine Rettungserfahrung folgendermaßen zusammen: „Einen Augenblick in seinem Zorn, ein Leben lang in seiner Güte/Liebe." Analog lautet in Jes 54,7f die Verheißung an die von der Not des Exils getroffene Frau Zion: „Einen kleinen Augenblick habe ich dich verlassen, doch mit großem Erbarmen werde ich dich sammeln. Im Aufwallen des Zorns habe ich mein Angesicht einen Augenblick vor dir verborgen, doch mit ewiger Huld/Liebe habe ich mich deiner erbarmt."

Der Gott des Ersten Testaments ist nach Ex 34,6f ein Gott von grenzenloser Liebe und Treue, weil er ein seinem Volk und seiner Welt zugewandter Gott ist. Er ist zugleich ein Gott, der Unterdrückung und Sünde nicht einfach hinnimmt, aber er ist „langsam zum Zorn" und geduldig prüfend, bis er zum Gericht kommt, aber er vollzieht kein alles und alle vernichtendes Gericht, sondern sein letztes Wort ist die rettende Barmherzigkeit der Sündenvergebung.

Es verwundert nicht, dass Ex 34,6f der am häufigsten inneralttestamentlich zitierte und aktualisierte Text ist. Und es verwundert ebenso nicht, dass der Johannesprolog auf diesen Text und seinen Kontext zurückgreift, um seine „hohe" Christologie in kanonische Kontinuität zu stellen, auch gegenüber zeitgenössischen jüdischen Kritikern, die in dieser Christologie eine Infragestellung des Monotheismus sahen. Der Johannesprolog charakterisiert die Herrlichkeit des Logos in Joh 1,14 mit einer wörtlichen Aufnahme eines Elements der Selbstdefinition JHWHs in Ex 34,6, nämlich der Aussage „voller Huld/Liebe und Treue", und er wiederholt zugleich das vom Sinaigott gegenüber dem Mose betonte Gottgeheimnis, indem er in 1,18 feststellt: „Gott hat keiner jemals geschaut", aber dann hinzufügt: Dieser, nämlich der Fleisch gewordene Logos, „hat ihn ausgelegt". Das hier verwendete Verbum „auslegen" ist der Fachbegriff für Exegese. Jesus ist nicht ein zweiter Gott, sondern als Einziggeborener des Vaters eine biographische Exegese des einzigen Gottes – eben jenes Gottes, der sich am Sinai als Gott voller Huld/Liebe und Treue definiert, und zwar in der (auch im Johannesevangelium entfalteten) Dialektik von Heil und Gericht, von Zorn und Barmherzigkeit. Der Logos ist nicht Offenbarer eines bislang unbekannten Gottes, son-[65]dern „Ausleger" des Sinaigottes – zum Heil der *ganzen Schöpfung*, wie Joh 1,1-13 erläutert.

Bei aller Zuspitzung, die für heutige Juden kaum nachvollziehbar ist, stellt sich für christliche Bibelauslegung die johanneische Christologie mit Nachdruck in die kanonische Kontinuität zum Ersten Testament. Zwar wird bisweilen aus Joh 1,16f eine Antithese zwischen Mose und Jesus Christus herausgelesen, wenn es dort heißt:

> „Denn aus seiner Fülle haben wir alle empfangen
> Liebe über Liebe:

Denn die Tora (der Nomos) wurde durch Mose gegeben,
die Liebe und die Treue kam durch Jesus Christus."

Doch hier wird nicht ein Gegensatz zwischen Mose und Christus, zwischen Gesetz und Gnade aufgebaut. Im Text steht weder ein „aber" noch ein „und". Vielmehr wird zunächst die Tora des Mose als Gabe des liebenden Gottes charakterisiert. Allerdings wird Christus als eine gegenüber der Tora weitere Gabe des Sinaigottes proklamiert: Durch ihn wird das Geheimnis Gottes, den kein Mensch schauen kann, erfahrbar – und zwar als Gestalt gewordene Liebe und Treue.

III. Hermeneutische Schlussreflexion

Die zwei Beispiele christlicher Bibellektüre, die ich präsentiert habe, sind in *methodischer* Hinsicht ur-jüdisch. Sie folgen den Techniken der haggadischen Schriftauslegung der Rabbinen. Diese fragt nicht nach der spezifischen Bedeutung, die ein biblischer Text in jener Zeit hatte, in der er erstmals formuliert wurde, sondern sie fragt nach dem Sinn, den ein Text als Teiltext der Bibel hat. Diese hat eine hohe Dignität: Sie ist ein heiliges Buch, als dessen Autor Gott selbst gilt. Deshalb wird sie rituell abgeschrieben, in der Liturgie vorgetragen und kultisch verehrt. Sie gilt als kanonisches Buch, dessen Wortlaut einerseits als sakrosankt und unveränderbar gilt, und das andererseits ausgelegt werden muss, um als Gottes Wort gehört und verstanden zu werden.

Ein Grundaxiom der jüdischen Tradition lautet: Die Schrift ist zur Auslegung gegeben. Sie wird so ausgelegt, dass der Sinn eines [66] einzelnen Textes im Gespräch mit anderen biblischen Texten und im Diskurs mit anderen Auslegungstraditionen erschlossen wird. Man kann dies Hermeneutik der kanonischen Dialogizität nennen. Der Sinn eines Textes wird nicht, wie dies in der historisch-kritischen Auslegung geschieht, durch seine möglichst genaue Verortung in einer bestimmten zeitgeschichtlichen Situation herausgearbeitet, die dann mit der Gegenwart korreliert und für sie aktualisiert wird. Die rabbinische Auslegung bringt vielmehr den auszulegenden Text in ein Gespräch mit anderen biblischen Texten und gibt ihm so seine Tiefendimension. Sie konstituiert eine Textwelt, in die sich die Leser hineinbegeben sollen, um von ihr aus ihre eigene Lebenswelt zu verstehen und zu gestalten. Unterschiedliche Ausleger ordnen den gleichen Text oft in unterschiedliche Textwelten ein, was zur Folge hat, dass ein Text nicht nur einen einzigen Sinn hat, sondern mehrere Bedeutungen erhalten kann. Die rabbinische Auslegung insistiert ausdrücklich darauf, dass biblische Texte für mehrere, ja für viele Bedeutungen offen sind.

Jüdische Schriftauslegung ist allerdings kein postmodernes Spiel der Beliebigkeit. Jede Auslegung muss begründet werden und sich als Hilfe für die Lebenspraxis erweisen. Sie stellt sich ausdrücklich unter den Vorbehalt, dass menschliches Erkennen das Gottgeheimnis, das sich im biblischen Text mitteilt, immer nur ausschnitthaft und fragmentarisch erfassen kann. Mit der Akzeptanz der Vielfalt der Auslegungen ist zugleich eine Relativierung jeder Einzelauslegung gegeben. Man könnte auch von der Demut der Auslegung sprechen, ohne dass dadurch das geforderte Sichabarbeiten an den Einzelheiten des Textes zurückgenommen würde. Vor allem aber versteht sich diese Art von Schriftauslegung, die im Medium des Textes dem sich offenbarenden Gott nahe kommen will, nicht als profane Wissenschaft, sondern als heiliges Tun. Ja, theologische Schriftauslegung gilt als Gottesdienst. Das inspirierte Gotteswort macht aus den Auslegern und Lesern inspirierte Hörer des Gotteswortes.

Die skizzierte jüdische Schriftauslegung verdient hohe Wertschätzung und kann als Bereicherung christlicher Bibelauslegung aufgenommen werden. Aber sie hat auch ihre Einseitigkeit und Begrenztheit. Sie kann und darf im Raum der Kirche die historische bzw. historisch-kritische Exegese nicht ersetzen. Die historische Auslegung erinnert mit ihren Fragen nach der

Bedeutung bzw. nach [67] den Bedeutungen eines biblischen Textes in der Zeit der Entstehung der Bibel, die Ursprungsgeschichte von Judentum und Christentum und verlangt im Fall einer exegetisch festgestellten Entfernung von den Ursprüngen eine ausdrückliche Legitimation bzw. gegebenenfalls eine Rückkehr zu diesen Ursprüngen. Die historisch-kritische Bibelauslegung hält die unverzichtbare Leserichtung fest, dass nicht *wir* die Bibel lesen, sondern dass *die Bibel* uns lesen und verändern will. Die historische Bibelauslegung bewahrt davor, dass wir allzu leicht in die Bibel das eintragen, was uns genehm ist, und dass die einzelnen biblischen Texte ihre provozierende Fremdheit sowie ihre theologische Singularität verlieren. Der Gefahr der Nivellierung und des Fundamentalismus, die die kanonische Bibelauslegung in sich trägt, muss die historische Bibelauslegung entgegenwirken.

Deshalb brauchen wir beide Formen der Schriftauslegung. In methodentechnischer Sprache heißt dies: Wir brauchen die diachrone *und* die synchrone Bibellektüre. Wir brauchen die *alten* und die *neuen* Wege christlicher Schriftauslegung. Den besonderen Vorzug der neuen Wege, die im übrigen nicht nur ur-jüdisch sind, sondern auch eine starke Nähe zur patristischen und mittelalterlichen Bibellektüre haben, sehe ich darin, dass sich hier Christentum und Judentum auf Augenhöhe begegnen können, auch wenn sie die gleichen Texte unterschiedlich lesen.

Die rabbinische Schriftauslegung hat ihr Selbstverständnis vielfach mit einem Zitat aus Ps 62 expliziert und legitimiert:

> „Eines hat Gott geredet,
> zweierlei habe ich gehört,
> denn die Macht ist bei Gott
> und bei dir ist die Liebe" (Ps 62,12f).

Dieser Schlüsselsatz für die Schriftauslegung sowohl im Judentum als auch im Christentum macht mehrere grundlegende Aussagen. Er betont, dass die Bibel von Gott her als ihrem Sprecher *ein* Wort ist, das aber prinzipiell mehrere Bedeutungen hat, sobald unterschiedliche Menschen bzw. Lesegemeinschaften dieses Wort hören. Das *eine* Wort Gottes hat vor allem die zwei unterschiedlichen Leseweisen in Judentum und Christentum hervorgebracht. Das können und sollen Juden und Christen mit großem Respekt voreinander akzeptieren – insbesondere wenn sie sich auf die Begründung einlassen, [68] die die dritte Zeile des 12. und die erste Zeile des 13. Verses von Psalm 62 gibt: „Denn die Macht ist bei Gott und bei dir, Herr, ist die Liebe." Die unterschiedlichen Leseweisen werden hier auf Gott selbst als den Urheber des Wortes zurückgeführt, in dessen Macht es liegt, mit dem *einen* Wort unterschiedliche Aussagen zu machen. Ja mehr noch, darin zeigt sich seine „Liebe". Das ist das eigentliche Ziel, wenn sich Gott im Wort mitteilen will: Das Wort soll als Gabe seiner Liebe gehört und gelebt werden. So kann es zur Erfahrung werden, dass wir Menschen aus dem Wort leben, das aus seinem Munde kommt (vgl. Dtn 8,3; Mt 4,4).

Von diesem Wort gilt für Juden und für Christen in gleicher Weise, was Rabbi Aqiba im Midrash Genesis Rabba (1,14) sagt: „‚Das ist kein leeres Wort, an euch vorbei' (Dtn 32,47). Und wenn es leer ist, dann liegt es an euch, die ihr nicht auszulegen wisst".

Rede von Gott / Rede mit Gott

Der Gott Israels eifert mit heiligem Eifer um sein Volk. Das Gottesbild des Alten Testaments I

[9] „Was soll ich mit euren vielen Schlachtopfern?,
spricht der LEBENDIGE.
Die Widder, die ihr als Opfer verbrennt,
und das Fett eurer Rinder habe ich satt;
das Blut der Stiere, der Lämmer und Böcke ist mir zuwider ...
Wenn ihr eure Hand [zu mir hin] ausbreitet,
verhülle ich meine Augen vor euch.
Wenn ihr auch noch so viel betet,
ich höre es nicht.
Eure Hände sind voller Blut.
Wascht euch, reinigt euch!
Laßt ab von eurem üblen Treiben!
Hört auf, vor meinen Augen Böses zu tun!
Lernt, Gutes zu tun!
Sorgt für das Recht!
Helft den Unterdrückten!
Verschafft den Waisen Recht,
tretet ein für die Witwen!"
(Jes 1,11.15-17)

„Du sollst neben mir keine anderen Götter haben ... Du sollst dich nicht niederwerfen vor ihnen, und du sollst dich nicht zu ihrem Sklaven machen, denn ich, der LEBENDIGE (JHWH), dein Gott, bin ein eifernder Gott."
(Ex 20,4f)

Wer, wie und wo ist Gott? Auf solche Fragen sind die alttestamentlichen Menschen nicht in der philosophischen Reflexion gestoßen, sondern zuallererst in der Kon-[10]frontation mit ihrer politischen und gesellschaftlichen Geschichte. In ihrer Sehnsucht nach einer menschlichen Gesellschaftsordnung und in ihrem Leiden an der Widersprüchlichkeit ihres Alltags hörten und suchten sie das Gott-Geheimnis, dem Israel seinen geschichtlichen Ursprung verdankte. In den tiefgründigen Geschichten über Abraham, Isaak und Jakob, in den vielschichtigen Erzählungen über den Weg des Volkes unter der Führung des Mose durch die Sinaiwüste auf der Suche nach Freiheit und Lebensfülle, in den kraftvollen Stellungnahmen der Propheten, in den erfahrungsgedrängten Sprüchen und Mahnungen der Weisheitslehrer: auf jeder Seite der alttestamentlichen Bibel wird Israel und werden wir vor das Geheimnis gestellt, daß dieser Gott der LEBENDIGE schlechthin ist, der seine Lebensmächtigkeit an und in der gelungenen Menschlichkeit seiner Verehrer erweisen will.

Der 1973 gestorbene jüdische Gelehrte Abraham Heschel, den man den „amerikanischen Martin Buber" genannt hat, hat diese Eigenart der alttestamentlich-jüdischen Gottesbezogenheit so gekennzeichnet:

„Israel existiert nicht, um zu sein, sondern um die Vision Gottes lebendig zu halten ... Israels Gotteserfahrung ist nicht das Ergebnis einer Suche. Israel hat nicht Gott entdeckt, es wurde von Gott entdeckt. Das Judentum ist Gottes Suche nach dem Menschen. Die Bibel ist der Bericht davon, wie Gott sich seinem Volk naht."

Eine der vielen Geschichten, in denen Israel seine Gotteserfahrung bezeugt, ist die Erzählung von der Gottesbegegnung des Mose im Zeichen des brennenden, aber nicht verbrennenden Dornbuschs. Diese Erzählung, die im 3. Kapitel des Exodusbuchs überliefert wird, zeigt durch mehrere Wachstumsschichten, die die Bibelwissenschaft aufweisen kann, an, daß Israel diese Erzählung im Lauf seiner Geschichte wieder und wieder angereichert hat mit neuen Erfahrungen und Hoffnungen, bis die Er-[11]zählung ihre nun vorliegende Gestalt erhalten hat. Im erzählerischen Festhalten der Vergangenheit, in der Erinnerung an die Anfänge des Weges mit Gott wagte Israel den Weg in die Zukunft. Indem sie sich an den von Gott geschenkten Anfang hielten, brauchten sie sich letztlich nicht zu fürchten vor dem, was auf sie zukam. Was das Geheimnis dieses Anfangs ihnen bedeutete, fand in der Erzählung von der Gotteserscheinung im Dornbuschfeuer diese Gestalt:

„Als Mose die Schafe Jitros, seines Schwiegervaters,
des Priesters von Midian
(als Hirte) weidete,
da führt er die Schafe über die Steppe hinaus.
Er kam zum Berg Gottes, zum Horeb.
Da erschien ihm der Bote des LEBENDIGEN
in einer Feuerflamme mitten aus dem Dornbusch.
Er sah,
siehe, der Dornbusch war brennend im Feuer,
aber der Dornbusch wurde nicht verzehrt.
Mose sprach:
‚Ich will doch vom Weg abgehen,
und ich will sehen dieses große Gesicht,
warum der Dornbusch nicht verbrennt.‘
Der LEBENDIGE sah,
daß er abging, um zu sehen.
Es rief zu ihm Gott mitten aus dem Dornbusch,
er sprach:
‚Mose, Mose!‘
Er sprach:
‚Hier bin ich.‘
Er sprach:
‚Komm nicht näher heran!
Zieh die Sandalen von deinen Füßen,
denn der Ort, auf dem du gerade stehst, heiliger Boden ist er!‘
Er sprach:
‚Ich bin der Gott deines Vaters,
der Gott Abrahams, der Gott Isaaks und der Gott Jakobs.‘
Mose verhüllte sein Antlitz,
denn er fürchtete sich, auf Gott zu blicken.
[12] Der LEBENDIGE sprach:
‚Gesehen, ja, gesehen habe ich die Unterdrückung meines
Volkes, das in Ägypten ist,
und ihr Schreien habe ich gehört vor seinen Antreibern,
ja, ich habe erkannt seine Leiden.
Ich bin herabgestiegen,
um es herauszureißen aus der Hand Ägyptens
und um es hinaufzuführen, weg von diesem Land
hin in ein gutes und weites Land,
hin in ein Land
strömend von Milch und Honig.‘“
(Ex 3,1-8)

Mose hat diese Gottesbegegnung nicht gesucht. Sie bricht über ihn herein. Entscheidend ist, daß er sich ihr stellt und standhält. Entscheidend ist, daß er sich von ihr ergreifen und verwandeln läßt.

Wir dürfen die tiefgründige Metaphorik weder aufklärerisch noch fundamentalistisch auflösen, mit der die Erzähler das Geheimnis dieser Gottesbegegnung andeuten: „Da erschien dem Mose der Bote des Lebendigen mitten aus dem Dornbusch. Der Dornbusch brannte im Feuer, aber der Dornbusch wurde (von dem Feuer) nicht verzehrt" (Ex 3,2). Und mitten aus dem Feuer hörte Mose eine Stimme, die ihn bei seinem Namen rief. Das Feuer warf sich sozusagen akustisch auf ihn. *Ihm* galt das Feuer, ihm in seinem Innersten. Dieser Ruf holte blitzartig in ihm herauf, was er verdrängt hatte und wovor er weggelaufen war (vgl. Ex 2,11-22): daß er einen Auftrag hatte, dem er sich nicht entziehen durfte. Diese Stimme aus dem Feuer konfrontierte ihn mit seiner gefährdeten Identität: Mose, werde, der du bist! Diese Stimme konfrontierte ihn mit einer Macht, die ihn in Dienst nehmen wollte: Mose, werde durch mich der, der du für deine Brüder sein sollst! Diesem Ruf hält Mose stand. Diesem Ruf öffnet er sich, ohne Wenn und Aber: „Hier bin ich. Ich bin bereit!"

[13] Der Erzähler verschärft noch die Dramatik: „Zieh deine Hirtensandalen aus, denn der Ort, auf dem du stehst, heiliger Boden ist er" (Ex 3,5). Ob hier auf einen Ritus der Selbsterniedrigung vor einem Höheren angespielt wird, ob das Ablegen der Hirtensandalen den Bruch mit der bisherigen Berufstätigkeit des Mose signalisieren soll oder ob – was am wahrscheinlichsten ist – damit die transzendente Dimension des Geschehens nochmals unterstrichen werden soll, die Begründung faßt unzweideutig zusammen, was dem Mose widerfahren ist: Mitten in seiner Arbeitswelt und mitten in der Wüste ist er auf „heiliges Land" gestoßen. Es ist nicht „heilig", weil dort ein Tempel steht. Es ist *sein* „heiliges Land", weil er hier vom heiligenden Gott geheiligt, d.h. in Dienst genommen wird. Es ist sein „heiliges Land", weil ihm hier das Geheimnis des biblischen Gottes eröffnet wird und weil er beauftragt wird, dieses Geheimnis seinen leidenden Schwestern und Brüdern in den Lagern Ägyptens als Botschaft der Hoffnung zu überbringen.

Im Wort und im Zeichen erschließt sich dem Mose dieses Geheimnis: „Ich bin der Gott Abrahams, der Gott Isaaks und der Gott Jakobs. Ich sehe die Not meines Volkes. Ich weiß um sein Leiden. Geh, befreie mein Volk aus seiner Not und führe es in ein Land, in dem es zu seinem Leben Ja sagen kann. Wenn sie dich fragen, dann tu ihnen mein tiefstes Geheimnis kund: Ich bin der Ich-bin-bei-euch-da!" (vgl. Ex 3,9-15). Das ist ein Gott, der sein Sein als ein Mit-Sein offenbart und sein Leben als ein In-Beziehung-leben verwirklichen will. Das ist ein Gott, der die Leiden der Leidenden mitträgt. Das ist ein Gott, der die Gemeinschaft derer, die auf der Schattenseite des Lebens stehen, sucht. Das ist ein Gott, der sein Gottsein dadurch erweisen will, daß er Männer wie Mose und Frauen wie Mirjam beruft, damit sie den Resignierten und Verzweifelten zu prophetischen Hoffnungsstiftern [14] werden. Das ist ein Gott, der sein Gottsein an die Geschichte der Befreiung von Not und Unterdrückung, von Vereinsamung und Verfeindung, von lähmender Todesangst und von tödlicher Ichbezogenheit gebunden hat. Das ist ein Gott, der mitwirken will, wo immer Menschen sich darauf einlassen, anderen Menschen Wege gelingenden Lebens zu bahnen. Das ist ein Gott, der den Menschen zuruft: „Ihr dürft mein Volk und meine Familie sein!" Das ist die Botschaft, die den Beginn des Exodus aus den Sklavenlagern des Pharao signalisierte. Der biblische Gott ruft in sein Reich des gemeinsam geteilten Lebens. Der biblische Gott gibt Kraft, die Häuser des Todes zu erkennen und zu verlassen. Der biblische Gott verheißt, daß stärker als alle Mächte des Todes *seine* auferweckende Lebenskraft ist – nicht zuletzt, wenn das Leben im Tod definitiv zu zerbrechen droht. Der biblische Gott lädt ein, den gemeinsamen Aufbruch zur Begegnung mit IHM als der Kraftquelle eines Lebens zu wagen, das dem Mißtrauen das Vertrauen, der Schuldfestschreibung die Versöhnung, dem tödlichen Konkurrenzkampf die teilende Liebe entgegensetzt – aus der Kraft SEINES Geistes. Er lädt zu dem großen gemeinsamen Experiment Freiheit ein, das darin besteht: frei füreinander und miteinander dazusein – so wie dieser Gott selbst seine Freiheit geoffenbart hat: „Ich bin, indem ich bei euch da bin!"

Das ist das Gott-Geheimnis, dem Mose im Zeichen des brennenden Dornbuschs begegnet. Die alte jüdische Überlieferung hat gespürt, daß der Dornbusch ein tiefes Bild dafür ist, wo und wie der biblische Gott da ist:

> „Rabbi Eliezer sagte: So wie der Dornbusch der niedrigste unter allen Bäumen der Welt ist, so war auch Israel gebeugt und erniedrigt in Ägypten. Deshalb hat sich ihnen der Heilige, gelobt sei er, geoffenbart und hat sie erlöst, wie geschrieben steht (Ex 3,8): ‚Ich bin herabgestiegen, um sie zu erlösen, aus der Hand Ägyptens.' [15] Rabbi Yose sagte: So wie der Dornbusch der stacheligste unter den Sträuchern ist und kein Vogel, der in sein Geäst eindringt, unverletzt herauskommt, so war auch die ägyptische Unterdrückung auf der Welt, wie gesagt wird (Ex 3,7): ‚Und der LEBENDIGE sprach: Ich habe das Elend meines Volkes in Ägypten gesehen.'"

Die Dornbuschsituation ist also der Ort, an dem der biblische Gott begegnet: Wo Menschen verletzt und geängstigt sind, wo Menschen entfremdet und verzweckt werden, wo Menschen Sehnsucht haben nach Güte und Verstandenwerden, wo Menschen sich ausstrecken nach Solidarität und Freiheit, da will der alttestamentliche Gott sich erfahrbar machen – durch Menschen, die sich von ihm in Dienst nehmen lassen. Dem Mose wird das Geheimnis des alttestamentlichen Gottes nicht geoffenbart, daß er sich nun in der Wüste eine Kapelle baut, um den Rest seines Lebens dieses Geheimnis zu meditieren. Nein, er wird nach Ägypten geschickt, um das Feuer dieses Geheimnisses seinen Schwestern und Brüdern weiterzugeben, um auch sie zur Begegnung mit diesem Feuer hinauszuführen an den Gottesberg. Das ist der Höhepunkt der biblischen Exodusgeschichte. Als Mose das Volk durch die Wüste Sinai geführt hat, da hört auch Israel aus dem Feuer die Stimme Gottes, die ihm die Zehn Gebote als die Magna Charta der gottgewollten Befreiungsgeschichte verkündet.

Um Befreiung und Lebensförderung geht es dem biblischen Gott. Er will Feuer sein, das wärmt und leuchtet. Er will Feuer sein, das läutert und verwandelt. Er will Feuer sein, das entflammt und begeistert. Er ist Feuer, das brennt, aber nicht zerstört, wie unsere Erzählung sagt. Vielleicht leuchtet hier die tiefste Dimension des Daseins des biblischen Gottes auf:

> „Fast alle Lebewesen leben auf Kosten anderer. Wir haben dieses scheinbar unumstößliche Naturgesetz auch zum Gesetz der Geschichte ge-[16]macht: Starke leben auf Kosten der Schwachen; Sieger auf Kosten der Besiegten; Reiche auf Kosten der Armen. Zum Darwinschen ‚Kampf ums Dasein' in der Natur gesellte sich der Sozialdarwinismus in Geschichte und Gesellschaft. Hier aber leuchtet eine Zukunft auf, die anders sein soll als Vergangenheit und Gegenwart. Die Zukunft eines Daseins ohne Zerstörung, wo Feuer lodert, ohne zu verzehren."[223]

Der alttestamentliche Gott will seine Lebensmächtigkeit und seine Liebe zu seinem Volk darin erweisen, daß die, die sich als SEIN Volk begreifen, sich in SEINER Kraft gegenseitig Leben und Liebe schenken. Diese tiefste Dimension alttestamentlicher Gotteserfahrung ist klassisch formuliert in den beiden Hauptgeboten von der Gottes- und der Nächstenliebe, die auch Jesus in die Mitte seiner Botschaft gestellt hat.

Im sechsten Kapitel des Buches Deuteronomium ist das Gebot der Gottesliebe ausdrücklich so formuliert, daß dabei um die Liebe Israels als Antwort auf das befreiende Kommen des LEBENDIGEN Gottes geworben wird:

> „Höre Israel! Der LEBENDIGE, unser Gott, der ER-IST-DA hat sich als Einziger, das heißt als Liebender, erwiesen. *Darum* sollst und kannst du den LEBENDIGEN, deinen Gott, lieben mit ganzem Herzen, mit ganzer Seele und mit ganzer Kraft" (Dtn 6,4f).

---

[223] K. MARTI, Bundesgenosse Gott. Versuche zu 2. Mose 1-14, Zürich 1972, 32.

Dieser Text, der das Kernstück des jüdischen Morgen- und Abendgottesdienstes bis heute bildet, wird im Buch Deuteronomium für alle Bereiche des gesellschaftlichen Zusammenlebens konkretisiert.

Daß Israel zum Volk Gottes wurde und daß Gott trotz Schuld und Gottvergessenheit an ihm festhielt, verdankt Israel SEINER Liebe:

> „Nicht weil ihr zahlreicher als die anderen Völker wäret, hat euch der LEBENDIGE ins Herz geschlossen und ausgewählt; ihr seid das kleinste unter allen Völkern. Weil der LE-BENDIGE [17] euch liebt und weil er auf den Schwur achtet, den er euren Vätern geleistet hat, deshalb hat der LEBENDIGE euch mit starker Hand herausgeführt und euch aus dem Sklavenhaus freigekauft, aus der Hand des Pharao, des Königs von Ägypten. Daran sollst du erkennen: Der LEBENDIGE, dein Gott, ist der Gott; er ist der treue Gott; noch nach tausend Generationen achtet er auf den Bund und erweist denen seine Huld, die ihn lieben und seine Gebote halten." (Dtn 7,7-9)

Das Halten der Gebote, das heißt die Praxis von Gerechtigkeit und Solidarität, von Hilfsbereitschaft und konkreter Lebenshilfe – das ist die konkrete Gestalt der Liebe zum befreienden Gott, die gerade das Buch Deuteronomium mit seiner Sozialgesetzgebung, mit seinen Weisungen und Mahnungen für die vielen Einzelsituationen des alltäglichen Lebens nahebringen will. Es ist schon erstaunlich, worum sich der Gott Israels sorgt und womit Israel die Liebe zu seinem Gott ausdrücken soll. Die lange Liste der Dinge und Situationen reicht vom Schutz der Vogelnester, vom Futter für den dreschenden Ochsen und vom Verbot, die Bäume der besiegten Feinde abzuhauen, über die Anmahnung gerechter Steuern, die Freistellung Jungverheirateter vom Militärdienst oder die Ausschaltung von Erbstreitigkeit bis hin zu sehr konkreten Maßnahmen, die das Lebensrecht und vor allem die Lebenswürde der Schwachen, der Armen und der Fremden garantieren sollen.

Die Liebe zum Gott Israels zeigt sich nach dem Buch Deuteronomium darin, daß in jedem dritten Jahr zehn Prozent aller Ernteerträge als Sonderabgaben für die Armen abgeliefert und ausgeteilt werden:

> „In jedem dritten Jahr sollst du den ganzen Zehnten deiner Jahresernte [an Getreide, Öl und Wein] in deinen Stadtbereichen abliefern und einlagern, und die Leviten, die ja nicht wie du Landanteil und Erbbesitz haben, die Fremden, die Waisen und die Witwen, die in deinen Stadtbereichen wohnen, können kom-[18]men, essen und satt werden, damit der LEBENDIGE, dein Gott, dich stets segnet bei der Arbeit, die deine Hände tun." (Dtn 14,28f.)

Der Gott, der Israel liebt, sorgt sich um einen gesetzlich geschützten Minimallohn der Arbeiter ebenso wie um ein humanes Pfandrecht:

> „Du sollst den Lohn eines Notleidenden und Armen unter deinen Brüdern oder unter den Fremden, die in deinem Land innerhalb deiner Stadtbereiche wohnen, nicht zurückhalten. An dem Tag, an dem er arbeitet, sollst du ihm auch seinen Lohn geben. Die Sonne soll darüber nicht untergehen; denn er ist in Not und lechzt danach." (Dtn 24,14f)
> „Wenn du einem anderen irgend ein Darlehen gibst, sollst du, um das Pfand zu holen, nicht sein Haus betreten. Du sollst draußen stehen bleiben [um ihm jede Beschämung zu ersparen], und der Mann, dem du das Darlehen gibst, soll dir ein Pfand nach draußen bringen. Wenn er in Not ist, sollst du sein Pfand nicht über Nacht behalten. Bei Sonnenuntergang sollst du ihm sein Pfand zurückgeben. Dann kann er in seinem Mantel schlafen, er wird dich segnen, und du wirst vor dem Herrn, deinem Gott, im Recht sein." (Dtn 24,10-13)

Im 19. Kapitel des Buches Levitikus werden die vielfachen Bemühungen der alttestamentlichen Überlieferung, das als Liebe zu Gott begriffene und in dieser Liebe wurzelnde Sozialverhalten zu konkretisieren, auf jene klassische Formel gebracht, die uns aus dem Neuen Testament vertraut ist, aber eben ein Zitat aus dem Alten Testament ist: „Du sollst deinen

Nächsten lieben wie dich selbst!" (Lev 19,18; vgl. Mt 5,43). Und der biblische Text fügt als Begründung und Motivation hinzu: „Denn ich bin der LEBENDIGE, der bei dir da sein will!" Daß der Gott Israels in und bei seinem Volk da sein will, macht das tiefste Geheimnis SEINES Lebens aus: Er existiert gewissermaßen nicht in sich, sondern für und [19] mit seinem Volk, für und mit seiner Schöpfung. Daß allen Störungen und Nöten, allen Trennungen und Feindschaften zum Trotz das Leben bejaht, geliebt und weitergeschenkt wird, gründet in SEINER Güte und Treue. Daran wurde das alttestamentliche Israel in vielen großen und kleinen Zeichen immer wieder erinnert, nicht zuletzt bei seinen liturgischen Feiern und Festen. Wenn das Buch Deuteronomium beispielsweise mehrfach einschärft, daß zu den Opfermahlzeiten Fremde, Arme, Witwen und Waisen zugeladen werden sollen, dann ist dies zutiefst theologisch begründet: Liturgische Gemeinschaft mit dem alttestamentlichen Gott gibt es eben nur, wo und wenn soziale Gemeinschaft sehr konkret gestiftet und erfahren wird. Was solche Opfermahlzeiten damals sozialpolitisch bedeuten konnten, geht unmittelbar auf, wenn wir den Lebensstandard und die Ernährungssituation bedenken. Selbst für wohlhabende Bauern und Handwerker war Fleisch damals eine Seltenheit. Nur bei besonderen, festlichen Anlässen konnte man sich gebratenes oder gekochtes Fleisch leisten. *Ein* solcher Anlaß waren die Schlachtopfer am örtlichen Heiligtum oder (später) am Jerusalemer Tempel, wobei ein Teil auf dem Altar als Opfer verbrannt wurde, der größere Teil aber in einer gemeinsamen Opferfeier verzehrt wurde. Daß dazu, wie das Buch Deuteronomium im 8. und 7. Jahrhundert fordert, gerade Arme, Fremde, Waisen und Witwen eingeladen werden sollten, bot diesen die Möglichkeit, trotz ihrer Armut auch in den Genuß von Fleisch zu kommen – und dabei sehr konkret zu erleben, daß die Liebe des Gottes Israels eine gesellschaftsverändernde und beglückende Kraft ist.

Wo Liturgie und Gebet nicht das alltägliche Zusammenleben der Menschen als gemeinsam geteiltes und gegenseitig gefördertes Leben prägen und aus diesem erwachsen, vollziehen sie sich nicht als Begegnung mit dem [20] LEBENDIGEN Gott Israels. Was ER davon hält, sagt er im Buch des Propheten Amos so:

> „Ich hasse eure Feste, ich verabscheue sie und kann eure Feiern nicht riechen. Wenn ihr mir Brandopfern darbringt, ich habe kein Gefallen an euren Gaben, und eure fetten Heilsopfer will ich nicht sehen. Weg mit dem Lärm deiner Lieder! Dein Harfenspiel will ich nicht hören, sondern das Recht ströme wie Wasser, die Gerechtigkeit wie ein nie versiegender Bach." (Am 5,21-24)

Die Quelle, aus der das Fruchtbarkeit und Leben ermöglichende und fördernde Wasser der Gerechtigkeit kommt, ist ER selbst und will ER selbst sein. Das ist die Option, die ER ein für allemal getroffen hat. Dieser Option bleibt er treu, weil er sich selbst treu bleiben will. Der Gott Israels hat sich an seine Schöpfung und an sein Volk gebunden: in einem ewigen, unerschütterlichen Lebensbund. Weil und insofern er der Gott des Bundes ist, kämpft er mit der Leidenschaft eines Liebenden darum, daß die Lebenskraft dieses Bundes von seinem Volk und von seiner Schöpfung erkannt und angenommen wird.

In den Erzählungen des Buches Exodus über die Gottesbegegnung am Berg Sinai verkündet der Gott Israels dieses Geheimnis seiner Selbstbindung dem Mose mit diesen Worten:

> „Siehe, ich schließe einen Bund: Vor deinem ganzen Volk werde ich Wunder wirken, wie sie auf der ganzen Erde und unter allen Völkern nie geschehen sind. Das ganze Volk, in dessen Mitte du bist, wird die Taten des Herrn sehen; denn was ich mit dir vorhabe, wird Furcht erregen. Halte dich an das, was ich dir heute auftrage ... Du darfst dich nicht vor einem anderen Gott niederwerfen. Denn der LEBENDIGE (JHWH) trägt den Namen ‚der Eifersüchtige'; ein eifersüchtiger Gott ist er."(Ex 34,10.11.14)

[21] Die Rede von der „Eifersucht" des alttestamentlichen Gottes ist gewiß ein massiver Anthropomorphismus, der die personale und emotionale Dimension des Gottesbundes nahe-

bringing will. Der übliche Gebrauch des Wortes im Kontext von Liebesbeziehung und Ehe verdeckt freilich die mit dem hebräischen Wort gemeinte Lebenswirklichkeit. Um diese Differenz herauszuheben, wird das Wort neuerdings mit „Eiferheiligkeit" Gottes wiedergegeben. Wenn gesagt wird: „Der Gott Israels eifert mit heiligem Eifer um sein Volk", soll dies gesagt werden: Er bindet sich in unendlicher Liebe an sein Volk und will dieses dadurch so heiligen, daß es ganz aus und in dieser Liebe leben kann. Die Eiferheiligkeit Gottes bezeichnet seine leidenschaftliche, sich voll und uneingeschränkt bindende Liebe, in der Liebende sich ganz einander *schenken*. Gemeint ist also jener leidenschaftliche Eifer, mit dem ein Mensch um die Liebe eines anderen Menschen wirbt und sich ihm hingibt. Und als Folge dieses „Eifers" ergibt sich, daß der so liebende Mensch nicht hinnehmen will, daß die so entstehende Liebesbeziehung durch Dritte gestört oder gar zerstört wird; in diesem Fall nimmt der Eifer der Liebe die Gestalt der Eifersucht an.

Mit der Rede von der eifernden Liebe Gottes zu Israel drückt das Alte Testament das tiefste Geheimnis Gottes aus. Der Erzähler von Exodus 34 sagt: „Der Er-Ist-Da trägt den Namen ‚der Eifersüchtige'." Der traditionelle Gottesname „Er-Ist-Da" (in unseren Bibelübersetzungen meistens wiedergegeben mit „der Herr") wird hier auf seine Innenseite hin ausgelegt. Er ist da bei seinem Volk und will bei ihm dasein als der Eifernde, das heißt als der, der sich mit all seiner Leidenschaft und Liebe an Israel und an die Schöpfung gebunden hat. Die Beziehung zwischen Gott und seinem Volk ist mehr als die in der Philosophie formulierte Beziehung zwischen Ursache und Wirkung, zwischen Urbild und Abbild, zwischen dem Sein [22] und dem Seienden. Nach der alttestamentlichen Rede von der Eiferheiligkeit Gottes hat der Gott Israels seinem Volk und seiner Schöpfung nicht etwas, sondern SICH SELBST mitgeteilt. Wer ER ist, definiert sich nicht mit seiner Stellung in einem Götterpantheon, sondern in der konkreten Lebensgeschichte Israels, insofern er Israel aus der Versklavung durch Pharao und dessen Götzen befreit hat, damit es IHM als geschwisterliches, solidarisches Volk dienen kann – in Freiheit und Liebe. Die Anbetung anderer Götter oder die Versklavung unter Ideologien und sich als Götter aufspielende Mächte wären deshalb nicht nur Untreue gegenüber dem Gott Israels, sondern zugleich Selbstzerstörung Israels. Dies kann und will der eiferheilige Gott nicht hinnehmen.

Der eiferheilige Gott kann und will nicht hinnehmen, daß die Menschen, die er als seine lebendigen Bilder auf der Erde geschaffen und gewollt hat, diese Bildhaftigkeit und damit IHN und zugleich sich selbst verfehlen. Deshalb heißt es in der rabbinischen Überlieferung: „Der Heilige, ER sei gesegnet, sagt: Wer *handelt* wie Ich, wird *sein* wie Ich. Darum sagt Rabbi Levi ben Hama: Götzendiener gleichen ihren Götzen (Ps 115,8); wieviel mehr müssen die Diener des LEBENDIGEN Ihm gleichen." Wer handelt wie Gott, in Barmherzigkeit und Liebe, vervollkommnet seine Gottebenbildlichkeit. Wer heilig ist wie Gott, *wird* mehr und mehr zu dem, was er *ist*: Geliebter und Geliebte, Liebender und Liebende des eiferheiligen Gottes.

„Ich schreie zu dir, und du erwiderst mir nicht". Das Gottesbild des Alten Testaments II

[23] „Schweig doch nicht, o Gott, bleib nicht still,
o Gott, bleib nicht stumm!
Sieh doch, deine Feinde toben;
die dich hassen, erheben das Haupt.
Gegen dein Volk ersinnen sie listige Pläne
und halten Rat gegen die, die sich bei dir bergen.
Sie sagen: ‚Wir wollen sie ausrotten als Volk;
an den Namen Israel soll niemand mehr denken!'"
(Ps 83,2-5)

„Wach auf! Warum schläfst du, Herr?
Erwache, verstoß nicht für immer!
Warum verbirgst du dein Angesicht,
vergißt unsere Not und Bedrängnis?
Unsere Seele ist in den Staub hinabgebeugt,
unser Leib liegt am Boden."
(Ps 44,24-26)

„Zu dir rufe ich, Herr, mein Fels.
Wende dich nicht schweigend ab von mir!
Denn wolltest du weiter schweigen,
würde ich denen gleich, die längst begraben sind."
(Ps 28,1)

Weil die alttestamentlichen Menschen überzeugt waren und bleiben wollten, daß in und hinter allem, was mit ihnen geschieht, der LEBENDIGE Gott gestalterisch am [24] Werk oder betroffen ist, stürzte die Erfahrung von Leid sie in eine schier undurchdringliche Nacht des Zweifels und der Verzweiflung. Da es ihnen verwehrt war und sie es sich selbst versagten, vordergründig hilfreiche Ausflüchte dergestalt zu suchen, daß solche Nächte des Grauens mit ihrem Gott nichts zu tun hätten, weil sie das Werk anderer Götter, die Macht eines anonymen Schicksals oder eben die grausame Tat von Menschen seien, da sie also nicht nur das Gute, sondern auch das Schwere und Böse im Angesicht ihres Gottes bestehen wollten und mußten, gibt es im Alten Testament nicht nur das begeistert glückliche Ja zum LEBENDIGEN Gott, sondern auch jene leidenschaftlichen Rückfragen an Gott, wie sie in den eingangs zitierten Klagepsalmen zur Sprache kommen.

Was der von Unglück, Krankheit und Leid geschlagene Ijob auf dem Abfallhaufen vor der Stadt zu seiner Frau sagt, bündelt diese Dialektik des alttestamentlichen Gottesbildes: „Wenn wir das Gute aus der Hand Gottes annehmen, müssen wir auch das Böse annehmen" (Ijob 2,10). Freilich ist dieses Annehmen, wie die provozierend scharfen Anklagereden des Ijob dann zeigen, nicht ein wohlfeiles, oberflächliches Ja. Es ist ein mühsam erkämpftes, zerbrechliches Ja, das aus einem Nein des Widerstandes und der Ablehnung erwächst. Es ist kein Ja, das einen Schlußpunkt setzt, sondern eine bleibende Frage, die in das Gottgeheimnis angesichts von Not und Leid einzudringen sucht. Es ist ein ungetröstetes Ja, das die Angst und die Trauer zuläßt, einschließt und ausspricht. Es ist ein Ja, in dem die leidenden Menschen als tiefste Not ihres Leidens das Leiden an ihrem Gott herausschreien. Dieser Schrei nach dem Gott, der sein Angesicht verbirgt und seinen Mund verschließt, „bleibt selbst eingesenkt in die Gestalt der Nacht, in die Erfahrung des Untergangs der Seele, in die Nachbarschaft zur Verzweiflung". Er ist [25] „ein klagender Aufschrei aus der Tiefe, aber kein vage schweifendes Jammern, sondern ein – Anschrei. Die Sprache dieser Gottbejahung hat ihre Richtung, sie hat und sucht immer neu ihre Instanz, die Instanz des verborgenen Antlitzes Gottes."[224] Die Leidenschaft dieses fragenden, anklagenden und ablehnenden Ja durchzittert die ahnende Hoffnung, daß inmitten der Nacht das sich verbergende Antlitz Gottes erneut und neu aufscheine.

Der Beter des 27. Psalms sagt dies so:

„Höre, LEBENDIGER, meinen Schrei, mit dem ich rufe,
sei mir gnädig, gib mir Antwort!
Über dich sagte mein Herz: ‚Suche sein Angesicht!'
Ja, dein Angesicht, LEBENDIGER, suche ich!
Verbirg dein Angesicht nicht vor mir,
weise im Zorn deinen Knecht nicht ab!

---

[224] J. B. METZ, Kampf um jüdische Traditionen in der christlichen Gottesrede, in: KuI 1 (1987), 18.

Du warst meine Hilfe –
verstoß' mich doch nicht und verlaß mich doch nicht,
du Gott, der du allein mein Heil sein kannst.
Würden mich auch Vater und Mutter verlassen können,
der LEBENDIGE Gott muß mich doch aufnehmen!"
(Ps 27,7-10)

Der laute und stille Schrei nach Gott inmitten der Nacht der Verzweiflung und Verlassenheit ist der Widerstand gegen die Apathie und gegen den drohenden Verlust der eigenen Identität. Die Klage, die den schweigenden, sich verbergenden Gott sucht, widersetzt sich allen vorschnellen Versuchen, Gott und das Leid in einer höheren Harmonie auszugleichen. Sie verdeckt die Widersprüche nicht, sondern deckt sie auf – vor Gott und gegen Gott. Vielleicht ist dies die beeindruckendste Seite der alttestamentlichen Gottesüberlieferung, daß sie die leidenschaftlichen Rückfragen an Gott zuläßt und weitergibt, ohne theologische Zensur und ohne disziplinarische Maßnahmen. Dem alttestamentlichen Gott kann der, der [26] ihn als Kraftquelle seines Lebens sucht, alles sagen – wirklich alles, wenn er es eben IHM sagt und wenn es aus seiner Seele aufsteigt.

Elie Wiesel erzählt in seinem autobiographischen Werk „Die Nacht" von einer Freundschaft, die er als kleiner Junge in dem siebenbürgischen Städtchen Sighet mit dem Synagogendiener Mosche hatte. Dieser hatte den Zwölfjährigen beobachtet, wie er in der Abenddämmerung allein in der Synagoge betete.

„,Warum weinst du beim Beten?' fragte er, als kenne er mich seit langem. ‚Ich weiß nicht',
erwiderte ich verstört. Die Frage war mir nie gekommen. Ich weinte, weil … weil etwas in
mir weinen wollte. Ich konnte nichts dazu sagen.
‚Warum betest du?' fragte er mich eine Weile später.
‚Ich weiß es nicht', antwortete ich noch verwirrter und befangener. ‚Ich weiß es wirklich
nicht.'
Von diesem Tag an sah ich ihn häufig. Er versuchte mir eindringlich zu erklären, daß jede
Frage eine Kraft besitzt, welche die Antwort nicht mehr enthält.
‚Der Mensch erhebt sich zu Gott durch die Fragen, die er an ihn stellt', pflegte er immer
wieder zu sagen. ‚Das ist die wahre Zwiesprache. Der Mensch fragt, und Gott antwortet.
Aber man versteht seine Antworten nicht. Man kann sie nicht verstehen, denn sie kommen
aus dem Grund der Seele und bleiben dort bis zum Tode. Die wahren Antworten, Eliezer,
findest du nur in dir.'
‚Und warum betest du, Mosche?' fragte ich ihn.
‚Ich bete zu Gott, der in mir ist, daß er mir die Kraft gebe, ihm wahre Fragen zu stellen.'"[225]

Die wahren Fragen, so zeigen die Psalmen und das Ijob-Buch, steigen aus der Nacht auf, in der Menschen an Gott leiden – wenn sie leiden an jener Widersprüchlichkeit, daß dieser Gott nicht die Schuld und nicht das Leid, nicht die Angst und nicht den Tod abschafft und dennoch [27] als der LEBENDIGE Gott selbst in seiner Verborgenheit die einzige Kraft ist, in der Leid und Tod ausgehalten werden können. Der Ruf „Schweig doch nicht, Gott!" (Ps 83,2), der aus der Gottesfinsternis aufsteigt, kommt aus einer Tiefe der Verbundenheit des Leidenden mit Gott, in der Gott als die alles umfassende Wirklichkeit gesucht wird, wie sie im überlieferten alttestamentlichen Gottesnamen zusammengefaßt ist: „Ich-bin-da und ich-werde-da-sein!" (vgl. Ex 3,14).

Daß Gott „da ist", nicht als der, der Siege garantiert und die Mächtigen noch mächtiger und die Erfolgreichen noch erfolgreicher macht, sondern als der, der gerade in den Stunden der Not und des Leids als der Abwesend-Anwesende und als der Verborgen-Gegenwärtige mit den

---

[225] E. WIESEL, Die Nacht, Freiburg [5]2013, 17 [Anm. d. Hg.: Im Original ohne Nachweis].

Menschen ist, sie hält und formt, hat die alttestamentliche Überlieferung in zahlreichen Erzählungen über die großen Gestalten des Alten Testaments, Frauen und Männer, verdichtet. Die Heldinnen und Helden des alttestamentlichen Israel sind allesamt angefochtene, zweifelnde, beschädigte und resignierende Helden, die nicht selten der Last ihrer Gottesverwiesenheit entkommen wollen, aber gerade in ihrem Kampf gegen und um ihren Gott erst zu sich selbst und zu ihrer Aufgabe finden.

Als der Prophet Elija, wie das 19. Kapitel des ersten Königsbuchs erzählt, müde und resigniert in die Steppe südlich von Beerscheba flieht, um dort endlich seine Ruhe, die Todesruhe, zu finden, da erst wird ihm die entscheidende Gottesoffenbarung am Horeb zuteil:

> „Elija kam nach Beerscheba in Juda und ließ dort seinen Diener zurück. Er selbst ging eine Tagereise weit in die Wüste hinein. Dort setzte er sich unter einen Ginsterstrauch und wünschte sich den Tod. Er sagte: ‚Nun ist es genug, Herr. Nimm mein Leben, denn ich bin nicht besser als meine Väter!‘ Dann legte er sich unter den Ginsterstrauch und schlief ein. [28] Doch ein Engel rührte ihn an und sprach: ‚Steh auf und iß!‘ Als er um sich blickte, sah er neben seinem Kopf Brot, das in glühender Asche gebacken war, und einen Krug mit Wasser. Er aß und trank und legte sich wieder hin.
> Doch der Engel des Herrn kam zum zweiten Mal, rührte ihn an und sprach: ‚Steh auf und iß! Sonst ist der Weg zu weit für dich!‘ Da stand er auf, aß und trank und wanderte, durch diese Speise gestärkt, vierzig Tage und vierzig Nächte bis zum Gottesberg Horeb." (1 Kön 19,3b-8)

Die alttestamentliche Überlieferung hat diese Erzählung gezielt hinter die Erzählung von dem spektakulären Triumph des Elija über die Baalspriester auf dem Berg Karmel (vgl. 1 Kön 18) gesetzt. Das ist nicht nur ein nachdenklich-kritischer Kommentar zu allen Versuchen, die Wahrheit des Gottesglaubens mit Feuer und Schwert herbeizuzwingen. Es ist vor allem eine Lehrerzählung über und für die schmerzlichen Lernprozesse, die der biblische Gott seinen Anhängern, ja sich selbst zumutet. „Nun ist es genug, LEBENDIGER. Nimm mein Leben zurück, denn ich bin auch nicht besser als meine Väter!" Zwei Eingeständnisse sind es, die Elija dem Gott, dessen Prophet er doch war, da entgegenhält: „Ich kann nicht mehr, und ich will nicht mehr!" Und Elija gibt auch das Maß an, an dem er sich mißt und an dem er zerbricht; es sind die hohen Ziele, die er sich selbst gesteckt hatte. Er wollte besser sein als seine Väter. Er wollte schaffen, was sie nicht geschafft hatten. Er wollte den König Israels und das Volk zu einer Eindeutigkeit und Greifbarkeit der Allmacht des Gottes Israels hinführen. Er wollte alle Neigungen seiner Zeitgenossen, in das Geheimnis des Göttlichen durch Anleihen bei der kanaanäischen Baalsreligion einzudringen, ein für allemal beenden. Seine kämpferische Parole „Entweder Jahwe oder Baal" (vgl. 1 Kön 18,21) kehrt sich nun, da seine hohen Selbsterwartungen zerbrechen, gegen ihn selbst. Welches Paradoxon: Der [29] feurige Prophet des LEBENDIGEN Gottes flieht nun in die Wüste, den Ort des Todes; er bittet ausdrücklich um das Ende seiner Sendung – durch den Tod. Auf den ersten Blick könnte es scheinen, daß damit nicht nur der Prophet, sondern der Gott Israels selbst in Elija gescheitert sei.

Dieses „Ich will nicht, ich kann nicht mehr!" des Elija ist keineswegs singulär. Auch Mose klagt ähnlich, ja noch schärfer, als er hilflos mitansehen muß, wie das Volk auf dem Weg durch die Sinaiwüste hungert und rebelliert:

> „Warum hast du deinen Knecht so schlecht behandelt, und warum habe ich nicht deine Gnade gefunden, daß du mir die Last mit diesem ganzen Volk auferlegst? Habe denn ich dieses ganze Volk in meinem Schoß getragen, oder habe ich es geboren, daß du zu mir sagen kannst: ‚Nimm es an deine Brust, wie die Amme den Säugling, und trag es in das Land, das ich seinen Vätern mit einem Eid zugesichert habe?‘ Woher soll ich für dieses ganze Volk Fleisch nehmen? Sie weinen vor mir und sagen: ‚Gib uns Fleisch zu essen!‘ Ich kann dieses Volk nicht allein tragen, es ist mir zu schwer. Wenn du mich so behandelst, dann bring mich lieber gleich um, wenn ich überhaupt deine Gnade gefunden habe. Ich will und kann mein Elend nicht mehr ansehen!" (Num 11,11-15)

Daß der alttestamentliche Gott nicht das alltägliche und nicht das geschichtliche Leid verhindert, sondern daß im Gegenteil dieses Leid für die an ihn Glaubenden noch viel irritierender, schmerzlicher und unerträglicher wird, kommt besonders drastisch in den protestierenden Klagen des Jeremia und des Ijob, aber auch in den Klageliedern des Volkes auf den Trümmern der von den Soldaten Nebukadnezzars im Jahre 586 v. Chr. verbrannten Stadt Jerusalem zum Ausdruck.

Die ungeheure Spannung, angesichts der eigenen Leiderfahrung von Gott loskommen zu wollen und doch zu wissen, daß das Leid nur in der Kraft SEINER mitleiden-[30]den Teilnahme am Leid ausgehalten werden kann, wird in der Biographie des Jeremia sichtbar, die im Jeremiabuch als tröstendes Exemplum für die leidenden Gottsucher überliefert ist:

„Du hast mich betört, o Herr,
und ich ließ mich betören;
du hast mich gepackt und überwältigt.
Zum Gespött bin ich geworden den ganzen Tag,
ein jeder verhöhnt mich.
Ja, sooft ich rede, muß ich schreien,
‚Gewalt und Unterdrückung!‘ muß ich rufen.
Denn das Wort des Herrn bringt mir
den ganzen Tag nur Spott und Hohn.
Sagte ich aber: ‚Ich will nicht mehr an ihn denken
und nicht mehr in seinem Namen sprechen!‘,
so war es mir, als brenne in meinem Herzen ein Feuer
eingeschlossen in meinem Inneren.
Ich quälte mich, es auszuhalten,
und konnte nicht!" (Jer 20,7-9)

Der schweigende Gott, der seine Geschöpfe, ja seine innigsten Verehrer nicht vor dem Leiden bewahrt oder sie nicht aus ihrem Leiden rettet, ist für Ijob ein Feind-Gott, den er im Namen des „wahren" Gottes mit aller Leidenschaft ablehnt, bekämpft und zur Metamorphose seines Gott-Seins zwingen will:

„Ich schreie zu dir, und du erwiderst mir nicht;
ich stehe da, doch du achtest nicht auf mich.
Du wandelst dich zum grausamen Feind gegen mich,
mit deiner starken Hand befehdest du mich…
Ja, ich hoffte auf Gutes, doch Böses kam,
ich harrte auf Licht, doch Finsternis kam.
Mein Inneres kocht und kommt nicht zur Ruhe
mich haben die Tage des Elends erreicht…
Gäbe es doch einen, der mich hört.
Das ist mein Begehr, daß der Allmächtige mir Antwort gibt."
(Ijob 30,20-21.26-27; 31,35)

[31] Der Widerspruch zwischen dem eiferheiligen Gott, der sich für das Leben und die Freiheit seines Volkes engagiert, und dem Gott, der es in die Katastrophe der Kriege, der Vertreibung und der Vernichtung abstürzen läßt, faßt ein im Jesajabuch überlieferter Volksklagepsalm so zusammen:

„Uns geht es, als wärest du nie unser Herrscher gewesen,
als wären wir nicht nach deinem Namen benannt!"
(Jes 63,19)

Der im und zum Leid seines Volkes schweigende Gott ist die große Herausforderung, der sich die alttestamentlichen Menschen stellten und vor die sie ihren Gott selbst stellten. In ihrem Protest gegen Gott mögen sie vielen heute wie anachronistische Zeitgenossen vorkommen, deren Protest und Schrei wenig produktiv und hilfreich erscheint, wenn wir auf die Leiden der Völker und der Marginalisierten blicken. „Wir protestieren gegen den allmächtigen Staat, gegen Unterdrückung, gegen die Folgen des Nordsüdgefälles, gegen die Idee einer machbaren Welt. Wer protestiert noch gegen Gott, wer bringt ihn aporetisch zur Sprache?" *(H. Häring)*. Die Theologie, so scheint es, am wenigsten. Wo sie sich der Herausforderung gestellt hat, ist sie meist, wie Ijobs Freunde, in eine vorschnelle Theodizee, eine Rechtfertigung Gottes, abgeglitten und hat dafür, nicht zu Unrecht, den Spott ihrer Gegner gehört, angesichts der Leidenden sei die einzige Entschuldigung für Gott die, daß er nicht existiere. Diese atheistische Ironie der neuzeitlichen Religionskritik klingt schon in der alttestamentlichen Überlieferung an, wenn in den Klagepsalmen wieder und wieder die Frage der Gottesfeinde zitiert wird: „Wo ist nun dein Gott?"

In aller Schärfe hat der jüdische Philosoph Hans Jonas angesichts von Auschwitz die Herausforderung des schweigenden Gottes so formuliert:

[32] „Bei dem wahrhaft und ganz einseitig Ungeheuerlichen, das unter seinen Ebenbildern in der Schöpfung dann und wann die einen den schuldlos andern antun, dürfte man wohl erwarten, daß der gute Gott die eigene Regel selbst äußerster Zurückhaltung seiner Macht dann und wann bricht und mit dem rettenden Wunder eingreift. Doch kein rettendes Wunder geschah; durch die Jahre des Auschwitz-Wütens schwieg Gott. Die Wunder, die geschahen, kamen von Menschen allein: die Taten jener einzelnen, oft unbekannten Gerechten unter den Völkern, die selbst das letzte Opfer nicht scheuten, um zu retten, zu lindern, ja, wenn es nicht anders ging, hierbei das Los Israels zu teilen... Aber Gott schwieg. Und da sage ich nun: nicht weil er nicht wollte, sondern weil er nicht konnte, griff er nicht ein. Aus Gründen, die entscheidend von der zeitgenössischen Erfahrung eingegeben sind, proponiere ich die Idee eines Gottes, der für eine Zeit – die Zeit des fortgehenden Weltprozesses – sich jeder Macht der Einmischung in den *physischen* Verlauf der Weltdinge begeben hat; der dem Aufprall des weltlichen Geschehens auf sein eigenes Sein antwortet nicht ‚mit starker Hand und ausgestrecktem Arm‘, wie wir Juden alljährlich im Gedenken an den Auszug aus Ägypten rezitieren, sondern mit dem eindringlich-stummen Werben seines unerfüllten Zieles."[226]

Ansätze zu diesem Bild eines Gottes, der seine Göttlichkeit nicht durch die Allmacht eines Super-Gottes, nicht als Lückenbüßer in ausweglosen Situationen, aber auch nicht als Legitimationsfigur des status-quo erweist, sondern als sorgender und liebender Gott gerade auf der Seite der Leidenden steht und mit ihnen, ja in ihnen leidet, finden sich in mehreren Zeugnissen des Alten Testaments. Die Metamorphose vom Gott der Macht zum Gott, der seine Mächtigkeit gerade in der geteilten Ohnmacht erweist und selbst erleidet, ist jener Lernprozeß, [33] den der alttestamentliche Gott sich selbst mit seiner Schöpfung und mit seinem Willen, in der Geschichte seines Volkes offenbar zu werden, zugemutet hat.

Kehren wir noch einmal zur Erzählung über den Propheten Elija zurück! Dieser Elija, der resigniert sterben will, hört plötzlich eine Stimme: „Steh auf und iß!" Der Text sagt: Es ist der Bote Gottes, der ihn weckt und ihm das Brot und das Wasser hingestellt hat. Kein Wort des Vorwurfs oder der theologischen Belehrung! In der Wüste der Verzweiflung und des Leids kommt es nicht auf die Lehre an, sondern darauf, daß jemand Brot und Wasser gibt, damit der Erschöpfte wieder zu sich selbst findet. Das wird plastisch auch von Israel auf dem Weg durch die Sinaiwüste erzählt, und das wird – ein Höhepunkt der alttestamentlichen Überlieferung – von der verzweifelten Hagar erzählt, als sie mit ihrem kleinen Sohn Ismael wie Elija in die Wüste südlich von Beerscheba flieht, um der Unterdrückung durch Sara und der Mißachtung durch Abraham, der sie vorher gerne geschwängert hatte, zu entkommen (vgl. Gen 16; 21). Damit Elija und wir es ganz bestimmt begreifen, wiederholt sich dieses „Steh auf und iß!" des Gottesboten sogar ein zweites Mal. Und was dann folgt, ist das Überraschendste an der ganzen

---

[226] H. JONAS, Der Gottesbegriff nach Auschwitz, Frankfurt 1987, 41f.

Erzählung: Gestärkt durch Brot und Wasser, wird Elija nicht zurückgeschickt, um seinen prophetischen Kampf fortzusetzen, sondern in der Kraft dieser Speise wandert er noch weiter in die Wüste hinein. Vierzig Tage und vierzig Nächte – Symbolzahl für das Vollmaß seiner Vereinsamung und seiner Gottsuche – ist er in der Wüste unterwegs. Da taucht der Gottesberg Horeb vor ihm auf, der Berg, an dem nach den alten Überlieferungen dem Mose und dem Volk Israel das Geheimnis des alttestamentlichen Gottes erschlossen wurde. Zu diesem Gottesberg muß auch Elija – und im Grunde muß jeder zu diesem Gottesberg in der Wüste, dem das Gottgeheimnis aufge-[34]hen soll. Was dem Elija dabei widerfährt, ist einerseits das, was die Überlieferung auch von Mose zu berichten weiß, und es ist andererseits doch eine neue, tiefere Gottesschau, die dem Elija zuteil wird:

> „Da
> vorüberfahrend ER:
> ein Sturmbraus, groß und heftig,
> Berge spaltend, Felsen malmend,
> her vor SEINEM Antlitz:
> ER im Sturme nicht –
> und nach dem Sturm ein Beben:
> ER im Beben nicht –
> und nach dem Beben ein Feuer:
> ER im Feuer nicht – ,
> aber nach dem Feuer
> eine Stimme verschwebenden Schweigens.
> Es geschah, als Elijahu hörte:
> da verhüllte er sein Antlitz mit seinem Mantel.“
> (1 Kön 19,11-13)

Dem verzweifelten Elija offenbart sich der LEBENDIGE nicht als der, der mit Sturm, Beben und Feuer in die Geschichte eingreift, sondern er kommt zu ihm in einer, wie Martin Buber übersetzt, „Stimme verschwebenden Schweigens“. Dem hebräischen Wortlaut kann man sich nur mit Umschreibungen nähern. Eigentlich schaut Elija Gott nicht, sondern er hört ihn als eine ruhige, dünne, schwache, abgemagerte Stimme, als „das Flüstern eines leisen Wehens“ *(J. Ebach)*, als „ein still sanftes Sausen“, wie Martin Luther verdeutscht. Dem Elija, der am Ende seiner Kraft war und sich in der Wüste seiner Verzweiflung protestierend-klagend mit seinem Gott auseinandersetzte, diesem Elija zeigt sich Gott als der, der in seiner Situation mit dabei ist. Er offenbart sich ihm in einer dünnen, abgemagerten Stimme. „Elija sieht Gott, wie er ihn in dieser Situation einzig zu sehen, zu ertragen vermag. Dünn und abgemagert – eben so kann man die Lage [35] des Elija beschreiben. Darin erweist sich diese Geschichte... als eine, die von der Solidarität Gottes gerade mit dem Schwachen, dem Verzagten, dem Versagenden handelt“ *(J. Ebach)*. Das ist ein neues Gotteswissen, das durch diese Erzählung Israel geschenkt wurde: Der schweigende Gott ist ein Gott, der auf Feuer und Sturm verzichtet, weil er mit den Schwachen und Leidenden mit-leiden und mit-tragen will.

Das ist die tiefste Dimension jenes Mit-Seins, von dem in der im Exodusbuch überlieferten Deutung des alttestamentlichen Gottesnamens die Rede ist:

> „Mose sprach zu Gott:
> Siehe,
> wenn ich zu den Kindern Israels komme und zu ihnen sage:
> ‚Der Gott eurer Väter hat mich zu euch gesandt!‘
> und wenn sie zu mir sagen: ‚Was ist es um seinen Namen?‘,
> was soll ich ihnen dann sagen?
> Da sagte Gott zu Mose:
> ‚Ich will da-sein als der ich da-sein will!‘“
> (Ex 3,13f)

Der alttestamentliche Gott will, wie Israel im Aushalten seiner abgründigen Leidensgeschichte schmerzlich gelernt hat, gerade als der mit-leidende Gott dasein. Als dieser gibt er den Leidenden in ihrer Klage und in ihrem Protest nicht nur ihr Menschenrecht und ihre Menschenwürde. Als dieser lädt er die, die an ihm festhalten wollen, ein, im Einklagen SEINER Leidens- und Lebensgemeinschaft das Leben zu teilen und miteinander zu tragen.

Die jüdische Überlieferung schreibt dem Rabbi Baruch folgende Lehre für seine Schüler zu:

> „Alle Menschen sind Fremde in der Welt. Und auch Gott ist im Exil. Stellt euch einen Menschen vor, den man aus seiner Heimat vertrieben hat. Er kommt an einen Ort, wo er keine Freunde hat, keine Verwandten. Sitten und Sprache des Landes sind ihm nicht vertraut. Natürlich [36] fühlt er sich allein, schrecklich allein. Plötzlich sieht er einen anderen Fremden, der auch nicht weiß, wohin er gehen könnte. Die beiden Fremden treffen sich und lernen sich kennen. Sie unterhalten sich und gehen eine Zeitlang den Weg gemeinsam. Mit ein wenig Glück könnten sie sogar Freunde werden. Das ist die Wahrheit über Gott und den Menschen: Zwei Fremde, die versuchen, Freundschaft zu schließen."

„Gott hat keiner jemals geschaut" (Joh 1,18). Die christliche Gottesrede im Angesicht des Judentums

1. Eine kleine Problemskizze

[77] Judentum, Christentum und Islam gelten gemeinhin als die drei großen monotheistischen Religionen. Und meist wird auch gesagt, dass diese drei Religionen zumindest prinzipiell in der Gottesfrage übereinstimmen. Auch die im September 2000 in den USA veröffentlichte Erklärung einiger jüdischer Wissenschaftler und Rabbiner, die den Titel „Dabru emet (Redet Wahrheit). Eine jüdische Stellungnahme zu Christen und Christentum" trägt, formuliert als erste ihrer acht Thesen: „Jews and Christians worship the same God", d.h. „Juden und Christen beten den gleichen Gott an / verehren denselben Gott", einen derartigen grundlegenden Konsens zwischen Juden und Christen und macht ihn zum Fundament des jüdisch-christlichen Dialogs.

Was hier so einfach klingt, ist freilich viel komplexer und keineswegs selbstverständlich. Clemens Thoma, einer der erfahrensten Teilnehmer im christlich-jüdischen Dialog, hat in dem von ihm gemeinsam mit Jakob J. Petuchowski 1989 herausgegebenen „Lexikon der jüdisch-christlichen Begegnung"[227] im Artikel „Gott" folgendes festgestellt:

> „In der speziellen Gottesfrage liegt das empfindliche Zentrum allen jüdisch-christlichen Dissenses. Wer leichtfertig darüber hinweg dialogisiert, treibt den jüdisch-christlichen Dialog dem Scheitern entgegen ... Christen müssen begreifen lernen und es in Kauf nehmen, dass Juden die Einbeziehung Christi in die Göttlichkeit hinein nicht akzeptieren können ... Die größte Gemeinsamkeit bei aller Differenz in der Gottesfrage leuchtet dann auf, wenn Juden ohne Christusbekenntnis und Christen in der Christusgemeinschaft jenem Tage entgegenbeten und entgegenarbeiten, da ‚Gott einer sein wird und da auch sein Name einer sein wird (Sach 14,9)'"[228].

[78] Die trinitarische Gottesrede ist, zumindest in vielen traditionellen Ausprägungen der christlichen Theologie, so weit vom jüdischen Monotheismus entfernt, dass es schwer fällt, hier noch eine fundamentale Gemeinsamkeit zu erkennen. Herbert Vorgrimler schreibt in seinem jüngsten Buch „Gott. Vater, Sohn und Heiliger Geist"[229] zu Recht:

> „Der christliche Glaube an den dreieinigen Gott hat zu tief einschneidenden Spaltungen zwischen den monotheistischen Religionen geführt. Gläubige Juden können sich mit dem christlichen Glauben an die Menschwerdung Gottes in dem Menschen Jesus von Nazaret nicht abfinden. Sie verstehen darunter nicht die Meinung, Gott habe sich in einen Menschen verwandelt. Wenn Katholiken Maria als ‚Gottesmutter' verehren, dann ist für sie die Gotteslästerung vollkommen: ‚Mutter JHWHs'. Der eine ursprunglose Gott, Schöpfer des Himmels und der Erde, dessen Name JHWH den Juden anvertraut wurde und den sie heiligen, ER kann keine Menschenmutter haben. Eine Frau, die Gott gebären kann?"[230].

Und wenn das Christentum die altchristliche Tradition, nicht zu Jesus Christus, sondern zu „Gott" „durch Jesus Christus im Heiligen Geist" zu beten, mehr und mehr aufgibt und zu „Christus, unserem Gott und Erlöser" o.ä. betet, ist dies für Juden schlechterdings ein anderes Gottesverständnis als das ihrer Tradition. Dass sich nicht wenige Christen Jesus Christus mehr

---

[227] J. J. PETUCHOWSKI/C. THOMA (Hg.), Lexikon der jüdisch-christlichen Begegnung, Freiburg 1989.
[228] a.a.O. 74.
[229] H. VORGRIMLER, Gott. Vater, Sohn und Heiliger Geist. Was Christen glauben, Münster 2003.
[230] a.a.O. 113.

wie einen „griechischen Gott" und das heißt als einen zweiten Gott neben „Gottvater" vorstellen, dürfte unbestreitbar sein und ist für Juden ein weiteres Indiz dafür, dass Juden und Christen eben gerade nicht „den gleichen / denselben Gott" anbeten.

So verwundert es nicht, dass gerade von jüdischer Seite der ersten These von „Dabru emet" heftig widersprochen wurde. Unter der Überschrift „Wie man den jüdisch-christlichen Dialog nicht führen soll" veröffentlichte der Harvard-Professor Jon D. Levenson, der bedeutende Studien u.a. über die Theodizee und über die Korrelation von Sinai und Zion in der Hebräischen Bibel vorgelegt hat, eine ausführliche Kritik an „Dabru emet". Zur ersten These, dass Juden und Christen den gleichen Gott anbeten, stellt er fest:

> „Historisch betrachtet würde diese Sicht nicht viel Widerspruch unter den Christen hervorgerufen haben. Wenn auch christliche Orthodoxie vielfach die jüdische Weise der Gottesverehrung als überholt betrachtet hat, so hat sie doch von früh an den Glauben verworfen, dass der Gott der Christen ein höherer (und darum ein anderer) Gott sei als derjenige der Juden und ihrer Schriften.
> [79] Aber hier, wie generell in den jüdisch-christlichen Beziehungen, herrscht Asymmetrie, und einfache Wechselseitigkeit ist ein gefährlicher Weg. Juden waren ihrerseits nicht immer überzeugt, dass die Christen denselben Gott anbeten. Maimonides zum Beispiel, der Philosoph des 12. Jahrhunderts und große sephardische Gesetzesautorität, erklärte das Christentum ausdrücklich als Idolatrie und verbot deshalb den Kontakt mit Christen, wie er mit Angehörigen anderer, nicht götzendienerischer Religionen erlaubt war. Selbst in der mittelalterlichen aschkenasischen Welt, wo eine ganz andere Sicht des Christentums herrschte, interpretierten einige Autoritäten das monotheistische Bekenntnis des Shema, der vorgeschriebenen täglichen Erklärung des jüdischen Glaubens, als ausdrückliche Verneinung der Lehre der Trinität.
> Dieser Punkt ist wesentlich grundsätzlicher als die üblichen Fragen, ob Jesus der Messias sei oder ob die Tora noch gültig oder durch das Evangelium ersetzt worden sei; es ist die Frage nach der Identität Gottes selbst. Denn das traditionelle Christentum sieht Jesus nicht nur als einen Sprecher Gottes in der Weise der jüdischen Propheten, sondern auch und vor allem als Inkarnation – die einmalige und unüberbietbare Inkarnation – des Gottes Israels. In den Worten des nizänischen Glaubensbekenntnisses (das bis heute liturgisch rezitiert wird in östlich-orthodoxen, römisch-katholischen und vielen protestantischen Kirchen) ist Jesus ‚wahrer Gott vom wahren Gott, gezeugt, nicht geschaffen, eines Wesens mit dem Vater; durch ihn ist alles geschaffen'.
> Teilnehmer am jüdisch-christlichen Dialog sprechen oft so, als stimmten Juden und Christen überein im Blick auf Gott, seien aber verschiedener Auffassungen im Blick auf Jesus. Sie haben vergessen, dass orthodoxe Christen in einem sehr konkreten Sinne glauben, dass Jesus Gott ist".[231]

Dass die tiefste Differenz zwischen Judentum und Christentum im Gottesverständnis liegt, ist eine Position, die auch im Christentum selbst starke Anhängerschaft hatte – und bis heute hat. Diese Position zeigt sich vor allem dort, wo das Christentum als das gegenüber dem Judentum radikal Neue und Andere präsentiert und wo das Neue des Christentums als Gegensatz zum Judentum oder als Überbietung bzw. gar als Überwindung des Judentums proklamiert wird. Nicht selten wird dieser Gegensatz bereits auf der Ebene der christlichen Bibel so expliziert, dass das Alte Testament als typisch jüdisches Gottes-Konzept durch das Neue Testament als spezifisch christliches Gottes-Konzept „aufgehoben" worden sei.

Diese antithetische Position liegt überall dort vor, wo von christlicher Seite eine explizite oder implizite Diskreditierung des Alten Testaments und seiner Gottesbotschaft vorgetragen wird. Ich will und brauche hier nicht die klassischen Klischees dieser Diskreditierung zu wiederholen und zu diskutieren; ich kann hier auf meine zahlreichen Publikationen zu diesem Thema verweisen. Das Problem hat tiefe Wurzeln und darf gar nicht [80] so einfach auf die

---

[231] In: KuI 17 (2002), 127f.

Seite geschoben werden, wie uns Markion, der erste prominente Vertreter dieser Position in der ersten Hälfte des 2. Jh. n. Chr., zeigt. Die Beobachtungen und die Gründe, die ihn zur Ablehnung der jüdischen Offenbarungsschriften für das Christentum und des in diesen bezeugten Gottes führten, bestimmen – oft freilich nur subtil – das theologische Denken nicht weniger Christen bis heute. Markion will die spezifische und neue Gottesbotschaft Jesu erfassen. Er ist beeindruckt von dem in Lk 10,22 überlieferten Logion: „Niemand weiß, wer der Vater ist, nur der Sohn und der, dem es der Sohn offenbaren will." Dieses Logion macht für Markion nur Sinn, wenn Jesus einen anderen, neuen Gott verkündet hat – und eben nicht den Gott der Bibel Israels, den Gott einer unvollkommenen Schöpfung und den Gott eines Gesetzes, der die Übertreter dieses Gesetzes im Namen der Gerechtigkeit unbarmherzig bestraft. Der Gott, den Jesus verkündet, sei demgegenüber ein Gott, der alle Menschen bedingungslos liebt. Die Erlösung durch Jesus bedeute auch Erlösung vom Gesetz des Alten Testaments und vom Gott des Gesetzes und das heißt eben: vom Gott des Judentums. Da Markion durchaus sieht, dass die überlieferten neutestamentlichen Schriften stark jüdisch bzw. eben alttestamentlich imprägniert sind, deklariert er diese jüdische Dimension des Neuen Testaments als eine von Judenchristen stammende Fälschung, von der sich das Christentum befreien müsse. Ein Argument für diese Fälschungshypothese findet Markion bekanntlich in der Polemik des Galaterbriefs, in dem Paulus vor den falschen Brüdern warnt, die sich eingeschlichen und die reine Christusbotschaft verfälscht hätten. Deshalb propagiert Markion eine Entjudaisierung der neutestamentlichen Schriften (er will nur das Lukasevangelium in purgierter Form und zehn Paulusbriefe, ebenfalls in teilweise gekürzter Fassung, beibehalten) und lehnt vor allem das Alte Testament als im Gegensatz zur Offenbarung Jesu Christi stehend ab.

Gewiss hat die junge Kirche diesen Radikaleingriff Markions abgelehnt, zumal er einer inzwischen bereits zur Tradition gewordenen liturgischen Praxis in der Verwendung der Heiligen Schriften Israels widersprach. Die Kirche entschied sich einerseits für die Beibehaltung der Heiligen Schriften Israels, aber das von Markion aufgeworfene Sachproblem über das Verhältnis der beiden Testamente in der einen christlichen Bibel war damit nicht bewältigt. Und das noch viel schwierigere Problem des Verhältnisses von Christentum und nachbiblischem Judentum wurde jahrhundertelang, ja bis in die jüngste Zeit, mit der kirchenamtlichen Lehre und Predigt beantwortet, das nachbiblische Judentum sei von Gott verstoßen und sein Gottesdienst sei Irrweg und Unglaube, wovon es aus durch die Kirche als die legitime Erbin des verworfenen Israel bzw. als das neue und wahre Israel ge-[81]rettet werden müsse. Dass die jüdische These von „Dabru emet", wonach Juden und Christen den gleichen Gott anbeten, vor diesem geschichtlichen Hintergrund für andere Juden eine Provokation darstellt und ebenso für nicht wenige Christen nur bedingt, wenn überhaupt akzeptabel ist, wird niemand überraschen.

Allerdings stellt sich die Frage nach Differenz und Gemeinsamkeit der jüdischen und der christlichen Gottesrede heute anders als zur Zeit Markions und der Jahrhunderte danach. Angesichts des in den letzten fünfzig Jahren zumindest im Bereich der westlichen Kirchen erarbeiteten Konsenses darüber, dass das Judentum trotz seines Nein zu Jesus Christus nicht von Gott verworfen ist und bleibend im ungekündigten Gottesbund lebt, drängt sich nun für die christliche Theologie die Frage auf, ob ihre Art und Weise der Gottesrede der theologischen Würde des Judentums entspricht und wie diese Gottesrede sich zur jüdischen Gottesrede verhält. Und da die Kirchen und die christliche Theologie ebenfalls seit fünfzig Jahren, freilich mit im Einzelnen recht unterschiedlicher Intensität, sich darum bemühen, die theologische Relevanz des so genannten Alten Testaments in dessen Verhältnis zum Neuen Testament neu zu bestimmen, ist die Frage: „Beten Juden und Christen den gleichen Gott an?" eng mit dieser bibelhermeneutischen Diskussion verbunden, da ja die Texte des Alten Testaments in ihrer im Judentum kanonischen Gestalt (teilweise andere Abfolge, gegenüber dem katholischen Kanon geringerer Umfang) die Bibel des Judentums, (zusammen mit dem Talmud) die entscheidenden Vorgaben der jüdischen Gottesrede darstellen.

Die katholische Kirche hat sich erfreulicherweise in den letzten Jahrzehnten intensiv mit dieser Problematik beschäftigt. Gerade das im Mai 2001 veröffentlichte Dokument der Päpstlichen Bibelkommission „Das jüdische Volk und seine Heilige Schrift in der christlichen Bibel" stellt sich auch dieser Frage und präsentiert Perspektiven, die gegenüber dem, was über Jahrhunderte hinweg kirchenamtlich verkündet wurde, neu und weiterführend sind – auch wenn sie andererseits eigentlich „nur" eine Rückgewinnung und „Wieder-Holung" von Sichtweisen darstellen, die gut urchristlich sind. Hier sind nicht der Ort und die Zeit einer detaillierten Analyse dieses Dokuments. Auf die aus meiner Sicht problematische hermeneutische Trias Kontinuität – Diskontinuität – Progression zur Verhältnisbestimmung „Altes Testament" – „Neues Testament" werde ich am Schluss meiner Ausführungen zurückkommen. Ich möchte zunächst einen Abschnitt zitieren, der die jüdisch-christliche Differenz beim Umgang mit den gleichen biblischen Texten problematisiert und positiv würdigt. Dieser [82] Abschnitt (unter der Überschrift „Der Beitrag der jüdischen Schriftlesung") lautet:

> „Die Umwälzungen. die durch die Ausrottung der Juden (die Schoa) während des Zweiten Weltkriegs ausgelöst wurden, haben alle Kirchen dazu geführt, ihre Beziehung zum Judentum von Grund auf neu zu überdenken und dementsprechend auch ihre Interpretation der jüdischen Bibel, des Alten Testamentes. Manche haben sich die Frage gestellt, ob die Christen sich nicht vorwerfen müssen, sich die jüdische Bibel angeeignet zu haben durch eine Lesart, in der kein Jude sich wieder findet. Müssen die Christen von nun diese Bibel wie die Juden lesen, um voll ihrem jüdischen Ursprung gerecht zu werden?
> Hermeneutische Gründe zwingen uns, auf diese letzte Frage eine negative Antwort zu geben. Denn eine rein jüdische Lesung der Bibel führt notwendigerweise mit sich, alle Voraussetzungen zu übernehmen, d.h. die vollständige Übernahme dessen, was das Judentum ausmacht, vor allem die Geltung der rabbinischen Schriften und Überlieferungen, die den Glauben an Jesus als Messias und Gottessohn ausschließen.
> Für die erste Frage – die der Aneignung der jüdischen Schrift durch die Christen – stellt sich die Lage anders dar, denn die Christen können und müssen zugeben, dass die jüdische Lesung der Bibel eine mögliche Leseweise darstellt, die sich organisch aus der jüdischen Heiligen Schrift der Zeit des Zweiten Tempels ergibt, in Analogie zur christlichen Leseweise, die sich parallel entwickelte. Jede dieser beiden Leseweisen bleibt der jeweiligen Glaubenssicht treu deren Frucht und Ausdruck sie ist. So ist die eine nicht auf die andere rückführbar" (Nr. 22).

Die beiden hier formulierten Prinzipien respektieren die unterschiedliche jüdische Leseweise der Bibel und damit die unterschiedliche Redeweise von Gott als aus christlicher Sicht theologisch bedeutsam (natürlich sind Juden aus ihrer Sicht nicht von einer solchen christlichen Zustimmung abhängig!). Ob freilich dann der kurze Abschnitt über Gott, der die Perspektive „Progression" zusammenfasst, diesem hermeneutischen Programm gerecht wird, kann bezweifelt werden. Dieser Abschnitt lautet folgendermaßen:

> „Gott. Das Neue Testament hält unerschütterlich am monotheistischen Glauben Israels fest: Gott bleibt der einzige; dennoch nimmt der Sohn an seinem Geheimnis teil, das man von jetzt an nur noch in einem dreifachen Symbolismus zum Ausdruck bringen kann, der – wenn auch nur von neuem – im Alten Testament vorbereitet war. Gott schafft gewiss durch sein Wort (Gen 1); doch dieses Wort ist von Ewigkeit her ‚bei Gott' und ‚ist Gott' (Joh 1,1-5). Nachdem es sich im Laufe der Geschichte durch eine Reihe von authentischen Wortführern (Mose und die Propheten) zur Sprache gebracht hat, nimmt es schließlich Fleisch an in Jesus von Nazaret. Gott schafft zugleich ‚durch den Hauch seines Mundes' (Ps 33,6). Dieser Hauch ist ‚der Heilige Geist', den der auferstandene Jesus vom Vater her sendet" (Apg 2,33)" (Nr. 65).

[83] Der Abschnitt verkündet geradezu programmatisch: „Das Neue Testament hält unerschütterlich am monotheistischen Glauben Israels fest: Gott bleibt der einzige; dennoch nimmt der Sohn an seinem Geheimnis teil" (Nr. 65). Aus jüdischer Sicht, aber auch aus der gegenüber früher neuen Würdigung des Alten Testaments entscheidet sich für die Frage nach

Gemeinsamkeit und Differenz von jüdischer und christlicher Gottesrede viel, wenn nicht sogar alles an der im Dokument der Bibelkommission nicht weiter präzisierten Frage, wie der Sohn am Geheimnis des einzigen Gottes teilnimmt. Dieser Frage will ich im nächsten Teil meiner Ausführungen in der gebotenen Kürze nachgehen.

2. Ein biblisches Paradigma

Ich wähle für unsere Reflexion den Johannesprolog, also einen Text so genannter hoher Christologie. Wir können hier leider nicht den ganzen Text besprechen, sondern nur den Schlussabschnitt 1,14-18, der mit dem programmatischen Satz beginnt: *„Und der Logos wurde Fleisch"* (V.14a).

Der schöpferische Logos Gottes, der die Welt „von Anfang an" durchwirkt und ihre Lebensquelle ist, der (was hier nicht weiter entfaltet werden kann) als rettendes und erneuerndes Licht immer wieder in der Geschichte des Gottesvolks Israels aufgestrahlt ist – dieser Logos trat gewissermaßen aus seiner „Abstraktheit" als Lebensprinzip heraus und nahm personhafte Gestalt an in Jesus von Nazaret. Der Logos erschien nicht als göttlicher Schreckensglanz, sondern „er wurde Fleisch". Wohlgemerkt: Es heißt nicht, dass Gott Mensch wurde, wie oft gesagt wird. „Fleisch" meint in biblischer Sprache den einzelnen Menschen in seiner Hinfälligkeit, Verletzbarkeit und Vergänglichkeit. Johannes übersetzt hier gewissermaßen die bei Mt und Lk betonte Botschaft vom „Kind" Jesus als dem messianischen Retter der Welt in theologische Anthropologie. Es ist die geradezu paradoxe Botschaft: Die schöpferische Liebe Gottes, die „von Anfang an" die Welt am Leben erhält, wird sichtbar in der Gestalt „des Fleisches", d.h. des konkreten Menschen Jesus von Nazaret, durch den der Schöpfergott seine barmherzige Schöpferliebe offenbaren wollte, wie der Prolog in V.14-18 durch weitere Rückgriffe auf ersttestamentliche Vorgaben zeigt.

Im Schlussabschnitt 1,14-18 wechselt die Sprechrichtung des Prologs. Während in 1,1-13 in beschreibender Sprache vom Logos (und von Johannes dem Täufer: 1,6-8) die Rede war, spricht ab 1,14 ein „Wir". Auf der Textebene sind dies die Glaubenden, von denen 1,12 spricht („Die ihn auf-[84]nahmen, ihnen gab er Vollmacht, Kinder Gottes zu werden, die an seinen Namen glauben"), also die durch Jesus, das schöpferische Wort Gottes, geschaffene Gemeinde. Es sind die, die im „Fleisch" Jesu die „Herrlichkeit" Gottes „geschaut haben" (V.14).

Was hier gemeint ist, lässt sich nur vor dem Hintergrund der ersttestamentlichen Erzählungen Ex 33-34 verstehen, die hier aufgenommen und „fortgeschrieben" werden. In Ex 33-34 wird das Geheimnis des Sinai-Gottes erzählerisch reflektiert. Hier ringt Mose mit JHWH nach dem Abfall des Volkes zum Goldenen Kalb um die Frage, ob und wie Gott nach der Sünde noch bei und mit seinem Volk bleiben wolle bzw. bleiben könne. Es sind drei Bitten, die Mose ab Ex 33,12 vorträgt. Sie kreisen allesamt um das Geheimnis der erfahrbaren Gegenwart Gottes. In biblischer Sprache geht es um die Erfahrung der „Herrlichkeit" JHWHs. Diese wird dem Mose in zweifacher Hinsicht zugesagt: Gottes „Angesicht", d.h. seine liebende Zuwendung, wird Israel auf dem Weg durch die Wüste führen. Und Gottes „Angesicht" wird sie vor und in Gefahren schützen und bewahren. Aber als Mose noch einen Schritt weitergeht und bittet: „Lass mich doch deine Herrlichkeit schauen!" (Ex 33,18), wird ihm die Erfüllung dieser Bitte verwehrt: „Du kannst mein Angesicht nicht schauen; denn kein Mensch kann am Leben bleiben, der mich schaut" (Ex 33,20). In den ersten Bitten des Mose ist die Herrlichkeit Gottes der Glanz der Macht, die Gott seinem Volk zum Schutz auf seinem Weg angedeihen lässt. Aber als Offenbarung Gottes selbst, als „Einblick" in seine Göttlichkeit, d.h. in sein göttliches „Wesen", ist die „Herrlichkeit" Gottes Menschen unzugänglich. Und dann räumt Gott dem Mose doch noch die äußerste Möglichkeit ein, seine Herrlichkeit zu schauen:

„Ich will vorübergehen lassen vor deinem Angesicht all meine Schönheit und ich will ausrufen vor dir meinen Namen: Meine Gnade schenke ich dem, dem ich gnädig sein will,
und mein Erbarmen dem, dessen ich mich erbarmen will ... Du wirst meinen Rücken/mein
Nachher schauen, aber mein Angesicht kann niemand schauen" (Ex 33,19.23).

Das ist die äußerste Möglichkeit der Annäherung des Menschen an Gott selbst, nämlich
das Vorübergehen der Herrlichkeit Gottes zu erfahren, in einer Felsspalte durch die Hand Gottes vor dem Anblick der Herrlichkeit geschützt, mit der Erlaubnis, hinter Gott her schauen zu
dürfen (vgl. Ex 33,21f) und ihn im Vorübergang zu hören. Nicht Gott selbst, sondern nur die
Spuren seiner Präsenz bei seinem Volk und in dieser Welt können von Menschen wahrgenommen werden. Der jüdische Bibelwissenschaftler J. H. Hertz kommentiert diese Passage folgendermaßen:

[85]„Nur rückwärts blickend, nur aus den von Ihm ausgegangenen Wirkungen und Eindrü-
cken, vermögen wir uns eine Vorstellung von Ihm zu bilden, so wie ein Schiff durch die
Wasser des Weltmeeres dahinfährt und sein Kielwasser hinter sich lässt, so kann Gott nur
aus den göttlichen ‚Fußstapfen‘ in der menschlichen Geschichte und an seinen Furchen in
den Seelen der Menschen erkannt werden".[232]

In Ex 34 wird dann erzählt, wie und wozu sich diese Zusage Gottes erfüllt. Sie wird
ausdrücklich in den Kontext der Sündenvergebung und der Erneuerung des Bundes gestellt.
Mose steigt abermals auf den Berg Sinai und dort geht JHWH an ihm vorüber und ruft in der
poetisch gestalteten Gottesrede Ex 34,6f das Geheimnis seines Namens aus:

„JHWH ist JHWH,
ein barmherziger und gnädiger Gott (El),
langmütig und reich an Güte und Treue..." (Ex 34,6).

Auf diese „Gnadenformel" (oder besser: „Namensformel"), die der jüdischen Lehre von
den dreizehn Wirkweisen (Middot) zugrunde liegt, spielt Joh 1,14 ausdrücklich an:

„Und der Logos wurde Fleisch,
und er wohnte (schlug sein Zelt auf) unter uns,
und wir schauten seine Herrlichkeit,
Herrlichkeit als des Einziggeborenen vom Vater
reich an Güte und Treue" (Joh 1,14).

Es ist die Herrlichkeit des Vaters, die im Sohn begegnet. Sie ist vermittelt durch die
Menschlichkeit „des Fleisches". Und vor allem: Sie wird erfahren als die Fülle von Güte und
Treue. Das ist einerseits die „Wieder-Holung" der durch Mose vermittelten Sinai-Erfahrung.
Aber dies ist andererseits eine andere Weise der Vermittlung: Sie geschieht nun in der Person
des Mittlers selbst. Die in Joh 1,14 Sprechenden haben im fleischgewordenen göttlichen Logos
den für Menschen unzugänglichen Glanz der Herrlichkeit Gottes „geschaut, d.h. nicht Gott
selbst oder sein „Wesen", wohl aber seine von Menschen erfahrbare „Wirkweise" und zwar in
Gestalt seiner „Treue und Güte". Die „Güte und Treue" Gottes wurde in Jesus im Maß der
Fülle erfahren, wie 1,16f zusammenfasst:

„Denn aus seiner Fülle
haben wir alle empfangen
[86]Güte über Güte:
Denn die Tora wurde durch Mose gegeben,
die Güte und die Treue kam durch Jesus Christus" (Joh 1,16f).

---

[232] J. H. HERTZ, Pentateuch und Haftaroth II, Berlin 1937/8, 389.

Hier wird nicht, wie man oft lesen kann, ein Gegensatz zwischen Mose und Jesus Christus, zwischen „Gesetz" und „Gnade" aufgebaut. Im Text steht weder ein „aber" noch ein „und". Der Sinai-Bezug von Joh 1,14.16 macht deutlich, dass auch die durch Mose gegebene Tora Gabe des gnädigen und barmherzigen Gottes ist und bleibt. Freilich steigert Joh 1,17: Was sogar dem Mose am Sinai von Gott verweigert wurde, nämlich die Herrlichkeit Gottes selbst zu schauen, ist durch den fleischgewordenen Logos sichtbar geworden: Er ist die in dem Menschen Jesus Gestalt gewordene, „von Anfang der Schöpfung an" wirkende Güte und Treue Gottes. Deshalb kann der Johannesbrief gleich zu Anfang sagen:

> „Was wir gehört haben, was wir geschaut haben, was wir mit unseren Händen betastet haben, das Wort (den Logos) des Lebens, das verkünden wir euch ..." (1 Joh 1,1).

Gott ist ein gnädig und barmherzig Gebender – durch Mose und durch Jesus Christus. In beiden kommt die Fülle der rettenden Barmherzigkeit Gottes in diese Welt, freilich auf unterschiedliche Weise. Einerseits gilt: Der durch Mose die Tora Gebende ist derselbe Gott, der in und durch Jesus Christus „unter uns wohnt" und wirkt. Und andererseits gilt zugleich: In Jesus ist die Güte Gottes in so bislang nicht geschauter Gestalt und Fülle präsent geworden. Diese Singularität Jesu fasst der Schlusssatz des Prologs (1,18) zusammen:

> „Gott hat keiner jemals geschaut ...
> Dieser hat ihn ausgelegt" (Joh 1,18)

Das hier verwendete Verbum „auslegen" ist der Fachbegriff für Exegese. Inhaltlich verweist er auf das nach dem als Ouvertüre gesetzten „Prolog" folgende Evangelium. Jesus ist demnach eine biographische Exegese Gottes selbst – und zwar des schöpferisch wirkmächtigen und des barmherzig rettenden Gottes, den auch das Erste Testament bezeugt. Er ist nicht „Offenbarer" eines bislang unbekannten Gottes, sondern „Ausleger" des Gottes Israels – zum Heil der ganzen Schöpfung, wie Joh 1,1-13 erläutert.

3. Einige Schlussreflexionen

[87] Wenn wir versuchen, die in Joh 1,14-18 vollzogene Relecture von Ex 33-34 für unsere Frage nach Gemeinsamkeit und Differenz alttestamentlicher und neutestamentlicher sowie der darin implizierten Frage nach dem Verhältnis von jüdischer und christlicher Gottesrede hermeneutisch zu reflektieren, erscheinen mir drei Perspektiven wichtig, die ich abschließend nur sehr fragmentarisch skizzieren und als Bibelwissenschaftler an die Dogmatiker weitergeben möchte:

(1) Der Johannesprolog ist ein Modell der im Frühjudentum vielfaltigen Versuche, einen dynamischen Monotheismus zu präsentieren. Dieser Versuch kombiniert die Schechinatheologie mit der Kondeszendenztheologie. Plakativ wird diese Kombination an der Redeweise greifbar, dass der Logos Gottes Fleisch wird und so mitten in der Welt wohnt – als erfahrbare Gestalt der Güte und Treue JHWHs. Joh 1,18 betont ausdrücklich, dass Jesus eine Auslegung / Exegese des Sinaigottes ist. Er steht damit einerseits in der Reihe jener gottgesandten prophetischen Gestalten, durch die sich JHWH seinem Volk und der Welt mitgeteilt hat. Er ist nicht ein weiterer Gott neben JHWH, sondern eine Offenbarungsgestalt JHWHs. Vom Ansatz her ist diese inkarnatorische Christologie m. E. kein radikaler Gegensatz zum ersttestamentlichen und jüdischen Gottesverständnis, wenn man die Perspektive „inkarnatorisch" beispielsweise so versteht, wie der jüdische Gelehrte Michael Wyschogrod dies tut:

> „Das Judentum ist ... inkarnatorisch – wenn wir unter diesem Begriff die Vorstellung verstehen, dass Gott in die Welt des Menschen eintritt, dass er an bestimmten Orten erscheint und dort wohnt, sodass sie dadurch heilig werden. Das Christentum hat diese Tendenz konkretisiert, sie so zugespitzt auf eine spezifische Inkarnation ... Auf jeden Fall ist zu

betonen, dass sich die jüdische Abneigung gegen eine Inkarnationstheologie nicht auf A-priori-Gründe berufen kann, als gäbe es etwas im Wesen der jüdischen Gottesvorstellung, das sein Erscheinen in Menschengestalt zu einer logischen Unmöglichkeit machte".[233]

Dass sich Gott in Jesus von Nazaret geoffenbart bat, ist nicht prinzipiell unjüdisch, solange der Ansatz des Johannesprologs gültig bleibt, dass Jesus nicht einfach „Gott" (er ist auch in dogmatischer Sprache „wahrer Mensch und wahrer Gott"), sondern biographische „Auslegung" des letzt-[88]lich unbegreiflichen Gott-Geheimnisses ist. Gewiss ist die dann vom christlichen Bekenntnis vollzogene weitere Präzisierung, dass Jesus der Christus in einzigartiger Weise in das Gott-Geheimnis selbst hineingenommen ist, nicht mehr jüdisch und mit der jüdischen Sicht der Einheit Gottes nicht mehr vereinbar. Hier wird also die Spannung von Gemeinsamkeit und Differenz sichtbar. Die vom Dokument der Bibelkommission vorgeschlagene Trias Kontinuität – Diskontinuität – Progression für diesen Sachverhalt scheint mir vor allem deshalb wenig geeignet, weil sie die fundamentale Gemeinsamkeit jüdischer und christlicher Gottesrede durch ein evolutives Offenbarungskonzept verdeckt. Zu diesem Fundament gehört die gemeinsame Rückbindung an die in der Tora/im Pentateuch bezeugten und mit dem Gottesnamen JHWH benannten Gotteserfahrungen Israels, die einerseits JHWHs besondere Beziehung zu Israel begründen und die andererseits zugleich JHWH als Schöpfer des Himmels und der Erde verkünden sowie die Geschichte JHWHs mit Israel in den Horizont der Weltgeschichte stellen, sodass JHWH auch der Gott der Völker ist – freilich ohne dass seine spezifische Beziehung zu Israel eingeschränkt wird. Das aber bedeutet, dass eine christliche Gottesrede, so sie biblisch bleiben will und nicht eine wie immer geartete „Gottesverwechslung" (z.B. im Stil griechischer Philosophie) vollzieht, ihren fundamentalen Bezug auf den Gott Abrahams, Isaaks und Jakobs und auf den Gott der Tora des Mose bewusst machen muss.

(2) Die *fundamentale* Gemeinsamkeit der jüdischen und christlichen Gottesrede fordert, dass das Christentum sein spezifisch trinitarisches Gottesbekenntnis nicht so formulieren darf, dass das monotheistische Grundbekenntnis aufgehoben wird oder seine Priorität verliert. Ich erspare mir hier einen kritischen Blick auf mehrere neuere Publikationen von christlichen Dogmatikern, in denen das monotheistische Fundament kaum noch sichtbar wird. Um deutlich zu machen, dass wir Christen nicht an drei Götter glauben, sondern an einen Gott, der in dieser Welt als Vater, Sohn, Heiliger Geist gegenwärtig war und ist, könnten wir beispielsweise unsere liturgische Sprache pointieren oder modifizieren. Das große nicaeno-constantinopolitanische Credo könnte dezidiert so verstanden werden, dass der Anfang als monotheistischer Basissatz gelesen wird „Ich glaube an den einen Gott", der dann entfaltet wird als Bekenntnis zu Vater, Sohn und Geist; syntaktisch müsste dann hinter „Credo in unum Deum" ein Punkt gesetzt werden. Auch die trinitarische Doxologie „Ehre sei dem Vater ..." könnte monotheistisch akzentuiert werden, wenn wir beten würden: „Ehre sei dem Vater und dem Sohn und dem Heiligen Geist: dem einen Gott von Ewig-[89]keit zu Ewigkeit." Analog könnte die Segensformel lauten: „Es segne euch der eine Gott, der Vater und der Sohn und der Heilige Geist!"

(3) Der Diskurs mit dem Judentum kann uns bewusst machen, dass alles menschliche Reden über Gott, auch das Reden über Gott in Jesus von Nazaret, unter dem in Ex 33,19-23; Joh 1,18 formulierten Vorbehalt steht, dass das Gott-Geheimnis dem menschlichen Schauen und der menschlichen Sprache letztlich unzugänglich bleibt. Was das vierte Laterankonzil im Jahre 1215 festgestellt hat, müsste vielleicht doch stärker unsere christliche Gottesrede bestimmen als dies der Fall ist:

> „Von Schöpfer und Geschöpf kann keine Ähnlichkeit ausgesagt werden, ohne dass sie eine noch größere Unähnlichkeit zwischen ihnen einschlösse."

---

[233] M. WYSCHOGROD, Inkarnation aus jüdischer Sicht, in: EvTh 55 (1995), 13-28.22f.

Gerade der Vergleich der biblischen Rede von Gott mit der begrifflichen Rede von Gott unserer systematischen Theologie zeigt, dass die nicht-metaphorischen Begriffe gegenüber den biblischen Metaphern sowohl ein Bedeutungsdefizit haben als auch die Unverwechselbarkeit des biblischen Gotteszeugnisses nicht darstellen können. Deshalb ist auch die Gebetssprache unserer Tradition eine stark metaphorische Sprache, zumal – auch dies ist eine Gemeinsamkeit zwischen Juden und Christen – die noch am ehesten „angemessene" Gottesrede die Form des Gebetes ist, der staunende Lobpreis und der demütige Dank, die sehnsuchtsvolle Klage und die vertrauende Bitte. Die eingangs zitierte erste These von „Dabru emet" sagt deshalb auch nicht „Juden und Christen reden über den gleichen Gott", sondern „Juden und Christen beten denselben Gott an". Diese Einsicht hat Herbert Vorgrimler in dem bereits zitierten Buch über Gott folgendermaßen zusammengefasst:

> „Das göttliche Geheimnis hat sich selber mitgeteilt als Wort und als Geist, als Wahrheit und als Liebe, an bestimmten Orten der Geschichte und über-geschichtlich zu allen Zeiten und an allen Orten. Der Glaube Israels und damit auch der Glaube Jesu hielten daran fest, dass dieses göttliche Geheimnis ein einziges ist. Wer diesem Glauben konsequent treu ist, der spaltet den Einen nicht in Drei auf. Immer wieder zeigt sich, wie unzutreffend menschliche Vorstellungen und Gottesbilder, wie unbeholfen menschliche Worte sind. So beginnt und endet alles Nachsinnen über Gott am angemessensten in der Du-Anrede, in dem Dank, dass Gott die Menschen seine Wahrheit und seine Liebe hat erkennen lassen, ja dass er sie ihnen zu eigen gegeben hat".[234]

---

[234] H. VORGRIMLER, Gott (s. Anm. 3), 124.

Psalm 73 als christlich-jüdisches Gebet

Der Text und seine Auslegung

[184] [1] Ein Psalm Asafs.
Gewiß, gut ist für Israel Gott: zu denen, die reinen Herzens sind.
[2] Ich aber, fast wären gestrauchelt meine Füße, um ein Nichts wären weggeglitten meine Schritte,
[3] denn ich ereiferte mich über die Prahler, da ich das Glück der Gottlosen sah.
[4] Ja, keine Qualen haben sie, voll und fett ist ihr Wanst,
[5] in der Mühsal der Sterblichen stecken sie nicht, und wie die anderen Menschen werden sie nicht geplagt.
[6] Darum ist Hochmut ihr Halsschmuck, als Gewand umhüllt sie Gewalttat.
[7] Aus Fett geht ihr Frevel hervor, ihr Herz läuft über von bösen Plänen.
[8] Sie höhnen und reden von Bösem, Bedrückung reden sie von oben herab.
[9] Sie haben an den Himmel ihren Mund gesetzt, und ihre Zunge geht einher über die Erde.
[10] Darum wendet sich das Volk ihnen zu, und die Wasser (ihrer Worte) schlürfen sie gierig.
[11] Sie sagen: „Was erkennt man schon Gott? Gibt's Erkennen denn überhaupt beim Höchsten?"
[12] Siehe, so sind die Gottlosen: Immer im Glück, mehren sie ihre Macht.
[13] Gewiß, umsonst also hielt ich rein mein Herz und wusch in Unschuld meine Hände
[14] und wurde geplagt den ganzen Tag und wurde gezüchtigt alle Morgen.
[15] Wenn ich gesagt hätte: „Ich will Gleiches erzählen!", siehe, die Gemeinschaft deiner Kinder hätte ich verraten!
[16] Ich dachte nach, dies zu erkennen, eine Mühsal war es in meinen Augen,
[17] bis ich eintrat in Gottes Heiligtümer, Einsicht gewann über ihr Ende.
[18] Gewiß, auf glattem Grund setzt du sie, du läßt sie fallen in Täuschungen.
[19] Wie werden sie zum Entsetzen mit einem Schlag, sie verenden, werden zunichte vor Schrecken.
[20] Wie einen Traum beim Erwachen, o Adonaj, verachtest du, wenn du aufstehst, ihr Schattenbild.
[21] Als mein Herz sich erbitterte und ich in meinen Nieren Schmerz empfand,
[22] da war ich ein Rindvieh ohne Erkennen, ein Vieh war ich bei dir!
[23] Und doch – bei dir bin ich immer! Du hast mich bei meiner rechten Hand ergriffen,
[24] du leitest mich nach deinem Rat und wirst mich danach in Herrlichkeit aufnehmen.
[25] Wer ist im Himmel? Bin ich bei dir, habe ich keinen Gefallen auf der Erde.
[26] Wenn mir Fleisch und Herz dahinschwinden, der Fels meines Herzens und mein Anteil ist Gott für ewig.
[27] Ja siehe, die fern von dir sind, werden zugrunde gehen, du vernichtest alle, die dich treulos verlassen.
[28] Ich aber: Nahen Gottes ist für mich gut, ich habe bei Adonaj JHWH meine Zuflucht genommen, so daß ich all deine Werke erzählen kann.

Lebens- und Glaubenskrise

Ps 73 ist von weisheitlicher Sprache geprägt, setzt sich aber zugleich von der traditionellen Weisheit ab: Nicht die Rechtschaffenen und die Gottesfürchtigen haben im Leben Glück, sondern die Gottlosen und die Skrupellosen. Daß Gutes tun dem Guten gut tut und daß Böses tun dem Bösen schadet, wie die traditionelle Weisheit lehrte, ist dem Verfasser dieses Psalms angesichts der gesellschaftlichen Wirklichkeit, in der er lebt, schlechterdings nicht mehr einsichtig. Und doch will er an der Überzeugung nicht rütteln lassen, mit der er den Psalm eröffnet: „Gut ist Israel Gott!"

Daß und wie das Festhaltenwollen an diesem Bekenntnis-Satz ihn angesichts des Glücks der Gottlosen und des Leids der Gottesfürchtigen in tiefste Anfechtung gestürzt hat, wie er in der leidenschaftlichen Rückfrage nach Gott zu einem neuen „Gotteswissen" durchgedrungen ist und wie dieses neue Gotteswissen das Menschenleben anders sehen und leben läßt, das hält er in diesem Psalm fest, der sprachlich außergewöhnlich schwierig ist. Ps 73 enthält keine direkte Anrede. Er ist ein „Glaubensbekenntnis", das aus einer Glaubenskrise heraus gewachsen ist. Wie der Schlußvers hervorhebt, will der Psalm, dessen Grobgliederung in die drei Teile 1-12 (Schilderung), 13-17 (Bericht), 18-28 (Bekennt-[185]nis) durch das Signalwort „gewiß!" angezeigt wird, aber gleichwohl als Bekenntnisverkündigung für andere gehört werden.

Der erste und der letzte Vers bilden durch das gemeinsame Stichwort „gut für" einen Rahmen, der zugleich den theologischen Prozeß zusammenfasst, in den der Psalm seine Beterinnen und Beter hinein ziehen will. Das Bekenntnis „Gott ist gut für/zu Israel" meinte traditionell, daß Gott es Israel und den Israeliten, „die reinen Herzens sind", gut gehen läßt. Daß dieser Satz so nicht stimmt, hat der Psalmist, wie er im Psalm erzählt, am eigenen Leib und am Glück der Gottlosen erfahren. Dieser seiner Erfahrung hält er stand – im Eingedenken der Geschichte „der Gemeinschaft der Töchter und Söhne Gottes" (V. 15), die in ihrem Leid die großen Gottsucher geblieben sind, und so wird ihm ein tieferer, „neuer" Sinn des Satzes zuteil, den er in V. 28 festhält: „Nahen Gottes ist für mich gut!" „Gut" ist Gott, weil er den leidenden, sterbenden und toten Gerechten entgegenkommt und sich ihnen als der rettende Gott erweist. Dann wird sich zeigen, daß er denen, die in ihrem Leiden an seiner Verborgenheit dennoch bei ihm ihre Zuflucht gesucht haben, „ihr Anteil für ewig" sein wird.

Gottesleiden und Gottestrost

Schon der Einsatz des Psalms mit dem Ausruf „gewiß, dennoch" läßt spüren, daß dieser Psalm die Dramatik einer leidenschaftlichen Auseinandersetzung mit der vitalen Frage, ob und wie der Gott Israels „gut" ist, wiedergibt und zum „Nach-Beten" dieses Kampfes einladen will. Dabei geht es nicht um irgendeine „Eigenschaft" Gottes, etwa um die Frage der traditionellen Theodizee, wie Gott „gut" und „gerecht" genannt werden kann angesichts der Katastrophen, der Leiden und des Bösen in der Welt. Im Psalm geht es viel grundsätzlicher um die Frage, ob der Gott Israels denn überhaupt „Gott" ist, wenn denn sein Gott-Sein in der konkreten Geschichte seines Volkes und der einzelnen Menschen erfahrbar sein soll. Denn der Satz „JHWH ist gut", war in der Zeit des Zweiten Tempels geradezu zur „Definition" des Gottes Israels geworden (vgl. Ps 106,1; 107,1; 118,1.29 u. ö.). Um das rechte Verständnis dieses Satzes geht es in Ps 73 – freilich in weisheitlicher Absicht, also mit dem Ziel, mit diesem Bekenntnis-Satz das Leben, das Leiden und den Tod zu bestehen.

Im ersten Teil (V. 1-12) schildert der Beter seine Anfechtung. Es ist eine Erschütterung seines Gottesglaubens, die mitten in seinem alltäglichen Leben aufbricht. Nicht gedankliche Probleme quälen ihn, sondern die zutiefst irritierende Erfahrung, daß die Gottlosen glücklich, gesund, erfolgreich und mächtig sind. Sie strotzen vor Gesundheit und Arroganz. Sie setzen rücksichtslos ihre Macht ein, um ihre Ziele durchzusetzen, und werden dafür gar noch öffentlich geehrt. Sie mischen überall mit.

„Im Himmel und auf Erden" führen sie das große Wort. Sie höhnen über die, die ihnen mit Worten wie Solidarität, Gerechtigkeit, Nächsten- und Gottesliebe kommen. Dafür haben sie nur die spöttische Gegenfrage übrig: „Was ist denn schon Gott?" Falls es ihn überhaupt gibt, hat er nach ihrer Meinung offensichtlich anderes zu tun, als sich um die Welt und die Menschen zu kümmern. Das denken sie nicht nur im stillen Herzenskämmerlein. Das verkünden sie laut, das findet den Beifall der Massen – und ihr Leben, das sie in dieser Gott-losigkeit führen, scheint ihnen recht zu geben.

Das ist die Realität, der Ps 73 nicht ausweichen kann und will. Schlimmer noch: Der Psalmist macht an sich selbst, wie er im zweiten Teil (V. 13-17) erzählt, die Erfahrung, die die Gottlosen sogar zu bestätigen scheint. Er selbst, der nach dem Bekenntnis-Satz leben möchte, nämlich als einer „der sein Herz rein hält" und ein Leben im Gottesgehorsam und im Einsatz für Recht und Gerechtigkeit (zu diesem Verständnis von „ich wusch in Unschuld meine Hände" vgl. besonders Ps 24,4; 26,6) zu leben versucht, muß buchstäblich erleiden, daß er – im Widerspruch zur überlieferten Lehre vom Tun-Ergehen-Zusammenhang – all dies „umsonst" tat. Es brachte ihm weder Glück noch Reichtum noch Gesundheit noch Gelassenheit, im Gegenteil: Ihm geht es schlecht. Er muß gestehen, daß die Stimmen in seinem Inneren immer lauter wurden, die ihn lockten: „Recht haben sie, die Gott-losen! Du siehst es doch! Rede also, lebe also wie sie!" Und doch, so sagt er in V. 15, er schaffte es nicht, sich vom Gott [186] seiner Mütter und Väter loszureißen. Da ist etwas in ihm, was ihn hindert, diesem Gott Israels den Abschied zu geben: „Die Gemeinschaft deiner Kinder hätte ich verraten!"

Die Erinnerung an die Leidensgeschichte seines Volkes, an Abraham und Sara, an Isaak und Rebekka, an Jakob und Rahel, an das leidende Israel in Ägypten, an die verspotteten und verzweifelten Propheten von Elija bis Jeremia, das Eingedenken ihres Leidens an Gott, an dem sie festhielten auch in der Nacht ihrer körperlichen und seelischen Leiden – dies durfte *er* nicht verraten und nicht verdrängen. Ist es verwunderlich, daß dieses Eingedenken dem Psalmisten „unter der Hand" zum Gottesgedenken wird?

Zum ersten Mal im Psalm wechselt nun die Sprechrichtung: Bislang redete der Psalmist über Gott in der 3. Person, nun spricht er ihn im Du an („*deiner* Kinder"). Das ist der Durchbruch. Nicht die Fixierung auf die Gottlosen (1. Teil) und nicht die Selbstbemitleidung (2. Teil), sondern die Erinnerung der Leiden seines Volkes und der Kraft, die sein Volk aus der Botschaft vom rettenden Gott geschöpft hat, bewahren ihn vor der tödlichen Apostasie. Was ihm da geschah, formuliert er in V. 17 in teilweise rätselhafter Rede: Als er „in Gottes Heiligtümer eintrat", wurde ihm klar, daß sich die Frage, ob der Gott Israels „Gott" ist, „am Ende" entscheidet. Ob hier auf eine kultisch-mystische Gotteserfahrung im Tempel, auf eine Erkenntnis beim Studium der Heiligen Überlieferungen Israels in der „Tempelschule" oder ob hier in einem übertragenen Sinne von einem Besuch „im Haus der Weisheit" (vgl. Spr 9,1-12) die Rede ist, ist nicht eindeutig zu klären. Wichtig aber ist: Das Glück der Gottlosen verliert für den Psalmisten seinen Stachel, weil er „ihr Ende", das Gott setzt, in den Blick nimmt, ja weil er überhaupt auf den Gott schaut, der allem „das Ende" setzt, das freilich für die Gottlosen anders ausfallen wird als für „die, die reinen Herzens sind".

Über „das Ende", das Gott den Gottverleugnern und den Gottsuchern, den „Glücklichen" und den „Leidenden", bringen wird, reflektiert der Psalmist, in konfessorischer Sprache, im *dritten Teil* (V. 18-28). Während das Ende derer, die mit Gott nichts zu tun haben wollen, ein Ende mit Schrecken sein wird (V. 18-20), wird sein eigener Schrecken ein gutes Ende haben: Der Gott, an den er sich gehalten hat, hat in Wahrheit *ihn* gehalten und geführt. Er ist ein Gott, der ihn „am Ende" in Herrlichkeit annehmen und sich ihm als „Anteil" (Begriff der Landverteilung) schenken wird – „für ewig"! Was die Tradition von Henoch und Elija erzählt (vgl. Gen 5,24; 2 Kön 2,1-12), darf er, sogar in gesteigerter Weise, für sich erhoffen: daß der Gott Israels sich ihm zuwenden wird, um ihn in seine ewige Lebensgemeinschaft aufzunehmen.

Die bange Frage, die über jedem Menschenleben und über der Geschichte insgesamt steht, ist – das ist die Gewißheit, die der Psalmist erfahren hat und die er erzählend weitergeben will – längst entschieden: Gott kommt als Retter auf die zu, die gerettet werden wollen. Er ist immer schon, allem Anschein zum Trotz, auf der Seite der Leidenden, die nach ihm schreien und seine „Güte" einklagen. „Am Ende" wird er, dessen Nahen den Leidenden und Sterbenden Kraft geben will, sich als „der Gute" offenbaren: als der, der die Fülle des Lebens ist. Daß Gott *so* und *dann* „gut ist für Israel und für die, die reinen Herzens sind", darauf kommt es „am Ende" in der Tat alles an. „Die Zeit der Welt vergeht vor der Ewigkeit, aber der existente Mensch stirbt in die Ewigkeit, als in die vollkommene Existenz, hinein" (Martin Buber).

Nach Auschwitz

„Die Gemeinde des Neuen Bundes wird den Psalm nur lesen und verstehen können angesichts der Tatsache, daß Jesus Christus der *Ort* der Gottesgegenwart (28) ist, an dem und in dem die Wirklichkeit der göttlichen Gnade und des göttlichen Gerichts offenbar ist. Er selbst ist die Wende, er selbst ist *der Letzte*, durch den alle aus dem Sichtbaren gewonnenen Glaubens- und Lebensurteile umgestürzt werden. In ihm erfährt der Christ das Wunder der Gemeinschaft mit Gott, das alle Leiden, ja auch den Tod überwindet." So faßt Hans-Joachim Kraus in seinem großen Psalmenkommentar die Bedeutung des 73. Psalms für christliche Beter zusammen. Das ist richtig und falsch zugleich.

[187] Gewiß, Psalm 73 ist wie kaum ein anderer Psalm eine gebetete „Verdichtung" des Leidens Jesu an den Menschen und vor allem an Gott. Sein Schrei am Kreuz „Mein Gott, mein Gott, warum hast du mich verlassen" (Mk 15,34 = Ps 22,2) angesichts der politischen und religiösen Autoritäten, deren Gewalt und Hohn ihn bis in den Tod begleiten, ist „der Schrei jenes Gottverlassenen, der seinerseits Gott nie verlassen hatte ... In der Gottverlassenheit des Kreuzes bejaht er einen Gott, der noch anders und anderes ist als das Echo unserer Wünsche, und wären sie noch so feurig; der noch mehr und anderes ist als die Antwort auf unsere Fragen, und wären sie die härtesten und leidenschaftlichsten – wie bei Hiob, wie schließlich bei Jesus selbst" (J. B. Metz). *Diesem* Jesus wurde das in Ps 73 bezeugte „Nahen Gottes" zuteil, als Gott ihn auferweckte und „in Herrlichkeit zu sich nahm" (Ps 73,24). So bezeugt Jesus für uns Christen die Wahrheit und Tragweite des Bekenntnis-Satzes, mit dem der Psalm einsetzt: „Gewiß, gut ist für Israel Gott!" Denn Jesus lebte und starb als Israelit, als einer aus der „Gemeinschaft der leidenden Gotteskinder", deren Eingedenken dem Verfasser von Ps 73 die Kraft gab, bei Gott auszuhalten – gerade in der Nacht des Leidens.

Jesus hob die Leidensgeschichte Israels als Gotteszeugnis aber nicht auf, sondern gehört in sie hinein. Und deshalb ist es nicht richtig zu sagen, Christen könnten den Psalm „nur" so lesen und verstehen, wie H.-J. Kraus dies sagt (und die christlichen Kommentare im allgemeinen). So problematisch ohnedies alle „Nur"-Aussagen sind, so gefährlich und falsch sind sie im Blick auf Ps 73: Der Psalm beginnt in seinem kanonischen Text (über die von der wissenschaftlichen Exegese nicht ohne gute Gründe rekonstruierte „Vorform" von Ps 73,1, „Gut für den Rechtschaffenen ist Gott", ist hier nicht zu handeln!) mit einer Aussage über Israel. Dabei muß es auch für uns Christen bleiben: Wir können diesen Psalm nicht ohne oder gar gegen Israel beten. Die jahrhundertelang vertretene These, die Kirche sei „das wahre Israel" und sei nun an die Stelle des jüdischen Volkes als Trägerin der biblischen Verheißungen getreten, widerspricht nicht nur dem Zeugnis des Römerbriefs (vgl. Röm 9-11), sondern ist auch mit der Predigt Jesu schlechterdings nicht vereinbar. Es wurde höchste Zeit, daß das Zweite Vatikanische Konzil die Kirche und die Theologie wieder zu dieser verschütteten und verdrängten Wahrheit zurückführte. Wenn Christen diesen Psalm beten, werden sie mit der Leidensgeschichte Israels konfrontiert, an der Christen unsäglich beteiligt waren.

Spätestens nach Auschwitz können wir Psalm 73 nicht mehr mit jener das Leid und das Leiden an Gott verdrängenden optimistischen Erfüllungschristologie lesen und beten, wie Hans-Joachim Kraus dies andeutet. Der oft zitierte Satz, daß wir „*nach* Auschwitz" noch beten dürfen, weil „*in* Auschwitz" gebetet wurde, gilt für Ps 73 mit besonderer Dringlichkeit. Nur wenn wir in diesen Psalm „den längst verhallten Schrei" der Opfer von Auschwitz „zu einem stummen Gott" (Hans Jonas) mithineinnehmen als einen Schrei der Schwestern und Brüder Jesu nach universaler Gerechtigkeit, werden wir die *Verheißung* erahnen, die Gott *allen* ungerecht Leidenden mit der Auferweckung Jesu gegeben hat. Wenn wir Ps 73,1 als „Satz mit einem Verheißungsvermerk" (J. B. Metz) lesen und beten, der uns in eschatologische Unruhe versetzt, werden wir die Seligpreisung der Bergpredigt zu begreifen beginnen, die auf Psalm 73 anspielt: „Selig, die reinen Herzens sind, denn sie werden Gott schauen!" (Mt 5,8).

„Ich aber sage: Du bist mein Gott" (Ps 31,14). Kirchliches Psalmengebet nach der Schoa

[15] Die Psalmen gehören neben dem Jesajabuch und neben Gen 1-3 zu jenen Teilen des Alten / Ersten Testaments, die über die Jahrhunderte hinweg in Liturgie und Theologie der Kirche eine herausragende Rolle gespielt haben[1]. Diese Rezeptionsgeschichte kann hier weder in ihrer historischen Komplexität noch hinsichtlich ihrer systematisch-theologischen Voraussetzungen und Implikationen dargestellt werden. Ich möchte mit der Frage „Wie soll die Kirche angesichts der Schoa ihre biblischen Psalmen verstehen und beten, die zuallererst Teil der jüdischen Bibel und somit gemeinsames biblisches Erbe in Judentum und Christentum sind?" nur einen einzigen Aspekt in der gebotenen Kürze reflektieren, der auch im theologischen Denken des Jubilars einen bedeutsamen Platz hat[2], im Unterschied zu manch anderen Theologen und Bischöfen der Gegenwart, die von dieser Frage wenig berührt zu sein scheinen, wohl aber in Gemeinsamkeit mit dem derzeitigen Papst, dem dieses Thema geradezu ein Herzensanliegen ist.

Mit diesem Beitrag gehen meine Gedanken zugleich zurück an die gemeinsamen Jahre des Studiums im Germanikum in Rom (wo unter meiner Ägide als Choralmagister auch der Jubilar das lateinische Stundengebet gesungen hat) und an die gemeinsame Assistentenzeit in Münster (schon damals habe ich seine enorme Arbeitskraft und seine in tiefer Liebe zur Kirche gegründete Kirchlichkeit bewundert). Als Exeget freue ich mich, daß der Jubilar seine bibelwissenschaftliche Kompetenz, die er bereits während seines Studiums eindrucksvoll dokumentierte, bis heute lebendig gehalten hat[3], was bei seiner exzeptionellen Beanspruchung durch den kirchlichen Alltag im eigenen Bistum, in der Kirche Deutschlands, auf der Ebene der Weltkirche und in der Ökumene geradezu phänomenal ist. So verbinde ich mit dieser Festschrift meinen hohen Respekt vor [16] dem bisherigen Lebenswerk dieses bedeutenden Theologen *und* engagierten Kirchenmannes.

1. Jüdische Psalmen in der christlichen Liturgie

Bei aller Faszination und Zustimmung, die den Psalmen im allgemeinen und vielen einzelnen Psalmen im Verlauf der Christentumsgeschichte bis heute zuteil wurden und werden, ist der Widerspruch gegen einzelne Psalmen (und als Folge davon teilweise auch gegen den *ganzen* Psalter) nie verstummt. Es gehört beinahe zum Ritual pastoraler Überlegungen und Handreichungen, die in das Psalmengebet einführen wollen, daß bedauernd und entschuldigend darauf verwiesen wird, daß das so schöne Psalmenbuch leider einige Schönheitsfehler habe, über die man nur entweder christlich großzügig oder eben christlich verurteilend hinweggehen

---

[1] Vgl. dazu nur die entsprechenden Beiträge in: E. ZENGER (Hg.), Der Psalter in Judentum und Christentum, Freiburg 1998 (Herders Biblische Studien 19). Ich greife im Folgenden Überlegungen auf, die ich unter dem Titel „Daß alles Fleisch den Namen seiner Heiligung segne" (Ps 145,21). Die Komposition Ps 145-150 als Anstoß zu einer christlich-jüdischen Psalmenhermeneutik, in: Biblische Zeitschrift 41 (1997), S. 1-27 vorgelegt habe; sie werden hier in wichtigen Punkten weitergeführt.

[2] Vgl. besonders K. LEHMANN, Die katholische Kirche und das Judentum, in: G. B. Ginzel/G. Fessler, Die Kirchen und die Juden. Versuch einer Bilanz, Gerlingen 1997, S. 31-47.

[3] Vgl. zuletzt K. LEHMANN, Das Alte Testament als Offenbarung der Kirche. Rede auf der Tagung der deutschsprachigen Alttestamentler in Stuttgart-Hohenheim am 9.9.1999, in: F.-L. Hossfeld, Wieviel Systematik erlaubt die Schrift? Auf der Suche nach einer gesamtbiblischen Theologie, Freiburg 2000 (QD 185).

könne. Auch bei den im Umfeld des Zweiten Vatikanum geführten Diskussionen über die Reform des allgemeinen kirchlichen Stundengebets kamen diese Vorbehalte breit zur Sprache[4]. Wenn die dabei im Namen des christlichen Proprium geübte „Kritik" an einzelnen Psalmen schließlich sogar dazu führte, daß bei der Einführung des neuen Stundengebets nicht nur drei Psalmen (nämlich Ps 58; 83; 109) als nicht „stundengebetswürdig" ausgeschlossen und eine ganze Reihe von Psalmen Streichungen von Einzelversen oder sogar ganzen Textabschnitten hinnehmen mußten, gab es am Grundkonsens keinen Zweifel: Die Psalmen müssen die Substanz des kirchlichen Stundengebets bleiben, ja die Psalmen bilden ein unverzichtbares Element christlicher Liturgie.

Freilich ist damit der eigentliche Diskussionspunkt noch nicht erreicht. Es ist die Frage: *Wie* und *mit welcher theologischen Perspektivik* kann und soll die Kirche diese Psalmen beten und singen? Daß dies keine Randfrage ist, sondern die Mitte christlichen Liturgieverständnisses tangiert, hat z.b. *Balthasar Fischer*, einer der wichtigsten Inspiratoren der nachkonziliaren Liturgiereform, folgendermaßen auf den Punkt gebracht:

> „Wohltuend an den Psalmen ist, daß sie so menschlich sind … Unsere Not und Verzagtheit und Verzweiflung darf hier zum Ausdruck kommen, aber das Letzte ist dann doch immer wieder der Lobpreis dessen, der uns geschaffen und erlöst hat. Eine gewisse Schwierigkeit ergibt sich aus der Tatsache, daß diese Lieder … dem AT entstammen, also vor der Ankunft Christ niedergeschrieben sind und nur in ganz seltenen Fällen auf den kommenden Messias Bezug nehmen. Wie können sie da christliches Gebet werden, bei dem doch Christus die Mitte ist, sei es, daß wir zu ihm beten, sei es, daß wir seinem Beten uns anschließen?"[5]

Damit die Psalmen „christliches Gebet" werden können, müßten sie explizit „verchristlicht" werden[6], wie dies auch die *Allgemei-*[17]*ne Einführung in das Stundengebet* von 1978 fordere und das neue Stundenbuch selbst vor allem durch die von ihm den Psalmen vorangestellten „Psalmentitel" und durch die „Psalmen-Kollekten" mit einem hohen Verbindlichkeitsgrad vorsehe. Gewiß sei der Wortsinn eines Psalms auch für einen christlichen Leser / Beter nicht irrelevant und bei seiner Erhebung leiste die alttestamentliche Exegese

> „einen unersetzlichen und unschätzbaren Dienst. Aber christliches Psalmengebet kann sich mit diesem Wortsinn der Psalmen nicht begnügen. Seit der Abfassung der Psalmen ist ein entscheidendes, ja *das* entscheidende Ereignis der Heilsgeschichte eingetreten: das Christusereignis, genauer gesagt: das Ereignis, das wir ‚Pascha des Herrn' nennen, sein rettender Hinübergang durch den Tod in das Leben. Im Lichte dieses Ereignisses gelesen (‚wiedergelesen', sagen die französischen Exegeten: relecture), nehmen die alten Lieder einen neuen Sinn an, den man auch als ‚Erfüllungssinn' bezeichnet"[7].

---

[4]   Vgl. die informative Skizze bei F. HUONDER, Die Psalmen in der Liturgia Horarum, Fribourg 1991, S. 1-22; vgl. auch E. ZENGER: Ein Gott der Rechte? Feindpsalmen verstehen, Freiburg 1998, S. 47-55.

[5]   Das Zitat stammt aus der von B. FISCHER verfaßten „Einführung" in das Kleine Stundenbuch, Einsiedeln u.a. 1981, S. 7.

[6]   Noch schärfer wurde bzw. wird das hermeneutische Problem, das mit der Entstehung der Psalmen im Judentum gegeben ist, dort herausgestellt, wo man meint, daß der eigentliche Sinn des Alten Testaments ohnedies erst und nur im Lichte des Neuen Testaments bzw. in der Lektüre der christlichen Kirche offenbar werde. So konnte man noch in dem 1956 erschienenen „Handbuch des evangelischen Gottesdienstes Leiturgia" lesen: „Wenn die Kirche die Psalmen des Alten Bundes betet, ist für sie die Decke auch von diesen Gebeten und Liedern Israels weggenommen. Ihr Sinn ist erschlossen in der Offenbarung des dreieinigen Gottes" (H. GOLTZEN, Der tägliche Gottesdienst, in: Leiturgia (Bd. 3), Kassel 1956, S. 239).

[7]   B. FISCHER, Dich will ich suchen von Tag zu Tag. Meditationen zu den Morgen- und Abendpsalmen des Stundenbuches, Freiburg ²1987, S. 15.

Deshalb genüge auf keinen Fall jene

> „‚Minimal-Christianisierung' der Psalmen, die entsteht, wenn ich den Gott, von dem und zu dem sie reden, als den Vater unseres Herrn Jesus Christus begreife ... Wo solch eine Konzeption an den nicht durch die Antiphonen gelenkten alltäglichen Psalmengebrauch angelegt wird, kann man sie kaum rundweg ablehnen. Aber sie gilt doch eher für den Bereich des privaten Psalmenbetens und in seinem Rahmen wieder eher für gelegentlichen Psalmengebrauch und für den, der sich gleichsam als Neuankömmling aus einem säkularisierten Jahrhundert erstmals in der Welt der Psalmen zu akklimatisieren versucht ... Wer sich dagegen nicht im Privatgebet sondern im Stundengebet der Kirche Tag für Tag im Innenraum einer Gebetswelt aufhält, in der der Psalter nicht *ein*, sondern *das* Gebetbuch des ntl. Gottesvolkes geworden ist, wird sich mit einer solchen Minimal-Christianisierung der Psalmen nicht begnügen können. Der Gedanke wird ihm nicht eingehen, daß ihm am Anfang oder Ende seines Tages in der Feier der Eucharistie Christus ‚leibhaftig' begegnet und den Tag über verurteilt [! E.Z.] sein soll, an Christus gleichsam ‚vorbeizubeten'. Zu solcher Voll-Christianisierung und oft Christologisierung des gesamten Psalters wollen Psalmentitel und Psalmenkollekten einladen"[8].

Noch schärfer hat *Otto Knoch*, einst hochverdienter Direktor des Katholischen Bibelwerks und dann Professor für Biblische Kerygmatik an der Universität Passau, das Problem zugespitzt:

> „Dadurch, daß die Psalmen nach dem Vatikanum II in deutscher Sprache gebetet werden und sowohl das Stundengebet der Priester als auch das Brevier der Ordensleute, der Benediktiner, den Laien zugäng-[18]lich sind und auch zahlreiche Psalmen in die Meßliturgie (als Zwischengesang nach der 1. Lesung an Sonn- und Festtagen) und in das Gotteslob Aufnahme gefunden haben, ist ein Problem vielen bewußt geworden, das sich der Kirche von Anfang an stellte und das auch die Verantwortlichen für die erneuerte Liturgie beschäftigte und das sich so umschreiben läßt: Kann der Christ als Glied des neuen Gottesvolks genauso wie der Jude als Glied des alten alle Psalmen beten, oder erfordert die neue Heilsebene und die Hinordnung des Christen auf Jesus Christus, den auferstanden Herrn der Kirche und der Menschheit, eine Veränderung der Psalmtexte und des Vollzugs des Psalmengebets?"[9].

In der Tat: Gilt nicht gerade für die christliche Liturgie und das christliche Psalmengebet, „daß neuer Wein in neue Schläuche gehört" (vgl. Mt 9,16-17)?[10] Wer so denkt und solches zumindest für kirchliches Psalmengebet fordert, kann sich auf kirchenlehramtliche Vorgaben berufen, wie sie gebündelt in der *Allgemeinen Einführung in das Stundengebet* von 1978 vorliegen. Dieses Dokument bietet in Art. 100-109 unter der Überschrift „Die Psalmen und ihr Verhältnis zum christlichen Gebet" ein Kompendium christlicher Psalmenhermeneutik, das einerseits die kirchliche Hochschätzung der Psalmen großartig zusammenfaßt und das andererseits freilich an jener traditionellen Abwertung des Alten Testaments festhält, die sich auch in der Offenbarungskonstitution des Zweiten Vatikanum findet und deren Problematik bzw. Revisionsbedürftigkeit in den letzten Jahren immer deutlicher geworden ist.

Die theologische Hochschätzung der Psalmen kommt in Art. 100 folgendermaßen zur Sprache:

> „Ein wesentlicher Teil des Stundengebetes sind die Psalmen. Die Kirche betet mit jenen großartigen Liedern, die heilige Verfasser im Alten Bund auf Eingebung des Geistes Got-

---

[8]   B. Fischer, Neue Hilfen zum christlichen Psalmenbeten in der nachkonziliaren Liturgia Horarum von 1971, in: ders., Die Psalmen als Stimme der Kirche, Trier 1982, S. 123f.

[9]   O. Knoch, Altbundlicher Psalter. Wie kann, darf und soll ein Christ ihn beten?, in: Erneuerung in Kirche und Gesellschaft 4 (1989), S. 45.

[10] V. Huonder, Die Psalmen. (s.o. Anm. 4), S. 188.

tes gedichtet haben. Sie haben von ihrem Ursprung her die Kraft, Geist und Herz des Menschen zu Gott zu erheben und in ihnen fromme und heilige Gesinnung zu wecken. Im Glück helfen sie danksagen, im Unglück bringen sie Trost und Standhaftigkeit" (Art. 100).

Andererseits betont die „Einführung" die Defizite, die die Psalmen (angeblich) aus christlicher Sicht haben. Insofern sie Texte des Alten Testaments sind, partizipieren sie eben an dessen prinzipieller (!) Unvollkommenheit, die mit seiner vor-christlichen Herkunft gegeben ist:

> „... sind die Psalmen erst ein Schatten jener Fülle der Zeit, die in Christus, dem Herrn, angebrochen ist und aus der das Gebet der Kirche seine Kraft gewinnt. Trotz einmütiger Hochschätzung der Psalmen bei allen Christen ist es darum nicht verwunderlich, daß, wenn Christen sich bemühen, sich diese ehrwürdigen Lieder im Gebet zu eigen zu machen, manchmal Schwierigkeiten entstehen" (Art. 101).

Wie die anderen alttestamentlichen Texte sind nach der *Allgemeinen Einführung* in das Stundengebet auch die Psalmen offenbarungstheologisch kein Eigenwort mit Eigenwert, sondern finden ihren „eigentlichen" Sinn von Jesus Christus her und müssen nicht nur von ihm her gelesen, sondern auch relativiert werden:

> „Wer die Psalmen im Namen der Kirche betet, muß auf ihren Vollsinn achten, vor allem auf den messianischen Sinn, um dessentwillen die Kirche das gan-[19]ze Psalmenbuch übernommen hat. Dieser messianische Sinn tritt im Neuen Testament offen zutage und wird von Christus selbst bestätigt, wenn er zu den Aposteln sagt: ‚Alles muß erfüllt werden, was im Gesetz des Mose, in den Propheten und in den Psalmen über mich geschrieben steht' (Lk 24,44)" (Art. 109).

Da die Psalmen ihrem Wortsinn nach nicht spezifisch christlich seien, müssen sie für das Stundengebet dadurch verchristlicht werden, daß sie in unmißverständlich christliche Texte eingebunden werden:

> „Die Tradition der lateinischen Kirche kennt drei Hilfsmittel, um die Psalmen zu verstehen und sie zu christlichen Gebeten zu machen: die Überschriften, die Psalmorationen und vor allem die Antiphonen" (Art. 110).

Es ist keine Frage: Christliches Psalmenbeten geschieht im Horizont des Christusbekenntnisses. Und ebenso gilt: Als biblische Texte sind die Psalmen im Christentum Teil der Heiligen Schrift aus beiden Testamenten und erhalten für Christen ihre authentischen Sinn-Dimensionen, indem sie im gesamtbiblischen Horizont verstanden und gebetet werden. Ob sie dabei aber prinzipiell so verchristlicht werden müssen, wie dies *B. Fischer* und die *Allgemeine Einführung in das Stundengebet* fordern, damit sie von dem Makel ihrer vor-christlichen Entstehung befreit werden, setzt m.E. ein fragwürdiges Offenbarungs- und Schriftverständnis voraus, das weder in historischer Hinsicht der theologischen Wertung der Bibel Israels durch Jesus selbst und die Urkirche gerecht wird noch in hermeneutischer Hinsicht der Komplexität und dem Reichtum unserer zwei-einen Heiligen Schrift entspricht. Die beklagte jüdische Provenienz der Psalmen ist keine „Erbsünde", die durch eine christliche Taufe beseitigt werden muß, sondern ein gottgegebenes Proprium, das es zu erkennen und anzuerkennen gilt – gerade im kirchlichen Psalmenbeten.

2. Das jesuanische Vaterunser als Norm christlichen Betens

Christliche Gebetstheologie muß ihren Ausgangspunkt beim biblisch bezeugten Jesus von Nazareth nehmen. Daß die meisten großen theologischen Entwürfe über das christliche Gebet das Vaterunser als Basistext und Gliederungsvorgabe wählen, ist nicht überraschend, zumal das Vaterunser sowohl vom Matthäus- wie vom Lukasevangelium mit den entsprechenden Einführungsformeln als „Mustergebet" der Jüngerinnen und Jünger Jesu präsentiert wird:

„Darum sollt ihr so beten…" (Mt 6,9) bzw. „Wenn ihr betet, so sprecht…" (Lk 11,2). Freilich ist nicht zu übersehen, daß der Aufstieg des Vaterunsers zum christlichen Gemeindegebet, insbesondere zum „Tischgebet" beim Herrenmahl trotz dieser biblischen bzw. jesuanischen Vorgabe sich nur langsam und mühsam vollzog. Zwar schreibt bereits die Didache (Did 8,3) vor, man solle das Vaterunser dreimal am Tage beten, aber diese Vorschrift bezieht sich auf das individuelle oder höchstens familiäre, aber nicht gemeindliche Gebet. Trotzdem bleibt es dabei: Das Vaterunser galt in der Alten Kirche als Kurzfassung der Predigt Jesu in Gebetsform. Tertullian hat dafür in *De oratione* (1,4) die klassisch gewordenen Worte gefunden: „Das Gebet des Herrn ist die Zusammenfassung des ganzen Evangeliums (breviarium totius evangelii)".

[20] Nun hat zwar *Ulrich Mell* vor einigen Jahren in seinem Kieler Habilitationsvortrag energisch bestritten, daß das Vaterunser, in welcher Gestalt auch immer, jesuanisch und ein geeigneter Schlüssel zum Verstehen von Jesu Theologie sei; es sei vielmehr nur „das Religionsparteien übergreifende Minimalgebet der palästinischen Synagoge" und stehe wegen seines bundestheologisch definierten Gottesverhältnisses sogar im Gegensatz zum jesuanischen Ruf der Nachfolge.[11] Wie dann erklärt werden soll, warum sowohl Mt wie Lk dieses angeblich so fundamental nicht-jesuanische Gebet zum Mustergebet der Jesusjünger gemacht haben, vermag ich allerdings nicht zu sehen[12]. Vermutlich steckt hinter der These Mells die Sorge, das offensichtlich so urjüdische Vaterunser könne gar nicht jesuanisch sein, weil sonst Judentum und Christentum allzu nahe zueinanderrückten.

Im Grunde ist Mells Position nur eine weitere Variante der in der christlichen Bibelwissenschaft vielfach auftretenden Sorge, die Einzigartigkeit Jesu werde nivelliert, wenn seine Predigt und sein Wirken als zu offensichtlich im Judentum verwurzelt erkannt werden. So kommt beispielsweise Gerhard Schneider 1987 in seiner Studie „Das Vaterunser – oratio dominica et iudaica?" zu dem Ergebnis:

„Das Vaterunser als Gebet des ‚Juden Jesus' muß nicht notwendig auch ein ‚jüdisches Gebet' sein. Es ist zwar – wie Wettstein schrieb [schon im Jahre 1751/52: E.Z.] – *ex formulis Hebraeorum* [aus jüdischen Formulierungen: E.Z.] zusammengefügt. Doch hebt es sich jesuanisch-charakteristisch von jüdischem Beten ab. Mit seiner jesuanischen Eigenart und Neuheit fällt es zwar nicht ‚aus dem Rahmen des Judentums', schon weil sich ‚überraschend viele Verbindungslinien zwischen dem Glauben und Beten Israels einerseits' (nach dem Zeugnis des Alten Testaments!) und dem ‚Gebet des Herrn' andererseits ausmachen lassen. Man wird aber beachten müssen, daß alttestamentliche Bezugspunkte nicht einfachhin als jüdische angesehen werden dürfen. Es läßt sich zwar zeigen, daß es im jüdischen Beten jeweils zweier Motive gab, die ähnlich in zwei aufeinanderfolgenden Vaterunser-Bitten begegnen: Name und Königtum Gottes, Bitte um Vergebung der Sünden und Bewahrung vor Versuchung. Doch das Ganze ist mehr als die Summe der Teile!"[13]

[11] U. MELL, Gehört das Vater-Unser zur authentischen Jesus-Tradition? (Mt 6,9-13; Lk 11,2-4), in: Berliner Theologische Zeitschrift 11 (1994), S. 148-180, Sein a.a.O. 180 formuliertes Fazit lautet: „Das Vatergebet ist das Religionsparteien übergreifende *Minimalgebet* der palästinischen Synagoge. Seine Bitten um eschatologische Sammlung der Gola unter Gottes Königsherrschaft im Land sowie um barmherzige Verschonung Israels im Gericht wenden sich an den Bundesgott Israels. Da keine zwingende Verbindung zur Verkündigungsthematik Jesu zu erkennen ist und dessen Proprium ‚sich von jetzt ab verwirklichende[n] Gottesherrschaft' eine exklusive Zukunftserwartung entscheidend steigert, ist das *Vatergebet* als Schlüssel zum Verstehen von Jesu Theologie *ungeeignet.*"
[12] U. MELL selbst denkt als Ansatz für die Entscheidung der Urchristenheit „Israels Gebet … als christliches Mustergebet für ein postisraelisches Gottesverhältnis zu übernehmen" (ebd. 180) an die Jesus ureigene Vater-Anrede-Gottes des Vaterunsers.
[13] G. SCHNEIDER, Das Vaterunser – oratio dominica et iudaica?, in: W. Baier, Weisheit Gottes – Weisheit der Welt. Festschrift für Joseph Kardinal Ratzinger zum 60. Geburtstag. St. Ottilien 1987 (Bd. 1), S. 415.

[21] Ob typisch jesuanisch, weil letztlich unjüdisch, oder ob typisch unjesuanisch, weil letztlich genuin jüdisch – wir wollen diese Alternative, die stark unter Ideologieverdacht steht, hinter uns lassen und einige Texte selbst sprechen lassen, um daraus erste Folgerungen für eine christlich-jüdische Psalmenhermeneutik zu ziehen.

Ich wähle als Ausgangspunkt dieses Reflexionsganges die Rekonstruktion des ursprünglichen Vaterunsers, wie sie – darin einen Forschungskonsens wiedergebend – von *Gerhard Schneider* bzw. *Ulrich Mell* präsentiert wird:[14]

Fassung nach *G. Schneider*	Fassung nach *U. Mell*
Vater!	Vater!
Geheiligt werde *dein* Name,	Geheiligt werde *dein* Name;
es komme *dein* Reich!	Es komme *dein* Reich.
Unser notwendiges Brot gib uns heute	Unser je hinzukommendes Brot gib uns heute
und vergib uns unsere Sünden	*und* erlaß uns unsere Schulden
und führe uns nicht in Versuchung!	*und* führe uns nicht in Versuchung.

Die Architektur dieses ursprünglichen Vaterunsers hat drei Bauelemente: Vater-Anrede, zwei Du-Bitten und drei Wir-Bitten. Die drei Elemente bauen sich stufenmäßig steigernd (1-2-3 Zeilen) auf. „Der Zusammenhang des Ganzen ist durch rückweisendes Personalpronomen so wie durch die fünf rückbezüglichen Imperative gesichert"[15].

Die einfache *Vater-Anrede* faßt die im Frühjudentum besonders betonten Züge des biblischen Gottesbildes zusammen: JHWH ist ein Vater, der sich in Güte und Erbarmen um seine Kinder sorgt und ihnen Anteil gewährt an seinem „Erbe", d.h. sie teilhaben läßt an den Gütern und an der Herrlichkeit seines Reiches. Gegenüber der früher vertretenen Auffassung, mit der Vater-Anrede (Abba) setze sich Jesus vom zeitgenössischen Judentum ab, wissen wir heute, nicht zuletzt auf Grund der besonders die deuterokanonische und außerbiblische frühjüdische Literatur aufarbeitenden Monographie von *Angelika Strotmann*[16] sowie durch den 1990 und 1992 von *Eileen Schuller*[17] publizierten und kommentierten Text 4Q [22] 372: Jesus greift mit der Vater-Anrede eine im Judentum seiner Zeit verbreitete und lebendige Gottesanrede auf, stellt sie freilich ins Zentrum seines Betens – und macht sie so seinen Jüngerinnen und Jüngern zur bleibenden Vor-Gabe ihres Betens.

---

[14] Vgl. G. SCHNEIDER, a.a.O., 408 sowie U. MELL, a.a.O. 158. Die Frage, ob nicht doch die Bitte „Dein Wille geschehe wie im Himmel, so auf Erden" zur jesuanischen Urfassung gehörte, kann hier nicht diskutiert werden. Immerhin ist beispielsweise C. Thoma der Meinung, daß Jesus diese Bitte, die analog im Judentum um 200 n.Chr. als Kurzfassung des Achtzehnbittengebets für Situationen, in denen man das ganze Achtzehngebet nicht (mehr) sprechen kann, vorgesehen war, „als die wichtigste betrachtete" (vgl. C. THOMA, Art. Vaterunser, in: J. J. Petuchowski/C. Thoma, Lexikon der jüdisch-christlichen Begegnung, Freiburg 1989, S. 421.

[15] U. MELL, Vater-Unser, S. 159.

[16] A. STROTMANN, „Mein Vater bist du!" (Sir 51,10). Zur Bedeutung der Vaterschaft Gottes in kanonischen und nichtkononischen frühjüdischen Schriften, Frankfurt 1991 (Frankfurter theologische Studien 39).

[17] E. M. SCHULLER, 4Q 372 1. A Text about Joseph, in: Revue de Qumrân 14 (1990), S. 349-376; DIES., The Psalm of 4Q 372 1. Within the Context of Second Temple Prayer, in: Catholic Biblical Quarterly 54 (1992), S. 67-79; in diesem Beitrag weist sie auf 4Q 460 5.6 in weiteren Beleg der Vateranrede hin. – Eine gute Dokumentation zum Thema bietet G. SCHELBERT, Sprachgeschichtliches zu ABBA, in: P. CASETTI u.a., Mélanges Dominique Barthélemy, Fribourg-Göttingen 1981, S. 395-447 (Orbis biblicus et orientalis 38); da sich U. MELL (s. Anm. 12) leider auf *diese* überholte Darstellung von 1981 (!) und nicht auf die Revision von 1993 (!) bezieht, wird ein Teil seiner Argumentation durch die neuen Erkenntnisse erschüttert.

Was die Vater-Anrede Gottes meint, entfalten auf unterschiedliche Weise die beiden „Bitt-Abschnitte". Die zwei *Du-Bitten* sind im Parallelismus membrorum, den wir aus den Psalmen kennen, gestaltet. Es sind indirekte Bitten (sprachlich: Jussive) an den Vater: Gott möge seinen Namen als heilig erweisen, indem er sein Reich / sein Königtum kommen lasse. Das ist die gesellschaftliche, universale, kosmische, ja eschatologische Dimension der Vaterschaft Gottes. Diese soll und will sich konkret und präsent an den einzelnen „Kindern" dieses Vaters erweisen, wie die drei als sich steigernder Zusammenhang gestalteten *Wir-Bitten* (spachlich: Imperative + Syndese) um Brot, Sündenvergebung und Bewahrung vor Versuchung (Not und Anfechtung, die zur Absage an Gottes Vaterschaft führen „müßten") sofort anschließen.

Die unübersehbare Nähe der Formulierungen und der Grundstruktur des Vaterunsers zu den großen Gebeten des nachbiblischen Judentums ist oft und zu Recht betont worden[18]. Das (aramäische) Kaddischgebet, das bis heute im synagogalen Gottesdienst und als Trauergebet rezitiert wird und das bis in die Zeit Jesu zurückreicht, bindet in gleicher Weise wie die beiden *Du-Bitten* des Vaterunsers die Heiligung des Gottesnamens mit dem Anbrechen des Gottesreiches zusammen:

> Erhoben und *geheiligt*
> werde sein großer Name
> in der Welt,
> die er nach seinem Willen erschaffen.
> Er lasse sein Reich kommen
> in eurem Leben und in euren Tagen
> und in dem Leben des ganzen Hauses Israel,
> [23] bald und in naher Zeit.
> Darauf sprecht Amen.

Daß die *Wir-Bitten* des Vaterunsers in Sprache und Geist genuin jüdisch sind, zeigt ein kurzer Blick auf das „Achtzehn-Bitten-Gebet", das als das synagogale Gebet schlechthin (Tefillah) gilt und dessen Ursprünge ebenfalls in die Zeit Jesu zurückgehen. In diesem 18 Benediktionen (Lobsprüche Gottes) umfassenden Gebet heißt es unter anderem:

> Vergib uns; unser Vater, daß' wir gefehlt,
> *verzeih uns*, unser König, daß wir abgefallen,
> denn du vergibst und verzeihst.
> Gelobt seist du, Herr,
> der gnädig immer wieder verzeiht.

> Sieh *unsere Not* und führe unseren Streit
> *und erlöse uns* bald um deines Namens willen,
> denn du bist ein machtvoller Erlöser.
> Gelobt seist du, Herr,
> der Israel erlöst.

> Segne uns, Herr, unser Gott, dieses Jahr
> und die Fülle seines Ertrags zum Guten.

---

[18] Vgl. u.a. P. FIEBIG, Das Vaterunser. Ursprung, Sinn und Bedeutung des christlichen Hauptgebetes, Gütersloh 1927 (Beiträge zur Förderung Christlicher Theologie 30/3); K. G. KUHN, Achtzehngebet und Vaterunser und der Reim, Tübingen 1950 (WUNT 1); J. CARMIGNAC, Recherches sur le „Notre Père", Paris 1969; J. JEREMIAS, Neutestamentliche Theologie I. Die Verkündigung Jesu, Gütersloh 1971, S. 180-196; A. VÖGTLE, Das Vaterunser – ein Gebet für Juden und Christen?, in: M. BROCKE/ J. J. PETUCHOWSKI/W. STROLZ, Das Vaterunser. Gemeinsames im Beten von Juden und Christen, Freiburg 1974, S. 165-195, 272-278; F. MUSSNER, Traktat über die Juden, München 1979, S. 198-208; G. SCHNEIDER, Das Vaterunser (s. Anm. 13); U. MELL, Vater-Unser (s. Anm. 11), L. TREPP, Der jüdische Gottesdienst. Gestalt und Entwicklung, Stuttgart 1992, S. 278f.

Gib Segen für die Flur,
sättige uns mit deinem Gut
und segne unser Jahr wie die guten Jahre.
Gelobt seist du, Herr,
der die Jahre segnet.

Allgütiger, dein Erbarmen ist nie zu Ende.
Allbarmherziger, deine Güte hört nie auf.
Von jeher hoffen wir auf dich.
Für all dies sei dein Name, unser König,
stets gepriesen und erhoben
in Zeit und Ewigkeit.

Beim Blick auf diese jüdischen Gebete[19] fällt vor allem die Prägnanz des Vaterunsers auf und seine konsequente Gestaltung als Du-Anrede. Die Kürze des Vaterunsers hebt auch Matthäus in der Gebetsparänese der „Lehre auf dem Berg" heraus, allerdings nicht in Polemik gegen die Juden, sondern gegen die Heiden:

> „Wenn ihr betet, so plappert nicht wie die Heiden; sie meinen nämlich, aufgrund [24] ihres Wortschwalls erhört zu werden. Macht euch also ihnen nicht gleich, denn euer Vater weiß, was ihr nötig habt, bevor ihr ihn bittet" (Mt 6,7f.).

Das Vaterunser ist vor allem ein urjüdisches Gebet, weil es sich voll aus dem jüdischen Gebetbuch par excellence, den Psalmen, speist. Es ließe sich unschwer aufweisen, daß und wie die einzelnen Formulierungen des Vaterunsers eine anspielende Aufnahme „alttestamentlicher" Psalmen sind[20]. Wie Tertullian das Vaterunser als *breviarium totius Evangelii* (Kurzfassung des ganzen Evangeliums) bezeichnet, kann man es auch *breviarium totius psalterii* (Kurzfassung des ganzen Psalmenbuchs) nennen. Ja, man kann auf einen einzelnen Psalm hinweisen, mit dem das Vaterunser in seinem theologischen Konzept auffallend eng verwandt ist[21]. Es ist der „junge" Psalm 145, der im Psalter an herausragender Stelle steht. Ps 145 ist der letzte „Davidpsalm" des Psalters, er ist der Schlußpsalm des 5. Psalmenbuchs 107-145, er leitet hinüber zu dem großen Halleluja-Finale des Psalters 146-150 – und vor allem: Er beschwört die faszinierende Vision vom endgültigen Kommen des *universalen* Gottesreichs, allem Leid und aller Schuld, aller Not und aller Hoffnungslosigkeit zum Trotz[22].

Wenn christliche Liturgie das Vaterunser zum Vater Jesu Christi betet, muß sie dieses Gebet nicht „verchristlichen", damit sie nicht an Christus „vorbeibetet" (*B. Fischer*). Gerade im Beten des Vaterunser wird deutlich: Christliches Beten richtet sich *durch, mit* und *in* Jesus Christus (sowie „in der Einheit des Heiligen Geistes") an den Vater, auf daß er seinen *Namen* (der nach biblischer Tradition ur-jüdisch JHWH ist) dadurch als heilig erweise, daß er *sein* Reich und *seine* Herrschaft kommen lasse. Hier sind zwei Aspekte gegeben, die auch für kirchliches Psalmenbeten konstitutiv sind:

1. Biblisches und demnach authentisch christliches Beten hat eine zweifache, spannungsreiche Dimension: Es geschieht einerseits in einer inkarnatorisch-messianischen Dynamik und es vollzieht sich andererseits in einer fundamentalen theozentrischen Perspektivik.

---

[19] Zu vergleichen wären auch noch das große Bußgebet Abinu Malkenu, „Unser Vater, unser König", das beim Rosch haschana-Gottesdienst rezitiert wird, und das Schlußgebet der drei täglichen Gebetszeiten Alenu leschabbeach „An uns ist es, zu preisen" sowie die Schacharit-Meditation „Führe mich nicht in die Macht der Versuchung".

[20] Vgl. die eindrucksvolle Zusammenstellung bei A. DEISSLER, Der Geist des Vaterunsers im alttestamentlichen Glauben und Beten. In: M. Brocke/J. J. Petuchowski/W. Strolz, Das Vaterunser (s. Anm. 18), S. 131-150.

[21] Vgl. R. G. KRATZ, Die Gnade des täglichen Brots. Späte Psalmen auf dem Weg zum Vaterunser, in: Zeitschrift für Theologie und Kirche 89 (1992), S. 1-40.

[22] Vgl. dazu E. ZENGER, „Daß alles Fleisch" (s.o. Anm. 1), S. 7-20.

2. Biblisches Beten hat konstitutiv eine eschatologische Zielrichtung. Es steht immer in jener dramatischen Dialektik des „Schon" und des „Noch nicht" bzw. von Verheißung und Erfüllung, wobei in biblischer (und nicht weniger auch in christologischer) Hinsicht die Kategorien Verheißung-Erfüllung eben nicht *so* naiv fundamentalistisch verstanden werden dürfen, als könne man damit das Verhältnis der beiden Testamente in dem Sinne bestimmen, daß das Alte Testament nur Verheißung und das Neue Testament nur Erfüllung sei, oder gar, daß Erfüllung von Verheißung meine, eine Verheißung sei damit aufgehoben oder gar suspendiert – oder eben (wie christliche Theologen wie B. *Fischer* u.a. offensichtlich meinen) alttestamentliche Texte seien christlich nur noch relevant, wenn sie im christlichen „Erfüllungssinn" gelesen würden.[23]

[25] Beide Aspekte prägen das Vaterunser – und sie prägen auch den Psalter als Ganzes und davon abgeleitet auch die Einzelpsalmen. Beide Aspekte realisieren sich freilich im Hinblick auf die biblischen Psalmen auf unterschiedliche Weise, je nachdem ob die Psalmen im jüdischen Kontext als jüdische Gebete oder im christlichen Kontext als christliche Gebete rezitiert und verstanden werden.

Die messianisch-theozentrische und die eschatologische Perspektivik bestimmen den Psalter vor allem in seiner (kanonischen) Endgestalt – d.h. eben in jener Form, in der der Psalter sowohl integraler Bestandteil der Jüdischen Bibel und in gewiß veränderter Leserichtung ebenfalls Bestandteil der zwei-einen Christlichen Bibel ist. Beides kann hier nur kurz angedeutet werden.

Von den Rahmenpsalmen 1-2 und 146-150 her ist offenkundig, daß der Psalter ein Lobpreis der universalen in Schöpfung und Tora grundgelegten *Gottesherrschaft* (vgl. besonders Ps 2,10-12 und Ps 150, aber auch Ps 148) ist, die JHWH durch *seinen* auf dem Zion eingesetzten (*messianischen*) König (vgl. Ps 2) *und durch sein messianisches Volk* (vgl. Ps 149) inmitten der Völkerwelt in einem eschatologischen Gericht durchsetzen will. Diese messianische Perspektive wird dadurch unterstrichen, daß an makrostrukturell wichtigen Stellen des Psalmenbuchs „Königspsalmen" und „Davidpsalmen" stehen, die einerseits auf einen messianischen König und andererseits auf ein messianisches Volk („Demokratisierung" der Davidverheißungen) hin gelesen werden können. Makrostrukturell besonders herausragende „messianische" Psalmen sind: Ps 2 (Eröffnung des 1. Psalmenbuchs), Ps 72 (Ende des 2. Psalmenbuchs), Ps 89 (Ende des 3. Psalmenbuchs), Ps 101 (Eröffnung der Davidkomposition 101-106 *nach* der JHWH-Königtum-Komposition 93-100), Ps 110 (Ende der kleinen David-Komposition 108-110) und Ps 144 (Ende der kleinen David-Komposition 138-144, die makrostrukturell 108-110 korrespondiert). Hinzu kommen „Königspsalmen", die um die Davidverheißungen kreisen, in der Mitte von Teilkompositionen (z.B. Ps 122; 127; 132 jeweils in der Mitte der in Fünfergruppen gegliederten „Wallfahrtspsalmen" 120-134).

Neben der Linie der königstheologischen Psalmen verläuft durch den Psalter eine Linie makrostrukturell auffallender Psalmen, die das Königtum JHWHs („theozentrische Perspektive") zeichnen: Ps 8; 19; 29; 45-48; 93-100; 145; 146-150.

Beide Linien sind im Psalmenbuch einerseits kompositionell verschmolzen. Dies zeigt sich beispielhaft in der Abfolge der Ps 18-21 (18: Königspsalm; 19: JHWH als Weltenkönig; 20-21: Königspsalmen) und 144-145 (144: Königspsalm; 145: JHWH als Weltenkönig), aber auch dem programmatischen Eröffnungspsalm 2, wo beide Perspektiven zusammen auftreten. Andererseits bilden die beiden Perspektiven einen fortschreitenden Geschehensbogen. In der Gesamtarchitektur des fünfteiligen Psalmenbuchs markieren die Königspsalmen 2; 41 (wegen der motivlichen Verwandtschaft von Ps 41 mit den Ps 72 und 89 ist 41 auf der Ebene der

---

[23] Vgl. zum urbiblischen Kategorienpaar Verheißung-Erfüllung u.a. E. ZENGER, Das Erste Testament zwischen Erfüllung und Verheißung, in: K. Richter/B. Kranemann, Christologie der Liturgie. Gottesdienst der Kirche – Christusbekenntnis und Sinaibund, Freiburg 1995 (QD 159), S. 31-56 [in diesem Band 71-90].

Redaktion als Königspsalm zu lesen) 72 und 89 eine königstheologische bzw. eine messianische Perspektive, die im 4. und 5. Psalmenbuch so weitergeführt wird, daß das messianische Konzept dem theokratischen Kon-[26]zept untergeordnet und zugleich in einer eschatologischen Gesamtperspektive vollendet wird, deren Zielpunkt im JHWH-Königspsalm 145 bzw. im Schlußfinale 146-150 entworfen ist.

> „Es ist die *Vision der universalen Königsherrschaft JHWHs*, der als Retter der Armen das eschatologische Gericht durchführt (Ps 149,5-9) und damit den neuen Himmel und die neue Erde bringt (Ps 150). Diesem Königsgott gilt der Lobpreis, zu dem Ps 150 den neuen Kosmos – ‚alles, was Atem hat‘ (V6) – auffordert und der, wie Ps 145 ... ausführt, seinen Grund in der Güte und Barmherzigkeit dieses Königsgottes hat ... Dieser Sicht des barmherzigen Königsgottes entspricht eine Neudefinition Israels als eines Volkes, an dem JHWH seine Güte und Barmherzigkeit offenbaren will. Es ist ein Israel der JHWH-Treuen, die im Gehorsam zur Tora (Ps 147,15.18) und der Rezitation der Psalmen (vgl. Ps 149,5ff) ihren Lebensweg suchen und finden"[24].

Wenn die Kirche aus dem so verstandenen biblischen Psalter Psalmen auswählt und in ihrer Liturgie rezitiert, gliedert sie sich in diese heilsgeschichtliche Dramatik ein, die ihr die Psalmen vorgeben, gerade wenn sie im hermeneutischen Horizont des „Vaterunser" gebetet werden wollen. Daß diese heilsgeschichtliche Dramatik von der im II. Vatikanum angestoßenen neuen theologischen Sicht des Judentums *und* des christlich-jüdischen Verhältnisses her auch ein verändertes christliches Psalmenverständnis fordert, das weder durch die bloße Wiederholung der Kirchenväter-Psalmentheologie noch durch die Beschwörung eines unbiblischen Christomonismus bekämpft oder abgewiesen werden darf, soll im nächsten Schritt erläutert und begründet werden.

3. Psalmengebet als Einübung christlich-jüdischer Zeitgenossenschaft coram Deo

Wie wir Christen heute – *nach der Schoa*, d.h. nicht nur im Wissen um die fatalen Folgen der jahrhundertelangen *theologisch* begründeten christlichen Judenfeindschaft, sondern vor allem angesichts des von unserer Kirche öffentlich abgelegten Schuldbekenntnisses und des damit versprochenen verstärkten Bemühens zum Aufbau „einer neuen Beziehung zwischen Christen und Juden"[25] – unser Altes / Erstes Testament, also jenen Teil unserer Bibel, der Juden und Christen gemeinsam ist, und insbesondere die biblischen Psalmen „neu" beten und lesen lernen müssen, ist durch folgende drei theologische Eckdaten angezeigt, über die sich in den letzten Jahren beinahe so etwas wie ein christlich-ökumenischer Konsens ergeben hat:
1. Israel steht bis heute in der Gnade des ungekündigten Gottesbundes. Israel ist und bleibt der Erstling der Erwählung Gottes. Die jahrhundertelang tradierten christlichen Aussagen, daß Israel wegen seiner Weigerung, Jesus als den ihm gesandten Messias anzuerkennen, oder wegen des Kreuzestodes Jesu von Gott verworfen und bestraft worden sei und daß der Israel gegebene Bund damit zu Ende gekommen sei, widersprachen eigentlich, wie wir heute sagen müssen, im-[27]mer schon dem Zeugnis der Heiligen Schriften, insbesondere der von Paulus in Röm 9-11 entfalteten Lehre. Die in der Bibel wiederholt bezeugte Treue Gottes zu seinen Verheißungen, vor allem die Rede vom ewigen Bund und von dem Gott, der gütig und barmherzig ist über die Maßen, weil er Gott ist und nicht ein Mensch, schließt die These aus, Gott habe seinen einmal gewährten Bund mit Israel widerrufen[26].

---

[24] B. Janowski,: in: E. Zenger, Der Psalter, 1998 (s. Anm. 1), S. 404f.

[25] Zitat aus der Rede von Papst Johannes Paul II. in Yad Vashem am 23. März 2000.

[26] Es ist wohl kein Zufall, daß Johannes Paul II. zuletzt mehrfach von Israel als „Volk des Bundes" (und nicht wie früher als „Volk des Alten Bundes") spricht. So lautete die vierte Bitte der großen Versöhnungsliturgie

2. Die Kirche ist theologisch nicht an die Stelle Israels getreten. Die Kirche muß deshalb aufhören, sich als das „wahre Israel" oder als das „wahre Gottesvolk" – im Gegensatz zu den Juden zu begreifen und zu bezeichnen. Israel und die Kirche leben vielmehr gemeinsam, mit je eigener Identität und in nie aufzuhebender Trennung, aus und in der Gnade der biblisch bezeugten Einwohnung (Schekina) Gottes in dieser Welt, wobei Israel das Erstlingsrecht der besonderen Zuwendung Gottes zukommt. Die Kirche aber ist in die Dynamik der Geschichte Gottes mit seiner Welt hineingenommen durch (den Juden) Jesus Christus, in dem nach christlichem Bekenntnis sich Gott in einzigartiger, definitiver Weise mitgeteilt hat.

3. „Kirche nach der Schoa" muß ihre Lehraussagen und ihre Lebensvollzüge, auch und gerade ihr liturgisches und theologisches Psalmenverständnis, daraufhin überprüfen, ob sie darin Israel seine Gotteswürde und Gottesbindung beläßt. Sie muß darauf verzichten, ihr eigenes theologisches Profil durch Verzerrung und Weigerung der Israel zukommenden theologischen Dignität gewinnen zu wollen. Die Liturgie ist ja der Ort und die Zeit, in denen die Kirche das Geheimnis ihrer Stiftung und Erneuerung durch den lebendigen Gott, der zuallererst der Gott Israels war und bleibt, realisiert. Deshalb kann und muß die Liturgie die Zeit sein, in der die Kirche ihre heilsgeschichtliche Zeitgenossenschaft mit dem Judentum [28] erinnert *und* feiert – zum Heil der ganzen Welt. Deshalb muß die jahrhundertelange Epoche der kirchlichen Israelvergessenheit endlich zu Ende gehen, und zwar gerade dadurch, daß die Liturgie (die ja ohne dies *faktisch* ihre jüdischen Ursprungselemente bewahrt hat) zu einem produktiven Ort christlicher Israeltheologie wird, die eben nicht mehr von Substitutions- oder gar Damnationsgedanken geprägt sein darf, auch nicht von den für die Juden in der Vergangenheit so fatalen christlichen Superioritätsgefühlen.

Christliche Liturgie muß so erneuert werden, daß die bleibende heilsgeschichtliche Weggemeinschaft von Juden und Christen zum Ausdruck kommt.

> „Jedem, der heute am Gottesdienst partizipiert, müßte deutlich werden können, daß er in eine Prozession des Gotteslobs eingereiht ist, die aus den Tiefen der Jahrhunderte von Abel bis Abraham herkommt … Die Kraft der Liturgie liegt darin, daß sie Gedächtnis ist. Sie soll heilsgeschichtliche Tiefe nicht nur besitzen, sie *muß* sie auch ins Zeichen und ins Wort bringen, damit sie ‚identisch' wird und Leben hervorbringt."[27]

Diese liturgische Öffnung christlichen Lebens für die theologische Würde Israels und die christlich-jüdische Zeitgenossenschaft muß gerade nach der Schoa bewußt vollzogen werden – aus *theologischem* Respekt vor den jüdischen Opfern. Was *J. B. Metz* von der christlichen Theologie fordert, gilt in besonderem Maße von der gelebten Liturgie:

---

am 12. März 2000 (vorgetragen von Kardinal Edward Iris Cassidy, dem Präsidenten der Vatikanischen Kommission für die Beziehungen mit dem jüdischen Volk): „Laß die Christen der Leiden gedenken, die dem Volk Israel auferlegt wurden. Laß sie ihre Sünden anerkennen, die nicht wenige von ihnen gegen *das Volk des Bundes* und der Verheißung begangen haben, und so ihr Herz reinigen." Und analog heißt es dann in dem anschließenden Gebet, das der Papst selbst nach einem Moment der Stille sprach: „Gott unserer Väter, du hast Abraham und seine Nachkommen auserwählt, damit dein Name zu den Völkern getragen werde. Wir sind zutiefst betrübt über das Verhalten aller, die im Verlaufe der Geschichte deine Söhne und Töchter leiden ließen. Wir bitten um Verzeihung und wollen uns dafür einsetzen, daß echte Brüderlichkeit herrsche mit *dem Volk des Bundes*. Darum bitten wir durch Christus, unsern Herrn."
Besonders eindrucksvoll ist schließlich das Gebet, das der Papst nach jüdischem Brauch am 25. März 2000 an der Klagemauer (des Tempels von Jerusalem) auf einem von ihm unterschriebenen Blatt deponierte: „Gott unserer Väter, Du hast Abraham und seine Nachkommen auserwählt, Deinen Namen zu den Völkern zu bringen. Wir sind in tiefer Trauer über das Verhalten derer, die im Verlaufe der Geschichte diesen Deinen Kindern Leid zugefügt haben. Mit der Bitte um Deine Vergebung möchten wir uns verpflichten zu echter Brüderlichkeit mit *dem Volk Deines Bundes*."
[27] N. LOHFINK, Altes Testament und Liturgie, in: Liturgisches Jahrbuch 47 (1997), S. 5.

157

„Was christliche Theologen für die Ermordeten von Auschwitz und damit auch für eine zukünftige christlich-jüdische Ökumene ‚tun‘ können, ist in jedem Fall dies: keine Theologie mehr zu treiben, die so angelegt ist, daß sie von Auschwitz unberührt bleibt bzw. unberührt bleiben könnte"[28].

Der mit diesen „Eckdaten" abgesteckte Raum eines erneuerten christlich-jüdischen Miteinanders, das treffend als christlich-jüdische Zeitgenossenschaft *coram Deo* und als je spezifische Indienstnahme von Juden und Christen für die Vollendung des Reiches Gottes gekennzeichnet werden kann, läßt sich m.E. in hervorragender Weise gerade durch ein erneuertes kirchliches Psalmenverständnis „ausfüllen". Die Perspektivik dieses erneuerten Psalmengebets läßt sich thesenartig folgendermaßen zusammenfassen.
1. Wenn wir Christen die Psalmen beten, müssen wir uns bewußt machen, daß es schon lange vor und neben dem christlichen Psalmenbeten die jüdische Psalmengebetstradition gibt, in der das Judentum über die Jahrhunderte hinweg seine Würde als Bundesvolk Gottes verwirklicht. Wenn wir heute wieder anerkennen, daß die Juden das Gottesvolk des von Gott nie gekündigten Bundes sind, bedeutet dies, daß wir Israel vor allem als betendes Gottesvolk anerkennen.
2. Wenn wir Christen die Psalmen beten, erfahren wir die bleibende Gotteswahrheit über Israel (*veritas iudaica*): Wir begegnen in den Psalmen zuallererst der Leidens- und Hoffnungsgeschichte *Israels*. Wenn in den Psalmen vom „Gott Israels" und von „Israel", vom „Zion" und von „Jerusalem", von der „Tora" und vom „König", vom „Tempel" und vom „Land" usw. die Rede ist, dann dürfen wir das nicht vorschnell „entjudaisieren", indem wir es spiritualisieren und „ver-[29]christlichen": Da ist zuerst das Judentum im Blick – und erst „abgeleitet" und nur in Gemeinschaft mit dem Judentum das Christentum. Wir können dabei lernen, daß wir Christen nicht immer im Mittelpunkt der Bibel und der Gottesgeschichte stehen müssen. Und im sensiblen Meditieren der Psalmen Israels können wir lernen, die Mißverständnisse und die Verzerrungen zu überwinden, die eine falsche christliche Theologie jahrhundertelang über das Judentum verbreitet hat: In den Psalmen können wir neu entdecken, daß der Gott des sog. Alten Testaments ein Gott der Güte und der Barmherzigkeit ist; daß die Tora Israels nicht ein unfrei machendes „Gesetz", sondern eine beglückende Wegweisung ist; daß die Geschichte Gottes mit Israel hinzielt auf das alle Völker in Frieden zusammenführende Gottesreich; daß Israel sich gehalten weiß von der Gnade der Sündenvergebung eines „neuen" Bundes.
3. Wenn wir Christen die Psalmen beten, sagen wir ausdrücklich Ja zu unserer jüdischen Ursprungsgeschichte und zu dem „geistlichen" Erbe, das die Kirche seit ihren Anfängen mit dem Judentum teilt. Wir erkennen an, daß es legitimerweise zwei verschiedene, gleichberechtigte und gleichwertige Weisen des Psalmenbetens gibt – eine jüdische und eine christliche; das ist im Wissen um den sog. hermeneutischen Zirkel ohnedies eine Selbstverständlichkeit, die wir Christen vergessen haben.
4. Daß Juden und Christen die gleichen Psalmen zu und vor ihrem gemeinsamen Gott JHWH beten und lesen, ruft sie – angesichts der Schoa – zu einem Neuanfang, der gewiß schwierig ist und bei dem die Christen sich vor der Gefahr hüten müssen, die Juden abermals für sich zu instrumentalisieren. Doch es sind die Psalmen selbst, die Israel und die Völker (die Gojim) unter der Gottesherrschaft des *einen* Gottes zusammenführen wollen. Das meint auch die Bitte Jesu im Vaterunser: „Dein Reich komme!" Gerade angesichts des im Vaterunser artikulierten Leidens an Hunger, an der Schuld und an der Anfechtung kommt es für die Christen nicht darauf an, die Psalmen der jüdischen Bibel / des christlichen Ersten Testaments im „Erfüllungs-", sondern im „Verheißungssinn" zu beten, nämlich als Einübung und Vergewisse-

---

[28] J. B. METZ, Jenseits der bürgerlichen Religion, Mainz 1980, S. 42.

rung der großen, Juden und Christen zusammenbindenden, adventlich-messianischen Gottes-botschaft, die der biblische Gottesname JHWH von Ex 3,14 (der ja im Namen Jesus = Jeschu'a erneut bekräftigt und biographisch aktualisiert wurde: *in* ihm und *durch* ihn erweist sich Gott als Rettung) verkündet: „Ich werde und will bei euch und durch euch dasein – als der, der Leben und Freiheit als Gerechtigkeit schenkt!"

5. Im Horizont dieser Psalmenhermeneutik ergibt sich von selbst, daß die biblischen Psalmen keiner *besonderen* Verchristlichung bedürfen. Eine Christologisierung von oben, die die Psalmen *zu* Christus betet, nimmt ihnen nicht nur ihre unaufgebbare jüdische Dimension, sondern nimmt ihnen ihre spezifisch christliche Leidenschaft, die darin besteht, daß wir als Christen diese Gebete in Gemeinschaft mit Jesus dem Vater vortragen[29]. Der von Origenes in seinem Traktat „Vom Gebet" [30] aufgestellte Grundsatz, daß „der welcher recht in beten versteht, nicht zu dem beten darf; der selbst betet"[30] gilt gerade für Christen, die in der Nachfolge Jesu die Psalmen *so* beten wollen, wie er sie gebetet hat. Die Psalmen als Gebete *zu* Christus zu rezitieren, nimmt ihnen aber auch zugleich jene Verheißungskraft, die ihnen zukommt, wenn wir Christen das Handeln Gottes in und durch Jesus als endgültige Besiegelung der großen Verheißung bekennen, um deren Erfüllung wir beten: „Dein Reich komme." Wenn wir die Psalmen ausdrücklich und bewußt zu Gott bzw. nur zu Gott als unserem Vater (und unserer Mutter) beten, bleiben wir ohnehin der altkirchlichen Tradition treu, die alle ihre großen Gebete nur an Gott bzw. an den Vater richtet[31], – durch Christus im Heiligen Geist. Das war im übrigen auch der ursprüngliche Wortlaut und Sinn der trinitarischen Doxologie beim christlichen Psal-

---

[29] Auch von rezeptionshermeneutischen Überlegungen her ließe sich zeigen, daß die Psalmen *als Gedichte* eine kreative, evokative Rezeption fordern und *als solche* die Lebenssituation der Beter anzielen – bei Christen also ihre christliche Identität –, aber dies ist keine zusätzliche oder nachträgliche Christianisierung der Psalmen, sondern die Aktualisierung der an den Psalmen als Poesie eingestifteten Tiefendimension ihrer Bildsprache *und* ihres Existenzbezuges. Vgl. zu diesem Aspekt unserer Fragestellung N. FÜGLISTER, Das Psalmengebet. München 1965; daß viele Psalmen „unterchristliche Texte" seien und *deshalb* einer aktualisierenden Verchristlichung bedürften und daß die Psalmen als „vorchristliche Texte" ihren „Vollsinn" *erst* bzw. *nur* im Christentum finden, wie Füglister ebd. immer wieder betont; ist mir freilich nicht akzeptabel – Will man die BIBLISCHE Psalmenhermeneutik mit der kirchlichen Tradition vermitteln, könnte man die von G. BRAULIK *so* formulierte Perspektive einbeziehen: „Inneralttestamentlich sind die Psalmen zwar nicht ‚vox hominis / Ecclesiae ad Christum' ... Aber der davidische Messias spricht die Psalmen – ‚vox Christi' (auch *cum ipsius Corpore*) ad *Patrem'* – und die Psalmen sprechen über den Messias zu Gott – ‚vox de Christo'. Im letzten Fall müßte noch weiter differenziert und ausdrücklich gemacht werden ...: das Gebet der Psalmen *für* den ‚Messias' – ‚vox pro Christo' – und für sein mit ihm unlöslich verbundenes ‚messianisches' Volk – die Psalmen also genauer als ‚vox pro Capite et Corpore'" (G. BRAULIK, Christologisches Verständnis der Psalmen – schon im Alten Testament? In: K. Richter/B. Kranemann, Christologie der Liturgie, 1995, S. 85 [s. Anm. 23]). Braulik gibt ebd. Anm. 122 noch folgenden Hinweis: „Im übrigen muß man die Ausrichtung des Psalmodierens *ad Christum* – wie zum Beispiel die Benediktusregel zeigt – nicht unbedingt zur Anrede machen, sondern kann sie auch schlicht als ein *coram Christo* (‚in conspectu Divinitatis', Bened. reg. 19,6) verstehen."

[30] Vgl. P. KOETSCHAU, Des Origenes Schriften vom Gebet und Ermahrnng zum Martyrium. München 1926, S. 56 (BKV 48).

[31] Vgl. dazu immer noch grundlegend: J. A. JUNGMANN, Die Stellung Christi im liturgischen Gebet, Münster 1925 (Liturgiegeschichtliche Forschungen. 7/8); 2. Auflage mit Nachträgen des Verfassers, Münster 1962 (Liturgiegeschichtliche Quellen und Forschungen 19/20) sowie die behutsame „Verteidigung" der Position Jungmanns gegen seine Kritiker (B. Fischer und A Gerhards) bei: B. KRANEMANN, Liturgisches Beten zu Christus? Zur Theozentrik und Christozentrik liturgischen Betens, in: Kirche und Israel 7 (1992), S. 45-60; den Versuch einer Antwort darauf unternimmt: A. GERHARDS, Zur Frage der Gebetsanrede im Zeitalter jüdisch-christlichen Dialogs, in: Trierer Theologische Zeitschrift 103 (1993), S. 245-257. – Daß die Gebetsrichtung *ad Deum* bzw. *ad Patrem* im dem vom Zweiten Vatikanum angestoßenen nachkonziliaren liturgischen Dokumenten und neuen Präsidialgebeten als die eigentliche Gebetsrichtung gemeint und realisiert ist, zeigt: K. RICHTER, Per Christum ad Deum. Der Adressat in den Präsidialgebeten der erneuerten Liturgie, in: M. Lutz-Bachmann (Hg.), Und dennoch ist von Gott zu reden. Festschrift für Herbert Vorgrimler, Freiburg 1994, S. 277-295.

menbeten gewesen. Die Doxologie wurde nicht hinzugefügt, weil man die Psalmen christianisieren wollte, wie man irrigerweise immer wieder lesen kann, [31] sondern man folgte dabei der urjüdischen Tradition, das Gebet mit einer Doxologie zu beenden.[32] Wenn die Kirche oder eine Gemeinde meint, an der trinitarischen Doxologie festhalten zu wollen, könnte sie den theologisch und hermeneutisch richtigeren Wortlaut wählen:

> „Ehre sei dem Vater durch den Sohn im Heiligen Geist, *dem einen Gott* von Ewigkeit zu Ewigkeit. Amen."

6. Gerade angesichts der schrecklichen Leiden und der Unbegreifbarkeit des Bösen in der Geschichte sind die von Juden und Christen unterschiedlich und doch gemeinsam gebeteten Psalmen als Klage und Anklage, aber auch als Festhalten am Lobpreis Gottes als dem Gott der Gerechtigkeit und der Barmherzigkeit das ihnen auferlegte Gottes-Zeugnis vor und in der Welt. Wenn die Theodizeefrage an der Wende zum 3. Jahrtausend *die* Herausforderung der Religionen schlechthin ist, dann wäre der in den Psalmen artikulierte Antwortversuch die gemeinsam verantwortete Gott-Rede, die allem Bösen zum Trotz unbeirrbar verkündet, daß das Böse nicht das letzte Wort haben wird. Papst Johannes Paul II. hat *diese* Bedeutung gerade der Psalmen in seiner bewegenden Rede in Yad Vashem am 23. März 2000 mit außergewöhnlicher Sensibilität und hoher geistlicher Kompetenz betont. Er re-zitierte in dieser Rede gleich dreimal (am Anfang, in der Mitte und am Schluß) Worte des 31. Psalms, wobei er dreifach wiederholte, worin die Juden und Christen gemeinsame Kraft zum Widerstand gegen das Böse und zur Hoffnung auf Rettung gründet:

> „Die Welt muß die Warnung hören, die von den Opfern des Holocaust und vom Zeugnis der Überlebenden zu uns gelangt. Hier, in Yad Vashem, lebt die Erinnerung weiter und brennt sich in unsere Seelen ein. Sie läßt uns ausrufen: ,Ich höre das Zischeln der Menge – Grauen ringsum – aber, Herr, ich vertraue auf dich, ich sage: Du bist mein Gott' (Ps 31,13-15)."

Ob man dem Papst zensierend ins Wort fallen darf, um ihm den Vorwurf zu machen, er würde an Christus „vorbeibeten"? Mir scheint: Gerade von diesem Papst können wir nicht nur lernen, wie wir anders über die Juden und mit ihnen reden sollen, sondern vor allem auch, wie wir in Zukunft unsere Psalmen neu verstehen und beten müssen.

---

[32] Vgl. den Nachweis bei: H.-C. SCHMIDT-LAUBER, Verchristlichung der Psalmen durch das Gloria Patri?, in: S. Kreuzer/ K. Lüthi, Zur Aktualität des Alten Testaments. Festschrift für Georg Sauer zum 65. Geburtstag, Frankfurt u.a. 1992, S. 317-329.

Sachverzeichnis

Bibelstellenverzeichnis

89,21.29.31.33-35 59
89,31 59
89,53 24
90 28, 30
90-92 25, 30
90-106 24, 29, 30, 23-36
90,1 30
90,3 30
90,5-6 25
90,13 30
90,13-17 25
90,14 30
91,14-16 25
91,16 28
92,2 25
92,3.5f 25
92,5 25
92,13-16 25
93-99 31
93-100 25, 27, 30, 42, 155
93,1.3-4 44
93,1b 44
93,5 44
94 43
94,14 36
95,3 26, 45
95,6f 26, 31, 45
95,7 31, 45
95,10f 26
96 43f.
96,1 43
96,7-9 43
96,10 43f.
96,11-12 43
96,11-13 26
96,13 33
97 43
97,2 26
97,6 26
97,8 26
97,11f 26
98 43f.
98,1.4 43
98,2-4.6 44
98,3 33
98,4a 31
98,7 43
98,7-9 26
98,8 43
99 31

99,2 26, 45
99,3.6-8 32
99,5 45
99,5.8f 26, 45
99,6 30
99,8 45
100 30f., 33, 44f., 84
100,1 31
100,2 33
100,3 32, 35
100,4 35
100,5 32f., 46
101 28, 155
101-104 27-29
101,2 28
101,8 28
102 28
102,14-17 28
102,16 14, 28, 33
102,16.22 28
102,16.22f 35
102,20 28
102,23 14, 33
103 28, 30, 33
103,1 28, 33, 35
103,1-5 33
103,1.2.22 27
103, 2 28
103,3 34
103,5 28
103,6-18 33f.
103,7 30
103,7-11 34
103,8.13 28
103,8-10 34
103,11.13.17 35
103,11-16 34
103,14b 28
103,17f 34
103,19 28
103,19-22 27
103,22 28
104 28, 33
104,1.35 27
104,2f 28
104,2-4 27
104,24 28
104,28 28
104,29b 27
104,30 28

Verzeichnis der rabbinischen Literatur

Kommentierte Studienausgabe der revidierten Einheitsübersetzung in 4 Bänden

Stuttgarter Altes und Neues Testament. Die Standardausgabe für die intensive Bibelarbeit. Der vollständige Bibeltext der revidierten Einheitsübersetzung wird durch Kommentare auf dem neuesten Stand der Wissenschaft ergänzt.

Christoph Dohmen
Stuttgarter Altes Testament
Bd. 1 und 2
Kommentierte Studienausgabe.
ISBN 978-3-460-44027-2
Lieferbar

Michael Theobald
Stuttgarter Neues Testament
Bd. 3
Kommentierte Studienausgabe.
ISBN 978-3-460-44028-9
Erscheint März 2018

Jürgen Werlitz
Lexikon zum Stuttgarter Alten und Neuen Testament
Bd. 4
ISBN 978-3-460-44029-6
Erscheint März 2018

	Fortsetzungspreis bei Gesamtabnahme	Einzelpreis
SAT (2 Bände)	78,– €	88,– €
SNT	39,– €	44,– €
Lexikon	22,– €	24,– €
Summe	139,– €	156,– €

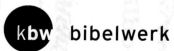

Verlag Katholisches Bibelwerk
Silberburgstraße 121 · 70176 Stuttgart
Tel. 07 11 / 6 19 20 –37 · Fax –30 ·
www.bibelwerk.de